Knaur
MensSana

Von Helen Palmer sind außerdem erschienen:

Das Enneagramm
Das Enneagramm in Liebe und Arbeit
Das kleine Enneagramm

Über die Autoren:

Helen Palmer ist international anerkannt als Enneagramm-Expertin. Sie leitet in Berkeley ein Center für Enneagramm-Studien und -Lehre. Helen Palmer gibt Workshops in der ganzen Welt.

Paul B. Brown ist Autor und Herausgeber von verschiedenen Finanzzeitschriften. Er lebt in Massachusetts.

Helen Palmer
Paul B. Brown

Das Enneagramm im Beruf

Mehr Effizienz am Arbeitsplatz durch die Kenntnis der neun Persönlichkeitsstrukturen

Aus dem Amerikanischen von Karl-Heinz Ebnet

Knaur
MensSana

Die amerikanische Originalausgabe
erschien 1998 unter dem Titel »The Enneagram Advantage«
bei Harmony Books, New York

Besuchen Sie uns im Internet:
www.droemer-weltbild.de

Dieses Buch wurde auf chlor- und säurefreiem Papier gedruckt.

Deutsche Erstausgabe Juli 2000

Umschlaggestaltung: Agentur Zero, München
Redaktion: Claudia Alt
Satz und Herstellung: Barbara Rabus, Sonthofen
Druck und Bindung: Ebner Ulm
Printed in Germany
ISBN 3-426-87007-X

2 4 5 3 1

Für Janet und Sandy Levine.

Janet, deren Vorstellungen von Spiritualität am Arbeitsplatz Auslöser für dieses Buch waren, und Sandy für die hervorragenden Gespräche darüber, welche Rolle das Enneagramm in Unternehmen spielt.

Inhalt

Ein Überblick 9

Welcher Typ bin ich? 14

Die neun Persönlichkeitstypen 14

So finden Sie Ihren Enneagramm-Typ 25

Eine kurze Übersicht zur Bestätigung 34

Die Struktur des Diagramms 39

Wie Sie durch das Enneagramm die
Zusammenarbeit mit anderen verbessern 43

Was Sie bedenken sollten 50

Die neun Enneagramm-Typen
am Arbeitsplatz 56

Punkt Eins: Der Perfektionist 56

Punkt Zwei: Der Geber 89

Punkt Drei: Der Dynamiker 123

Punkt Vier: Der tragische Romantiker 160

Punkt Fünf: Der Beobachter 191

Punkt Sechs: Der Advokat des Teufels 224

Punkt Sieben: Der Epikureer 256

Punkt Acht: Der Boß 291

Punkt Neun: Der Vermittler 323

Nachwort 360

Ein Überblick

Obwohl viele Begriffe des Enneagramms auf jahrhundertealte Konzepte zur Persönlichkeit des Menschen zurückgehen und von diesen beeinflußt wurden, ist das Enneagramm selbst weder schwer zu erklären noch zu verstehen. Das System, ursprünglich als Anleitung für die Selbstbeobachtung entworfen, beschreibt neun verschiedene Persönlichkeitstypen und ihre Interaktion. Jeder Typ wird durch seine emotionale Haltung, seine charakteristische Denkweise und sein Verhalten gegenüber anderen beschrieben; zusammen ergibt dies ein ganz bestimmtes Verhaltensmuster.

Das Wort »Enneagramm« stammt aus dem Griechischen; *ennea* bedeutet »neun«, und *gramm* leitet sich von *graphein* ab, »aufzeichnen, niederschreiben«. Genau das bedeutet das Modell des Enneagramms: die grafische Darstellung eines neunzackigen Sterns, bei dem jede Spitze für ein bestimmtes Persönlichkeitsprofil steht.

Wie alle Systeme, die Persönlichkeitstypen beschreiben, weist das Enneagramm auf Eigenschaften hin, die für Menschen des gleichen Profils charakteristisch sind. Im Mittelpunkt stehen dabei eher die »normalen«, erfolgreichen Menschen und weniger die Fälle, die schwerwiegende Abweichungen aufweisen. Für das Arbeitsleben bedeutet dies: Durch das Enneagramm läßt sich herausfinden, wie Mitarbeiter denken, fühlen und die für ihre Arbeit relevanten Informationen verarbeiten. Kein Typ ist besser oder schlechter als die anderen; jeder begibt sich mit sei-

ner ihm typischen Sichtweise an die Arbeit und geht anders mit ihr um.
Wie der griechische Name bereits andeutet, liegen die Wurzeln des Enneagramms in der Antike und nicht in der vor etwa hundert Jahren von Freud entwickelten Psychoanalyse. Seit Urzeiten entwickelte der Mensch Modelle, um die Unterschiede zwischen einzelnen Personen zu erkennen und zu verstehen. Die Kulturen der Welt, obwohl durch unüberwindliche Hindernisse wie Berge, Meere und Wüsten voneinander getrennt, ersannen bemerkenswert übereinstimmende Systeme, die erklären sollten, warum sich Menschen auf bestimmte Weise verhalten. Dabei kamen sie zu überraschend ähnlichen Schlußfolgerungen: Der Mensch steht sich durch seine Denkgewohnheiten, die ihn daran hindern, auch andere Sichtweisen zuzulassen, selbst im Weg.
Eine traditionelle Erklärung für die unterschiedlichen Verhaltensmuster liefert ein ethisches Prinzip, das als Wandlung der Laster in Tugenden bezeichnet wird. »Laster« bezeichnet in diesem Zusammenhang eine defensive psychologische Überlebensstrategie. Auch Haupteigenschaft oder Leidenschaft genannt, entsteht es in der frühen Kindheit als Schutzschild gegen emotionale Konflikte und prägt sich mit der Zeit immer mehr aus, bis es zum wesentlichen Merkmal des jeweiligen Typs wird. Nur wer diesen in der Kindheit angesiedelten Ursprung seines Lasters versteht, kann Möglichkeiten entwickeln, um es in die gegenteilige Tugend umzuwandeln.
Da Laster emotionale Überlebensstrategien verkörpern, beeinträchtigen sie die Beziehung zu anderen Menschen und verhindern letztendlich, daß eine geistige Verbundenheit entsteht. In der Antike wurden sie als Quell alles Leidens gesehen, und ihre Heilung galt als eine spirituelle Errungenschaft.

Das Enneagramm wurde ursprünglich als Anleitung entworfen, um seine Laster, die vorherrschenden emotionalen Leidenschaften, aufzudecken und sich bewußtzumachen. Die neun Persönlichkeitstypen reflektieren jeweils die Wandlung eines Lasters in ihre jeweilige Tugend. Der Zorn, die Leidenschaft des perfektionistischen Typs Eins, kann zum Beispiel in die Tugend der Gelassenheit verwandelt werden; die Angst, die dem Advokaten des Teufels, dem Typ Sechs, zugrunde liegt, stellt den Ausgangspunkt für Mut dar. Wer sich seine vorherrschende Leidenschaft bewußtmachen will, sollte sich darüber im klaren sein, daß sie ursprünglich aus einem ganz bestimmten Grund entstand. Will man aber in einem Arbeitsumfeld mit verschiedenen Personen mehr über seinen eigenen Standpunkt erfahren, muß man sich auf alle neun Perspektiven einlassen können.

Die Wandlung der Laster in Tugenden ist ein grundlegender Aspekt in vielen Traditionen, die sich auf den einzelnen Menschen als freies Wesen konzentrieren, das zu spirituellen Veränderungen fähig ist. Das Judentum, der Buddhismus und Sufismus (der mystische Zweig des Islam) – um nur einige zu nennen – haben das jedem Menschentypus innewohnende höhere Potential erkannt und beschrieben. Ein weiteres bekanntes Beispiel ist das christliche Konzept der sieben Todsünden als Quell menschlichen Leidens – wobei jede Sünde das Verlangen nach der korrespondierenden Tugend weckt.

Die Sünde des Stolzes wächst, wenn man sich im Leben anderer als überaus bedeutsam fühlt, und wird bei Zurückweisung schmerzhaft gering. Stolz führt aber auch zur Suche nach Demut; nur so läßt sich die Spannung zwischen der Begierde nach Anerkennung und dem Gefühl des Verletztseins, wenn ebendiese Anerkennung entzogen wird, lösen.

Das traditionelle Ziel der Umwandlung der Laster in Tugenden besteht darin, die charakteristischen Überlebensstrategien aufzudecken und die entsprechenden »Tugenden« – und mit ihnen eine konstruktive Lebensweise – zu entwickeln. Stolz verliert sich durch gelebte Demut, wenn man seine wahre Bedeutung für andere erkennt. Habsucht löst sich auf, wenn man Distanz lernt; Vergleichbares gilt für alle neun Typen.

Leidenschaften, die emotionalen Überlebensstrategien, werden durch eine charakteristische Art der Informationswahrnehmung gestützt. In spirituellen Traditionen, in denen Persönlichkeitstypen Aspekte in der Entwicklung des Menschen zu höherem Bewußtsein darstellen, wird der Typ Sieben als »Mönch unersättlicher Gesinnung« bezeichnet; nicht weil Vertreter dieses Typs zuviel essen, sondern weil sich ihre Aufmerksamkeit vor allem auf Vorhaben und Phantasien richtet, die ihnen angenehm sind. Einser werden »Mönche prüfender Gesinnung« genannt, da ihr Laster, der Zorn, sie dazu hinreißt, sich auf Fehler und Maßregelungen zu konzentrieren. Die Leidenschaften und ihre korrespondierenden Denkweisen müssen durch Selbstbeobachtung erkannt werden.

Die Wandlung der Leidenschaften in Tugenden illustriert, wie sich die unterschiedlichen spirituellen Traditionen in bestimmten Punkten entsprechen. Dieses Konzept, alles andere als ein Dogma oder eine religiöse Glaubensüberzeugung, ist als ein grundsätzliches ethisches Prinzip zu verstehen, das dem einzelnen ermöglicht, sich selbst und sein Verhalten gegenüber anderen besser zu verstehen. In den spirituellen Traditionen, in denen Systeme wie das Enneagramm entstanden, galten das bewußte, reflektierte Verhalten des einzelnen und sein spiritueller Weg zu einem höheren Bewußtsein als ethische Entscheidungsmöglichkeiten, die jedem offenstanden.

Die Wandlung der Leidenschaften in Tugenden im Enneagramm

Typ	*Leidenschaft*	*Tugend*
Eins	Zorn	Gelassenheit
Zwei	Stolz	Demut
Drei	Täuschung	Wahrhaftigkeit (Ehrlichkeit)
Vier	Neid	Gleichmut
Fünf	Habsucht	Distanz
Sechs	Angst	Mut
Sieben	Unersättlichkeit	Nüchternheit
Acht	Exzeß (Lust)	Unschuld
Neun	Trägheit	Aktivität

Das Aufrechterhalten von emotionalen Überlebensstrategien, die in der Kindheit gute Dienste geleistet, sich jetzt aber überlebt haben, beansprucht enormen Aufwand an Zeit, Energie und Aufmerksamkeit. Das Enneagramm hilft dem einzelnen zu erkennen, durch welche Gewohnheiten Energie vergeudet wird und wie die Arbeit produktiver, aktiver und aufgeschlossener gestaltet werden kann.

1988 verfaßte ich *Das Enneagramm. Sich selbst und andere verstehen lernen,* in dem ich die neun Enneagramm-Typen im Kontext geistig-spiritueller Vorstellungen beschrieb. *Das Enneagramm in Liebe und Arbeit,* das 1994 folgte, beschreibt die Typen in ihren gegenseitigen Beziehungen. *Das Enneagramm im Beruf* geht auf die neun Aspekte in der Arbeits- und Geschäftswelt ein – das Umfeld, in dem die meisten Menschen den größten Teil ihrer Zeit und Energie aufwenden.

Welcher Typ bin ich?

Im Enneagramm ist kein Typ besser oder schlechter als der andere. Jeder steht für eine Lebensstrategie, die ihren Wert für jeden einzelnen mannigfaltig unter Beweis gestellt hat; allerdings unterscheiden sie sich grundlegend in ihren Anschauungen und Standpunkten. Bevor die neun Persönlichkeitstypen im Detail vorgestellt werden – mit besonderer Berücksichtigung ihres Verhaltens im Arbeitsleben –, seien sie hier kurz skizziert.

Die neun Persönlichkeitstypen

Eins: Der Perfektionist

Die Welt scheint immer in Unordnung zu sein. Dagegen muß etwas getan werden, am besten durch präzise ausgearbeitete Pläne. Berichte sollten zum Beispiel verständlich, aber nicht überflüssig lang sein. Kritik oder Anerkennung sollten klar und prägnant vorgetragen werden, ohne dabei wertvolle Zeit und Energie zu verschwenden.

Sie leben mit einem nie verzeihenden inneren Kritiker zusammen, der jeden Gedanken, jedes Wort, jede Handlung genau mitverfolgt. Dieser Kritiker sagt Ihnen, daß immer noch Raum ist für Verbesserungen, so daß die Ansprüche, die Sie sich selbst auferlegen, ständig steigen.

Wahrscheinlich ist Ihnen überhaupt nicht bewußt, daß Sie zornig sind, bis Sie sich selbst hören, wie Sie höflich, mit zusam-

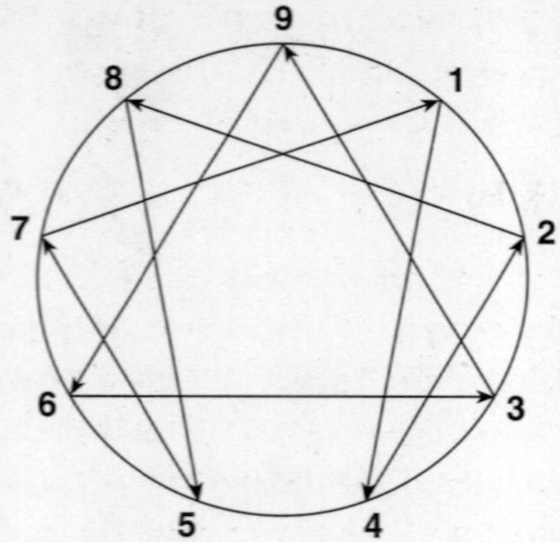

1
Der Perfektionist
fleißig, moralisch,
praktisch, zornig

2
Der Geber
hilfreich, einfühlsam,
manipulierend, stolz

3
Der Dynamiker
effizient, überzeugend,
chamäleonartig, täuschend

4
Der tragische Romantiker
dramatisch, einzigartig,
melancholisch, neidisch

5
Der Beobachter
zurückgezogen,
beobachtend, zurückhaltend,
distanziert

6
Der Advokat des Teufels
loyal, mißtrauisch,
skeptisch, ängstlich

7
Der Epikureer
optimistisch,
zukunftsbezogen,
oberflächlich, unersättlich
nach Alternativen

8
Der Boß
besitzergreifend,
konfrontierend, schützend,
vertrauensvoll

9
Der Vermittler
ambivalent, gefällig,
starrköpfig,
sich selbst vergessend

mengebissenen Zähnen und immer lauter werdend sagen: »Mit mir ist überhaupt *nichts,* und ich bin *nie* wütend.«

Wie Sie Ihre Fähigkeiten am besten einsetzen: Berufe mit ausgeprägten Organisationsstrukturen, in denen es darauf ankommt, daß nichts übersehen wird, sind für Sie besonders geeignet; Ihr Denken beinhaltet bereits eine eingebaute Qualitätskontrolle. Gute Arbeit bereitet Ihnen Freude, also strengen Sie sich mehr an als die anderen. Ihre Aufmerksamkeit richtet sich auf die Verbesserung von Arbeitsabläufen, das Verhindern von Fehler und die täglichen kleinen Siege, die sich einstellen, wenn einfach alles »richtig läuft«.

Wie Sie Risiken vermeiden: Positionen, bei denen die Entscheidungsfindung auf Sachlagen beruht, deren Zusammenhang fließend und niemals ganz zu überblicken ist, liegen Ihnen wenig. Ihr innerer Kritiker spielt verrückt, wenn er keine exakten Vorgaben erhält; daher wollen Sie erst einmal innehalten und sich ein Gesamtbild verschaffen. Augenblickliche, spontane Entscheidungen erhöhen das Fehlerrisiko und die persönliche Verantwortlichkeit. Werden Sie mit widersprüchlichen Standpunkten und Meinungsverschiedenheiten konfrontiert, fühlen Sie sich wie gelähmt.

Ihr Grundsatz: »Perfektion erfordert heroische Anstrengungen. Aber soweit bin ich noch nicht.«

Zwei: Der Geber

Ihr Hauptaugenmerk richtet sich darauf, für andere zu sorgen, wofür Sie Anerkennung und Bestätigung erhalten; Ihre Identität erwächst also vornehmlich aus zwischenmenschlichen Beziehungen. Sie sind die »graue Eminenz«, die durch Überredung und Manipulation die Dinge verwaltet; Zustimmung erhalten

Sie, indem Sie anderen zu Gefallen sind und sich als unabkömmlich erweisen.

Dabei entwickeln Sie verschiedene Identitäten, die darauf ausgerichtet sind, den Bedürfnissen anderer zu entsprechen. Sie haben ein Selbst für den Boß, ein Selbst für das Team und ein weiteres für Ihr Familienleben. Wichtig ist, daß Sie erkennen, wann Sie nur »geben, um etwas zu erhalten«, und wann Sie jemanden wirklich und aus freien Stücken unterstützen.

Wie Sie Ihre Fähigkeiten am besten einsetzen: Die Position ist entscheidend. Ihre Fähigkeiten kommen dann zur Geltung, wenn Sie mit jemandem zusammenarbeiten, der Ihre Hilfe braucht und sich vor Sie stellt. Sie arbeiten nicht *für* den Boß, sondern *mit* dem Boß, denn Sie organisieren sein Leben. Personen in attraktiven Stellungen, die Hilfe benötigen, sind die Köder für Zweier.

Wie Sie Risiken vermeiden: Umgebungen mit unzureichender positiver Bestätigung sind für Sie schwierig. Es fällt schwer weiterzumachen, wenn Sie für Ihr Engagement, die Bedürfnisse anderer zu erfüllen, nicht von Zeit zu Zeit Dankbarkeit erhalten.

Ihr Grundsatz: »Ohne mich schaffen sie es nicht.«

Drei: Der Dynamiker

Die Welt liebt Sieger. Daher kultivieren Sie ein erfolgreiches Image; Sie sind das Aushängeschild Ihres Berufs und wissen, daß Sie alles ins Rollen bringen, wenn Sie nur genügend Energie investieren.

Das Gefühlsleben bleibt dabei auf der Strecke. »Nicht darüber nachdenken – machen«, das ist Ihr Motto. Solange Sie die Gesetze des Handelns in der Hand haben, verfügen Sie über Kontrolle; Untätigkeit ist fürchterlich. Dynamiker wollen augen-

blickliche Ergebnisse und Bestätigung; »was, wenn es nicht funktioniert?« ist für Sie eine schreckliche Vorstellung.
Wie Sie Ihre Fähigkeiten am besten einsetzen: Sie wünschen sich einen prestigeträchtigen Job mit Aufstiegschancen, in dem Sie brillieren können. Lange Arbeitsstunden und glänzende Leistungen sollten sich auszahlen. Wer von Ihnen nicht an die Wand gedrückt werden will, sollte Ihnen aus dem Weg gehen.
Wie Sie Risiken vermeiden: Positionen ohne Aufstiegschancen sind unattraktiv. Sie lieben ständig wechselnde Projekte und schnelle Erfolge. Kreative Projekte, die langwierige Auseinandersetzungen mit der Materie und umfangreiche Erprobungsphasen erfordern, sind Ihnen zuwider.
Ihr Grundsatz: »Man ist nur so gut wie sein letzter Erfolg. Für Verlierer fällt nichts ab.«

Vier: Der tragische Romantiker

Sie haben möglicherweise zwei Berufe; einen, mit dem Sie Ihren Lebensunterhalt verdienen, und den zweiten, »wirklichen« Job als Künstler. Sie wollen sich in Ihrer Arbeit sinnvoll zum Ausdruck bringen und würden sich für oberflächlichen, materiellen Reichtum niemals verkaufen.
Ihre Aufmerksamkeit ist stets auf das gerichtet, woran es im Moment fehlt. Was nur schwer zu bekommen und in weiter Ferne ist, wirkt anziehend auf Sie.
Ihre Effizienz ist stimmungsabhängig. Es fällt schwer, Interesse aufzubringen, wenn Sie sich melancholisch fühlen. Und wenn Sie sich in einer Krise befinden oder in ein Liebesabenteuer verstrickt sind, können Ihre Projekte ganz einschlafen.
Wie Sie Ihre Fähigkeiten am besten einsetzen: Sie ziehen kreative Aufgaben vor, die nach einem einzigartigen, vielleicht so-

gar exzentrischen Ansatz verlangen. Auch emotional anspruchsvolle Beschäftigungen sind für Sie attraktiv; Sie können für die Schlagzeilenauswahl einer Nachrichtenagentur zuständig sein und ebenso die Nachtschicht einer Telefon-Hotline für Selbstmörder leiten. Sie fragen sich: »Warum sollen nicht auch im Berufsleben authentische menschliche Werte zum Ausdruck kommen?«

Wie Sie Risiken vermeiden: Eintönige Jobs in einem langweiligen Umfeld sind für Sie das Schlimmste. Entsprechend sollten Sie bürokratische Positionen meiden, in denen Anonymität und emotionale Distanz gefragt sind. Ebenso sind Ihnen Aufgaben zuwider, bei denen Sie mit anderen zusammenarbeiten müssen, die geschickter, höher geschätzt und besser bezahlt sind als Sie. Von Tätigkeiten, die Sie als »niedere Arbeiten« ansehen, fühlen Sie sich herabgesetzt. Das kann in Ihren Augen Gartenarbeit sein, aber auch Vorstandsvorsitzender eines großen Unternehmens.

Ihr Grundsatz: »Es fehlt etwas. Hätte ich es doch nur.«

Fünf: Der Beobachter

Von Ihrem distanzierten Standpunkt aus erscheinen viele Beschäftigungen sinn- und zwecklos. Warum vergeuden so viele ihre Energie mit trivialen Angelegenheiten, wenn es doch wesentlich mehr Spaß macht, sich zurückzulehnen und nachzudenken? Da Ihnen Ihre Privatsphäre über alles geht, schätzen Sie es sehr, wenn Sie sich in einen geschützten Bereich zurückziehen können, in den nichts von außen eindringt.

Vieles ist einfacher, wenn man mit weniger auskommt. Sie müssen sich dann weniger mit den alltäglichen Bedürfnissen, Verpflichtungen und dem Büroalltag herumschlagen. Und Ihnen bleiben mehr Zeit und Energie, um Ihren Studien und Gedanken nachzugehen.

Wie Sie Ihre Fähigkeiten am besten einsetzen: Ihre analytischen Fähigkeiten schaffen Ordnung im Chaos. Ihre emotionale Zurückgezogenheit erlaubt Ihnen, lange Zeit allein und akribisch an der Lösung von Fragen zu arbeiten. Sie ziehen einen Arbeitsplatz vor, der Ihnen Zeit und Energie läßt. Wenn möglich, schränken Sie den Kontakt zu anderen ein – und verbarrikadieren sich hinter Sekretärinnen, E-Mails und Fax-Geräten.

Wie Sie Risiken vermeiden: Jede Arbeit, die Sie unmittelbarer Konkurrenz und direkter Konfrontation aussetzt, verbietet sich von selbst. Es ist riskant, sein Leben aufs Spiel zu setzen, wenn die Energieressourcen beschränkt sind. Zeitlich unbefristete Konferenzen, spontane Entscheidungen, Sitzungen, in denen unverbindlich Ideen erörtert werden, und emotionale Interaktionen rauben Ihnen die Energie.

Ihr Grundsatz: »Der Geist regiert.«

Sechs: Der Advokat des Teufels

Wenn Ihnen der Wind ins Gesicht bläst, handeln Sie entschlossen und energisch; stehen Sie aber kurz vor dem Erfolg, werden Sie von Zweifeln geplagt. Ihre Zweifel, verbunden mit der Vorstellung, daß immer das Schlimmste eintreten könnte, veranlassen Sie zu der Frage: »Was, wenn sich diese Situation als gefährlich erweisen sollte?« oder »Sollten wir das nicht noch einmal überdenken?« Ironischerweise nimmt Ihre Angst mit dem sichtbaren Erfolg noch zu, denn Aufsehen erzeugt Konkurrenz. Für Benachteiligte können Sie sich jedoch vorbehaltlos einsetzen, ebenso kommen Ihre Stärken bei schwierigen Unternehmenssituationen zum Tragen, vor allem, wenn Sie Verbündete haben.

Wie Sie Ihre Fähigkeiten am besten einsetzen: Ein hierarchisches Umfeld mit klaren Autoritätsstrukturen erleichtert Ihnen die Arbeit. Sie wissen dann, was Sie erwartet und wogegen Sie anzutreten haben. Auch selbständige Positionen sind für Sie attraktiv, da Sie dann Ihre eigene Autorität sind. Ihre Entschlossenheit, sich schwieriger Fragen anzunehmen, prädestiniert Sie zum idealen Krisenspezialisten und hochgeschätzten Analytiker.
Wie Sie Risiken vermeiden: Positionen, auf denen hoher Druck lastet und die schnelle Entscheidungen erfordern, führen oft zur Lähmung Ihrer analytischen Fähigkeiten. Unter Druck ersetzen Sie Handeln durch Nachdenken, was oft zu Verzögerungen und zauderndem Verhalten führt. Herausragende Führungspositionen mit nicht eindeutigen Richtlinien können für Sie zu hinterhältigen Fallen werden, die nur darauf angelegt sind, Mißerfolg zu produzieren.
Ihr Grundsatz: »Autorität ist auf jeden Fall zu hinterfragen.«

Sieben: Der Epikureer

Für Sie besteht die Welt aus einer vielfältigen Anzahl von Möglichkeiten; immer gibt es Neues zu entdecken, ständig gilt es neue Pläne zu schmieden. Da Sie Ihren Wert genau kennen, glauben Sie, Sie hätten Anspruch auf Erfolg. Dieser Enthusiasmus färbt auf andere ab. Wo die meisten Menschen nur Grenzen sehen, finden Sie neue, positive Ideen.
Das Leben ist in Ordnung, wenn Sie diese Möglichkeiten erkennen. Sie arbeiten im Team, finden an Sitzungen Gefallen, in denen neue Ideen erörtert werden, und gehen Konflikten aus dem Weg; diese Eigenschaften sind einerseits brillant, können andererseits aber auch hinderlich sein. Sie liefern originelle Ideen,

schrecken jedoch vor schwierigen, heiklen Verpflichtungen zurück.

Wie Sie Ihre Fähigkeiten am besten einsetzen: Sie glänzen in den Frühphasen eines Plans, wenn positive Zukunftsvisionen und differenziertes Denken gefragt sind. Neuanfänge ziehen Sie an, ebenso Teilgebiete eines Projekts, in denen es darauf ankommt, Informationen aus unterschiedlichen Bereichen in Einklang zu bringen.

Wie Sie Risiken vermeiden: Sind bei der Umsetzung von Plänen Routinearbeiten nötig, die für Ihre Abenteuerlust keinen Platz lassen, verliert sich Ihr Interesse schnell. Die kritische Überwachung Ihrer Arbeit, Tätigkeiten, in denen kein Spielraum für anderes ist, nötigen Sie dazu, die Regeln umzuschreiben und sich selbst in eine bessere Position zu manövrieren.

Ihr Grundsatz: »Du bist okay. Ich bin okay. Ist nicht jeder okay?«

Acht: Der Boß

Ihr Hauptaugenmerk liegt auf Kontrolle. »Wer hat die Macht? Wendet er sie auch gerecht an?« Sie übernehmen lieber die Verantwortung und halten sich Konkurrenten vom Leib, statt das Risiko einzugehen, daß Sie selbst kontrolliert werden.

Zorn ist das Gefühl, das Ihnen am liebsten ist, und Vertrauen in andere wird durch Konfrontation aufgebaut. Sie wissen, daß Menschen im Zorn ihre wahren Gefühle zeigen; durch Konflikte versuchen Sie also herauszufinden, ob andere manipulieren, ob sie mit gezinkten Karten spielen, ob sie ehrlich oder schwach sind.

Eine offene Aussprache schafft Klarheit, dabei können Mitarbeiter getestet werden, falls Sie feststellen wollen, ob Sie die

Kontrolle aus der Hand geben können. Ein wichtiges Thema, das Ihnen sehr am Herzen liegt, ist Gerechtigkeit, und Sie stellen sich mit allem, was Sie haben, vor »Ihre Leute« und vor »Ihr Team«.

Wie Sie Ihre Fähigkeiten am besten einsetzen: Man kennt Sie für Ihre aggressiven, energischen Führungsqualitäten, Sie können andere aber auch mitreißen und ermutigen. Führungspositionen sind Ihr angestammter Platz, da Sie es verstehen, andere mittels des richtigen Maßes an Zwang und unnachgiebiger, aber von Herzen kommender Hilfe anzuspornen und so große Projekte voranzutreiben.

Wie Sie Risiken vermeiden: Tätigkeiten, die eine diplomatische Vorgehensweise erfordern und bei denen Sie Befehlen zu gehorchen haben, liegen Ihnen wenig. Besonders sensibel reagieren Sie auf Machtspiele und verdeckte Manipulationen. Sie brauchen klare Richtlinien, um Mißstände zu beheben, und wollen nicht vom Gutdünken Ihrer Vorgesetzten abhängig sein.

Ihr Grundsatz: »Wenn Ihnen meine Art nicht paßt, können Sie gehen.«

Neun: Der Vermittler

Sie brauchen einen harmonischen, friedlichen Arbeitsplatz, also wägen Sie immer das Für und Wider ab. Sie sehen alle Vor- und Nachteile einer Entscheidung, weswegen Sie unentschlossen an derselben Stelle verharren. Sie können sich mit den Positionen aller anderen identifizieren, so daß Sie darüber Ihre eigene vergessen und sich fragen: »Will *ich* das, oder war das die Idee eines anderen?«

Sind Sie erst einmal involviert, fällt es Ihnen schwer, nein zu sagen. Dann bleiben Sie länger, als Sie wirklich wollen. Und

statt wütend zu werden, versteifen Sie sich auf Ihre Arbeit und werden starrköpfig.
Termine sind ein Anlaß, aktiv zu werden; wenn Sie endlich auf Touren gekommen sind, können Sie sehr produktiv sein. Die Schwierigkeit besteht nur darin, die eigene Position nicht zu verleugnen – wenn es doch so einfach ist, sich auf das zu konzentrieren, was die anderen wollen.
Wie Sie Ihre Fähigkeiten am besten einsetzen: Sie sind der ideale Vermittler, da Sie alle Aspekte eines Problems sehen. Die Menschen fühlen sich in Ihrer Gegenwart akzeptiert, weil Sie die Welt aus ihrer Perspektive wahrnehmen können.
Wie Sie Risiken vermeiden: Imageträchtige Positionen, in denen Sie ständig für sich selbst Werbung machen müssen, sind mit Risiken behaftet. Ebenso Situationen, in denen gewohnte Vorgänge und Abläufe ständig und grundlegend geändert werden. Es lenkt Sie ab, wenn Prioritäten verschoben werden, und Konflikte zerreißen Sie förmlich.
Ihr Grundsatz: »Den Frieden wahren. Ja nicht für Unruhe sorgen.«

Wenn Sie sich, nachdem Sie diese neun Kurzcharakteristiken gelesen haben, nicht sicher sind, zu welcher Kategorie Sie gehören, dann sind Sie damit nicht allein. Schließlich ist der neunzackige Stern des Enneagramms von einem Kreis umgeben, was darauf hinweist, daß jeder einzelne Zugang zu allen anderen Standpunkten hat. Dennoch besitzt jeder einen Primärtypus. Die folgenden Beschreibungen sollen Ihnen helfen, Ihren Enneagramm-Typ zu finden.

So finden Sie Ihren Enneagramm-Typ

Der folgende Test bezieht sich auf die neun Persönlichkeitstypen. Kein Typ ist besser oder schlechter als die übrigen, aber jeder sieht die Welt anders.
Die nachfolgenden Absätze – mit den Buchstaben »A« bis »I« versehen – enthalten einfache Beschreibungen der neun Typen. Sie sind nicht als umfassendes Porträt der jeweiligen Persönlichkeit gedacht. Da jeder Absatz immer nur bis zu einem gewissen Grad auf Sie zutrifft, sollten Sie sich für jenen entscheiden, dessen Beschreibung Ihnen am meisten entspricht.
Betrachten Sie dabei jeden Absatz als Ganzes. Nehmen Sie nicht einzelne Sätze aus dem Kontext, sondern fragen Sie sich: »Trifft dieser Absatz als Ganzes eher auf mich zu als die anderen?«

Vorschläge:
Fällt es Ihnen schwer, sich für eine der nachfolgenden Beschreibungen zu entscheiden, dann überlegen Sie, wie jemand, der Ihnen nahesteht, Sie charakterisieren würde.
Persönlichkeitsmuster sind in jungen Erwachsenenjahren am ausgeprägtesten; daher können Sie sich auch fragen, welche der Beschreibungen am ehesten auf Sie zutrifft, als Sie etwa zwanzig Jahre alt waren.

A
Ich bin jemand, der in seinem Leben und seiner Arbeit Harmonie und Gleichgewicht sucht. Am besten arbeite ich in einem geordneten Umfeld, in dem die Kompetenzen klar verteilt sind und alles vorhersehbar ist. Ich kann mich problemlos an die Bedürfnisse der Firma oder anderer Menschen anpassen, sperre mich

aber gegen Veränderungen, wenn sie zu schnell über mich hereinbrechen.

Es ist mir wichtig, daß die Kollegen gut miteinander auskommen, bei Konflikten fühle ich mich äußerst unwohl. Ich will nicht wütend werden und versuche meist, Auseinandersetzungen aus dem Weg zu gehen; hin und wieder aber geht mir der Hut hoch.

Es fällt mir leicht, andere – mögen Sie noch so verschieden sein – und ihre Standpunkte zu akzeptieren. Andere haben meist keine Probleme damit, mit mir zu reden. Deswegen bin ich ein ausgezeichneter Vermittler. Oft finde ich mich in der Rolle des Friedensstifters, schlichte zwischen Einzelpersonen oder stehe in der Funktion des Vorstands ganzen Interessengruppen vor.

Es ist mir wichtig, daß ich meinen eigenen Standpunkt klarzustellen versuche. Ansonsten kann es geschehen, daß ich mich von anderen kontrolliert fühle oder von fremden Meinungen bestimmt werde.

Auch fällt es mir nicht leicht, meine Energie und Aufmerksamkeit auf Prioritäten zu lenken. Ich kann mich in Detailbereichen eines Projekts verlieren oder vom großen Bild des Ganzen überwältigt werden. Es hilft mir, wenn ich Bestätigung und Unterstützung erhalte. Wenn ich mich auf dem richtigen Weg befinde, kann ich gewissenhaft und sehr produktiv arbeiten.

B

Ich kann sehr gut vorausdenken, positive Ergebnisse anstreben und Gedanken aus den unterschiedlichsten Quellen zusammenfassen und miteinander in Einklang bringen. Ich interessiere mich für alle möglichen Themen und freue mich meist darauf, neue Erfahrungen zu sammeln. Das Leben ist ein wunderbares

Abenteuer. Ich richte es mir so ein, daß mir meine Arbeit gefällt, aber ich mag keine Routinetätigkeiten.
Ich neige zu Optimismus und besitze das Talent, zu erkennen, welche Möglichkeiten in einer bestimmten Situation stecken. Ich kann mit Menschen reden, sie beraten und motivieren, bin aber frustriert, wenn andere negativ eingestellt sind oder meinen Enthusiasmus nicht teilen wollen. Manchmal halten mich andere für zu optimistisch oder glauben, ich sei mir möglicher Gefahren nicht bewußt.
Ich besitze das Talent, neue Visionen zu schaffen, auf Neues aufmerksam zu machen und die Dinge ins Rollen zu bringen, nach einiger Zeit aber verliere ich oftmals das Interesse. Es macht mir meist nichts aus, wenn andere meine Pläne in die Tat umsetzen.
Mein Arbeitsstil paßt nicht immer in den regelmäßigen Ablauf traditioneller Organisationsstrukturen. Am besten arbeite ich, wenn ich Platz für meine Kreativität habe und neue Ideen ausprobieren kann. Ich brauche viel Spielraum, will mich nicht bevormunden lassen, wie ich meine Arbeit zu erledigen habe, und fühle mich nicht wohl, wenn mir jemand über die Schulter blickt oder ständig Anweisungen erteilt.

C

Ich halte mich für eine starke und fähige Persönlichkeit. Meine Ansichten sind sehr entschieden, und ich bin gewillt, zu sagen, was ich denke, auch wenn dies zu Konflikten führt. Ich will aber auch, daß andere offen und direkt mit mir sind; es gefällt mir nicht, wenn sie dem zur Diskussion stehenden Thema ausweichen.
Ich finde mich oft in einer Führungsrolle wieder, auch wenn dies nicht geplant war. Jemand muß die Sache doch in die Hand neh-

men, und wenn es nötig ist, übernehme ich eben diesen Part. Andererseits kann ich eine gute Führung durchaus anerkennen und nehme gerne Anweisungen entgegen, wenn sie mir gerecht erscheinen. Meinem Instinkt kann ich gewöhnlich vertrauen, und ich treffe meine Entscheidungen eher aus dem Bauch heraus. Ich will, daß den Gedanken auch Taten folgen, und kann es nicht leiden, wenn man sich in Diskussionen über Konzepte und Theorien festfährt.

Gegenüber meinen Kollegen oder meinen Untergebenen kann ich sehr freigebig sein. Manchmal bin ich hart zu ihnen, aber wenn jemand versucht, sie unfair zu behandeln, stelle ich mich vor sie. Ich bin sehr sensibel, was Ungerechtigkeiten anbelangt, und setze Himmel und Hölle in Bewegung, um Mißstände abzuschaffen.

Da ich manchmal zu Anmaßung und Härte neige, finden mich andere abschreckend oder autoritär. Andere müssen mich nicht mögen, aber ich will von ihnen respektiert werden.

D

Ich bin eine hilfsbereite Person, die dafür bekannt ist, daß sie sich am Arbeitsplatz um andere kümmert. Außerdem bin ich sehr kommunikativ und stolz darauf, mit allen auszukommen. Durch meine Freundlichkeit und das positive Bild, das ich vermittle, kann ich Mitarbeiter für mich gewinnen und werde von anderen dafür geschätzt.

Auseinandersetzungen oder Kritik lassen mich ziemlich nervös werden, es sei denn, ich weiß, daß mich die anderen auch nachher noch mögen. Es kann manchmal sehr schwierig sein, mein Bedürfnis nach Bestätigung und Anerkennung mit meiner Unabhängigkeit zu vereinbaren.

Vor allem gelingt es mir, das schlummernde Potential anderer zu erkennen und zu wecken. Allerdings muß ich aufpassen, daß ich nicht zuviel gebe, mich ausschließlich um die Belange anderer kümmere und meine eigenen vernachlässige. Gelegentlich kommt es bei mir zu starken emotionalen Reaktionen, die mich völlig aus der Bahn werfen können.
Meist fühle ich mich wohler, wenn ich im Team arbeiten kann; es fällt mir überhaupt nicht leicht, im Rampenlicht zu stehen oder selbst die Führungsrolle zu übernehmen. Ich habe gern mit anderen Kontakt und arbeite nur ungern und über einen längeren Zeitraum für mich allein. Solange ich das Gefühl habe, daß ich mit anderen auskomme, bin ich sehr flexibel, was die Vorgehensweise bei der Arbeit betrifft.

E

Ich habe sehr hohe Ansprüche und poche darauf, daß Dinge korrekt erledigt werden. Ich kann mir und anderen gegenüber sehr kritisch werden, wenn es darum geht, die Arbeit richtig zu machen. Es ist mir wichtig, ein hohes Maß an persönlicher Integrität und Ehrlichkeit aufrechtzuerhalten, und ich kann ziemlich besorgt oder zickig werden, wenn ich merke, daß andere schlampig sind oder sich nicht die Zeit nehmen, ihre Arbeit ordentlich zu erledigen.
Andere sehen in mir vielleicht einen Oberlehrer oder Perfektionisten, dennoch versuche ich, gerecht zu sein. Ich strenge mich an, mein Wort zu halten, und wenn ich sage, ich übernehme eine Aufgabe, dann erledige ich sie, und zwar gut. Von anderen erwarte ich das gleiche. Mitarbeiter, die ihre Verpflichtungen nicht einhalten oder ihren Teil nicht beitragen, erregen meinen Zorn.

Ich habe einen ausgeprägten Ordnungssinn und ziehe es vor, sehr organisiert zu arbeiten. Ich habe gern klare Regeln und Strukturen, nach denen sich Arbeitsabläufe zu richten haben; unerwartete Änderungen sind nicht meine Sache.
Die Arbeit kommt vor dem Vergnügen, so daß es mir schwerfällt, mich wirklich zu entspannen. Manchmal vergrabe ich mich zu sehr in die Einzelheiten eines Projekts. Kritik kann ich durchaus akzeptieren, wenn sie mir angemessen erscheint, für meine Aufrichtigkeit und meine guten Absichten aber möchte ich gelobt werden.

F

Ich bin sehr aufgaben- und zielorientiert und betrachte mich als jemanden, der vieles erreicht hat und noch erreichen will. Erfolg ist mir wichtig, und ich gebe alles, um erfolgreich zu sein. Andererseits will ich Mißerfolge unter allen Umständen vermeiden; schlechte Ergebnisse oder Fehlschläge gefallen mir nicht.
Ich liebe es, sofort die Initiative zu ergreifen, und werde ungeduldig, wenn mich andere bremsen wollen und sich in den Weg stellen. Es fällt mir nicht leicht zu verstehen, warum Menschen manchmal so vorsichtig sind und alle Einzelheiten schon im voraus ausarbeiten müssen.
Es ist mir wichtig, das Image eines Gewinners zu vermitteln. Gewöhnlich kann ich mich darauf verlassen, in jeder Situation eine gute Figur abzugeben und meine Leistung zu erbringen. Konkurrenz und Wettbewerb haben ihr Gutes. Im allgemeinen befürworte ich, daß alle die gleiche Chance erhalten, aber ich erwarte von ihnen auch, daß sie hart arbeiten und etwas leisten. Mich interessiert nur, was unterm Strich herauskommt. Wichtig ist, daß etwas funktioniert, nicht wie. Im Interesse der Effizienz

bin ich bereit, Richtlinien und gewohnte Abläufe kurzerhand zu ändern. Meine Neigung, hart zu arbeiten und Überstunden zu machen, hat meist Vorrang vor dem Privatleben. Es fällt mir nicht leicht, einen Gang zurückzuschalten und mir Zeit zum Entspannen oder für meine persönlichen Beziehungen zu nehmen.

G

Ich betrachte mich als loyale Person, die der Firma treu ergeben ist und darauf achtet, daß die Arbeit zufriedenstellend ausgeführt wird. Ich nehme mir die Zeit, um über Strategien nachzudenken oder Dinge bis in die letzten Einzelheiten zu verstehen, bevor ich aktiv werde. Vor allem besitze ich die Begabung, Probleme vorherzusehen und Lösungen zu entwickeln.

Am besten arbeite ich, wenn gute konzeptionelle Rahmenbedingungen vorliegen, kann jedoch sehr ärgerlich werden, wenn Mitarbeiter ihre Aufgaben nicht bereits im voraus durchdenken. Andererseits kann mein Bedürfnis, alles genauestens festlegen zu wollen, lähmend wirken.

Es ist mir wichtig, daß ich weiß, woran ich mit meinen Kollegen und vor allem mit meinem Chef bin. Unsicherheiten, Zweideutigkeiten in der Beziehung zu anderen Mitarbeitern gefallen mir weniger, weshalb ich auf Klarheit dringe. Ich komme mit geordneten, hierarchischen Befehlsstrukturen ebenso klar wie mit Teamarbeit, will aber in jedem Fall wissen, wie die Spielregeln lauten. Gibt es Konflikte, will ich, daß sie offen ausgetragen werden; sollte das nicht der Fall sein, verbringe ich viel Zeit damit, mir zu überlegen, welche Motive die anderen hegen.

Gewöhnlich kann ich andere gut einschätzen, allerdings traue ich oftmals meiner Wahrnehmung nicht. Bei Vorträgen werde ich oft nervös, auch wenn ich weiß, daß sie mir eigentlich keine

Probleme bereiten sollten. Ich gebe viel auf positive Bewertungen oder persönliches Lob, allerdings sollten sie einer realistischen Beurteilung der Situation entsprechen.

H

Es ist mir sehr wichtig, meine Individualität zu wahren. Obwohl es mir nicht schwerfällt, das für meine Arbeit angemessene Image aufzubauen, verliere ich nicht den Bezug zu meinen Gefühlen, selbst wenn ich diese Seite meines Selbst mit den Mitarbeitern teilen muß.

Meine Arbeit muß für mich sinnvoll sein. Triviale Aufgaben befriedigen mich nicht. Im allgemeinen versuche ich, mein Tätigkeitsfeld vollständig zu durchleuchten und auch emotional zu durchdringen. Manchmal würde ich gerne meine Kollegen kritisieren, wenn sie mir zu oberflächlich erscheinen.

Emotionale Authentizität ist mir äußerst wichtig. Daher versuche ich meine Kreativität sowohl in der Arbeit als auch in meinem persönlichen Stil zum Ausdruck zu bringen. Ich verfüge über ein ausgeprägtes ästhetisches Gespür und bin versucht, das Aussehen der Produkte sowie der Arbeitsumgebung zu verbessern.

Andere halten mich oft für einfühlsam und fürsorglich. Allerdings bin ich von vielen enttäuscht, da sie sich nicht mit sich selbst auseinandersetzen wollen. Wegen meiner starken Emotionalität bin ich zeitweilig auch sehr launisch. Menschen, die vor ihren eigenen Gefühlen Angst haben, bekommen damit ihre Probleme.

I

Ich halte mich selbst für einen ausgezeichneten Strategen und Theoretiker und gelte gewöhnlich als ein Experte auf meinem Gebiet. Es ist mir wichtig, alles zu wissen und die Dinge von Grund auf zu verstehen. Ich beschäftige mich eingehend mit meinen Interessengebieten und trage gern Informationen zusammen. Ideen und Konzepte kann ich schnell aufnehmen, das heißt jedoch nicht, daß ich weiß, wie ich mit anderen Menschen umzugehen habe.

Mein Privatleben, Zeit für mich, um meine Batterien wieder aufzuladen, sind mir sehr wichtig. Das Zusammensein mit anderen Menschen empfinde ich häufig als sehr erschöpfend. Habe ich jedoch Zeit, mich darauf vorzubereiten, kann ich ein ausgezeichneter Lehrer sein.

Ich bin ein guter Beobachter und ziehe es vor, mich am Rand einer Gruppe aufzuhalten, wo ich beobachten kann, was vor sich geht. Nur selten stürze ich mich kopfüber auf ein Projekt oder in die Gesellschaft anderer, da ich darauf bedacht bin, mir meine Zeit und Energien zu erhalten.

Ich bin zufrieden, wenn ich über lange Zeiträume hinweg allein arbeiten kann, und werde nur ungern aus meiner Arbeit gerissen. Ich brauche nicht den emotionalen Kontakt wie andere Menschen, weswegen ich manchmal auch für zurückhaltend oder gar abweisend gehalten werde.

Ich neige dazu, mich auf mich selbst zu verlassen und mich aus meinem Inneren heraus zu motivieren. Die Welt in meinem Kopf ist sehr vielfältig und interessant, und ich langweile mich äußerst selten, wenn ich die Zeit nur mit mir verbringe.

Lösungsschlüssel:
Die vorhergehenden Persönlichkeitsbeschreibungen entsprechen den folgenden Punkten des Enneagramms:

Absatz A:	Punkt 9
Absatz B:	Punkt 7
Absatz C:	Punkt 8
Absatz D:	Punkt 2
Absatz E:	Punkt 1
Absatz F:	Punkt 3
Absatz G:	Punkt 6
Absatz H:	Punkt 4
Absatz I:	Punkt 5

Eine kurze Übersicht zur Bestätigung

Um den eigenen Persönlichkeitstyp zu ermitteln, kann es hilfreich sein, sich die nachfolgenden Auflistungen anzusehen, die die neun Typen stichpunktartig charakterisieren.
Nachdem Sie den Test hinter sich haben, können Sie hier überprüfen, ob der von Ihnen gewählte Typ mit den folgenden Beschreibungen übereinstimmt.

Punkt Eins: Der Perfektionist

- Die Aufmerksamkeit richtet sich auf Fehler; das, was korrigiert werden muß
- Eindimensionales Urteilsvermögen; etwas ist entweder richtig oder falsch
- Ausgeprägte Eigenkritik, der Gedanken, Worte und Taten unterzogen werden

- Versteckter oder offener Zorn; ständig unter Spannung
- Immerzu darauf bedacht, alles richtig zu machen; außergewöhnlich sensibel für Kritik
- Drang zur Perfektion
- Verantwortungsbewußtsein
- Vergnügen werden aufgeschoben
- Wünsche und Impulse werden unterdrückt
- Darauf aus, »gut« zu sein
- Rigide Selbstkontrolle
- Unabhängigkeit wird sehr geschätzt

Punkt Zwei: Der Geber

- Die Aufmerksamkeit richtet sich auf die Bedürfnisse anderer
- Der Preis des Gebens/Helfens: »Die anderen sind auf meine Hilfe angewiesen.«
- Gibt, um Zustimmung zu erhalten und akzeptiert zu werden
- Fühlt sich manchmal ausgebeutet
- Es fällt schwer, die eigenen Bedürfnisse zu formulieren
- Selbsterhaltung wird als Grund angeführt, um andere und vor allem wichtige Personen zufriedenzustellen
- Manipulierend; eigene Bedürfnisse kommen nur indirekt zum Ausdruck
- Würde gerne die »graue Eminenz« sein

Punkt Drei: Der Dynamiker

- Die Aufmerksamkeit richtet sich darauf, Aufgaben zu erfüllen; Freizeitaktivitäten orientieren sich am Ergebnis
- Nicht der Weg, sondern das Ziel ist wichtig
- Identifiziert sich hauptsächlich über Erfolge und Errungenschaften

- Zustimmung und Akzeptanz werden über Leistung erzielt
- Image ist wichtig; gutes Aussehen, »Superman«, »Superwoman«
- Gefühle werden nicht beachtet; sie stehen der Arbeit nur im Weg
- Paßt sein Image der geforderten Rolle im Beruf an; gilt als Vorbild in seinem Beruf
- Hindernisse, die der Arbeit im Weg stehen, erregen seinen Zorn
- Ungeduldig; ständig dem Druck ausgesetzt, Leistung zu erbringen

Punkt Vier: Der tragische Romantiker

- Die Aufmerksamkeit richtet sich auf das, was fehlt
- Ständig hin und her gerissen zwischen dem, was im Moment verfügbar ist, und dem, was außer Reichweite oder nur schwer zu bekommen ist
- Fühlt sich als etwas Besonderes; steht durch sein Leid über den anderen
- Gefühl des Verlassenwerdens; »mich will keiner lieben«
- Einfühlsam, vor allem was das Leid anderer betrifft
- Romantisch und künstlerisch
- Wehrt sich, eingeordnet zu werden: »Ich bin anders.«

Punkt Fünf: Der Beobachter

- Die Aufmerksamkeit richtet sich auf das Beobachten anderer, ohne daran teilzunehmen
- Ausgeprägtes Bedürfnis nach Privatsphäre
- Intellektualisiert
- Distanz zu den eigenen Gefühlen

- Die Welt, die zuviel von ihm will, darf nicht zu nahe kommen
- Minimalist; reduziert seine Bedürfnisse und Wünsche
- Ist sich selbst genug
- Hortet Zeit, Raum, Energie, Wissen
- Teilt ein; hat für alles und jeden eine eigene Schublade
- Wirkt überlegen (abgehoben); fühlt sich unterlegen

Punkt Sechs: Der Advokat des Teufels

- Die Aufmerksamkeit richtet sich auf potentielle Schwierigkeiten, Gefahren, Störungen
- Rege Phantasie; Zweifelhaftes wird verstärkt
- Besorgt um die eigene Sicherheit und den eigenen Schutz
- Stellt alles in Zweifel; es gibt für alles ein Gegenargument
- Hinterfragt Personen
- Sieht Folgen, Konsequenzen und versteckte Bedeutungen voraus
- Verhält sich zwiespältig, vor allem in bezug auf Autoritäten
- Probleme mit dem Erfolg; ignoriert ihn oder schafft es nicht, Projekte zum Abschluß zu bringen
- Zögert Entscheidungen und Handlungen hinaus, aus Angst vor dem Ergebnis

Punkt Sieben: Der Epikureer

- Die Aufmerksamkeit richtet sich auf das Positive und die vielen Möglichkeiten, die die Zukunft bereithält
- Optimistisch; es gibt immer mehrere Alternativen
- Tut sich schwer mit Verpflichtungen
- Will Grenzen nicht anerkennen
- Sucht die Freuden des Lebens; das Leben ist ein Abenteuer
- Unersättlich nach Erfahrungen und Vergnügungen

- Viele Interessen
- Aktiv; viele Projekte, ständig ausgebucht
- Erfahrung ist wichtiger als der Erfolg
- Glaubt das Recht immer auf seiner Seite zu haben; narzißtisch
- Charmant und entwaffnend

Punkt Acht: Der Boß

- Die Aufmerksamkeit richtet sich auf die Macht und Kontrolle des eigenen Bereichs
- Konzentriert sich auf eigene Stärken und die Unterstützung der Schwachen
- Eigene Schwächen und Verletzlichkeiten werden geleugnet
- Alles-oder-Nichts-Polarität: Schwarzweißdenken
- Glaubt an die absolute Wahrheit, die absolute Gerechtigkeit
- Aggressiv, einschüchternd, impulsiv
- Will Anreize und Aufregung
- Direkt, auf Konfrontation aus
- Drückt seinen Zorn aus (»fühlt sich angearscht«)

Punkt Neun: Der Vermittler

- Das Aufmerksamkeit richtet sich immer auf das, was gerade ansteht oder ihm in den Sinn kommt
- Unwichtigen Dingen wird ebensoviel Aufmerksamkeit geschenkt wie den wichtigen
- Sieht alle Seiten einer Sache
- Friedensstifter; paßt sich allem zu sehr an
- Will es anderen immer recht machen, sorgt sich um sie; es fällt ihm schwer, nein zu sagen
- An allem anteilnehmend
- Will das Bequeme; vermeidet Konflikte

- Hin und her gerissen
- Wut kommt indirekt, Aggression nur passiv zum Ausdruck
- Hält Energie und Zorn zurück

Die Struktur des Diagramms

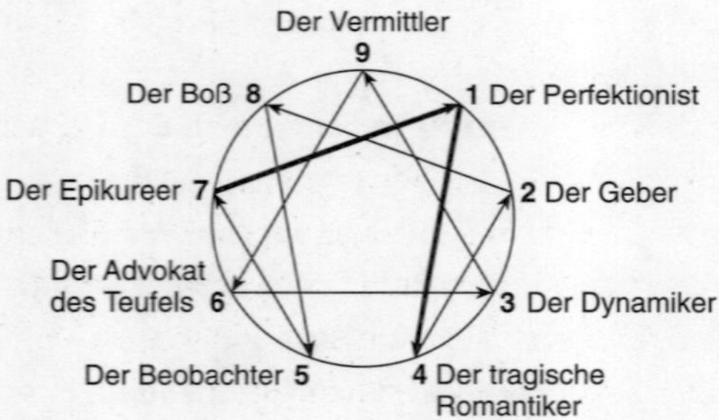

Viel Zeit, Energie und zahlreiche Erfahrungen sind nötig, um eine Persönlichkeit auszubilden. Hat sie sich erst entwickelt, hält man an seinem Typ fest. Warum, fragen manche, erkenne ich mich dann in einigen – oder sogar allen – Standpunkten wieder? Die Antwort lautet: Jede Position wurzelt in Erfahrungen, die allen Menschen gemeinsam sind. Jeder kennt die Freude des epikureischen Siebeners, dem immer eine Vielzahl von Optionen offenstehen, und jeder kann die Melancholie des romantischen Vierers nachvollziehen. Es sollte aber festgehalten werden, daß sich niemand plötzlich in einen anderen Persönlichkeitstyp »verwandeln« kann. Ein dynamischer Dreier mag manchmal die Freude eines Siebeners oder die Melancholie eines Vierers verspüren, aber er wird immer ein Macher und dem Profil des Dynamikers treu bleiben.

Jeder Mensch besitzt eine emotionale Grundstruktur, aus der sich seine Wahrnehmung speist, die Linse, durch welche er sein Leben lang die Welt sieht. Da jedoch eine einzige Strategie allein niemals ausreicht, um mit den komplexen Ansprüchen des Lebens zurechtzukommen, und daher Flexibilität gefordert ist, werden – auf vorherbestimmbare Weise – die Wahrnehmungsstrukturen verschoben, falls Streß auftreten sollte oder eine Phase der Sicherheit vieles erleichtert.

Ein Großteil der psychologischen Einsichten, die das Enneagramm vermittelt, basiert auf der Beschreibung der neun Typen; sein prognostischer Wert aber ergibt sich aus den miteinander verbundenen Linien, wie im Diagramm auf der vorhergehenden Seite zu sehen ist. Sie verdeutlichen, daß jeder Typ drei charakteristische Reaktionsmuster aufweist.

Erstens: Die gewohnten vertrauten Gedanken und Gefühle, die »meinen Typ« ausmachen; sie stellen die Grundlage dessen dar, was als das eigene Selbst bezeichnet wird.

Zweitens: Da jeder Mensch in seinem Wesen flexibel reagiert, übernimmt er in schwierigen, risikoreichen Zeiten – unter Streß – die Strategie des Typs, auf den der von ihm ausgehende Pfeil verweist. Das Wort Streß ist im allgemeinen zwar negativ besetzt, Vertreter der verschiedenen Typen berichten allerdings von wichtigen Durchbrüchen, die sie nur erzielen konnten, weil sie unter Streß herausgefordert wurden. In schwierigen Zeiten übernimmt der jeweilige Typ also die positiven oder negativen Eigenschaften dessen, der in Richtung des Pfeils liegt.

Drittens: In Phasen der Sicherheit fällt die sonst übliche Wachsamkeit weg, der jeweilige Typ entspannt sich und nimmt das Verhaltensmuster des Typs an, dessen Pfeil auf ihn weist. Auch hier übernimmt er die positiven oder negativen Aspekte.

Bei Erfolgserlebnissen in Ihrem Beruf fühlen Sie sich sicher und neigen dazu, sich in Gegenrichtung der Pfeile zu bewegen. Positionen mit Aufstiegsmöglichkeiten führen oft zur Entspannung der emotionalen Überlebensstrategien. Das folgende Diagramm macht dies am Beispiel des Dynamikers deutlich.

Die Dynamik der Veränderung: Die Pfeilformel

Typ 3: Der Dynamiker

Streßreaktion des Dreiers:
Richtet seine Energie auf Einzelheiten, damit er beschäftigt bleibt. Hält an bekannten Verfahren fest, die bereits in der Vergangenheit funktioniert haben. Sucht Wege, um aussteigen und sich neuen Erfolgen zuwenden können.

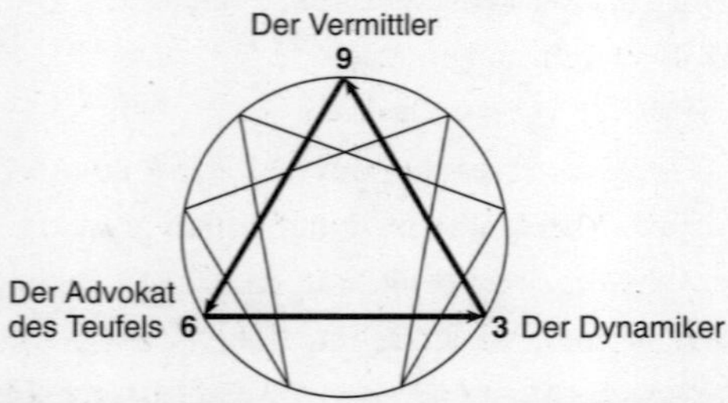

Sicherheitsreaktion des Dreiers:
Beginnt seine Gefühle wahrzunehmen. Macht sich persönliche Prioritäten bewußt, die durch das Zuviel an Arbeit aufgeschoben wurden. Verliert wegen der unerwartet aufgetauchten Gefühle vielleicht das Vertrauen in die eigenen Fähigkeiten. Lernt abzuwarten, daß sich seine eigene Kreativität bemerkbar macht.

Vertraute Grundlage des Dreiers:
Gilt als Vorbild in seinem Beruf, da er seine Gefühle der jeweiligen Situation anpaßt. Die Aufmerksamkeit ist auf Ergebnisse und Resultate gerichtet, allerdings auf Kosten der persönlichen Gefühle.

Der dynamische Dreier wird immer auf sein Image bedacht sein; sobald er sich jedoch seiner Haupteigenschaft bewußt ist, kann er sich zurücknehmen und muß nicht mehr soviel Wert auf Status und Erscheinung legen. Entsprechend verspürt er nicht mehr das treibende Bedürfnis, seine Aufgaben ohne Rücksicht auf mögliche Konsequenzen zu erledigen; er kann den Anteil und die Einwände seiner am Projekt beteiligten Kollegen respektieren.

Die jeweiligen Persönlichkeitstypen nehmen ein und dasselbe Projekt unterschiedlich wahr. Wer diese differierenden Sichtweisen zu erkennen lernt, kann seine Fortschritte in bestimmten Schlüsselbereichen enorm beschleunigen. Dazu gehören:

- Kommunikation
- Motivation
- Zeitmanagement
- Verhandlungsgespräche
- Aus- und Weiterbildung

Durch das Enneagramm erkennen Sie Ihren eigenen Typ; es liefert Ihnen Informationen, die Sie tagtäglich anwenden können, um mit berufsbedingten Problemen zurechtzukommen. Außerdem hilft es Ihnen, Ihre Kollegen, Ihre Familie und Freunde besser zu verstehen, die das Leben vielleicht ganz anders wahrnehmen als Sie.

Ohne dieses Verständnis erscheinen sie Ihnen vielleicht als falsch informiert oder einfach nur als eigensinnig. Fälschliche Wahrnehmungen und grobe Irrtümer lassen sich enorm reduzieren, wenn Sie Ihr eigenes Persönlichkeitsprofil kennen und sehen, daß auch andere Standpunkte ihre Berechtigung haben.

Wie Sie durch das Enneagramm die Zusammenarbeit mit anderen verbessern

In einem kürzlich von mir geleiteten Enneagramm-Seminar an der School of Business der Universität Stanford entsprachen die Studenten auf den ersten Blick alle dem Typus des dynamischen Dreiers: Sie gaben sich sehr zugeknöpft und verkörperten in ihrem Aussehen und ihren Erwartungen genau das Eigenverständnis des modernen Wirtschaftslebens. Erst im weiteren Verlauf des Seminars und dem beginnenden Kontakt der Studenten untereinander zeigten sich Unterschiede. Schließlich stellten wir fest, daß – wie im richtigen Arbeitsleben auch – die Persönlichkeitstypen ziemlich ausgewogen verteilt waren.

In jedem Berufsfeld, vom Vorstand bis zum Vorarbeiter, finden sich Menschen zusammen, die die gleiche Tätigkeit auf anscheinend gleiche Weise ausüben. Doch erst bei näherem Hinsehen zeigt sich, daß sich verschiedene Persönlichkeitstypen ihrer Aufgabe unter völlig anderen Gesichtspunkten nähern.

In den folgenden neun Kapiteln wird gezeigt, wie die unterschiedlichen Enneagramm-Typen im Arbeitsleben auftreten und wie sich ihr Umgang miteinander in der Praxis gestaltet. Ihre Interaktionen werden aus zwei Perspektiven betrachtet. Die erste Hälfte jedes Kapitels befaßt sich mit der Sichtweise des jeweiligen Typs. Der zweite Teil beschäftigt sich damit, wie der Enneagramm-Typ auf fünf spezifischen Feldern – Kommunikation, Motivation, Zeitmanagement, Verhandlungsgespräche und Aus- und Weiterbildung – jeweils von seinen Kollegen wahrgenommen wird.

Kommunikation

Die Kommunikation des einzelnen hängt von seiner Wahrnehmungs- und Sichtweise ab. Jeder sucht sich die für ihn relevanten Informationen, die seinen Standpunkt unterstützen, und richtet sein Verhalten – häufig ohne daß es ihm bewußt ist – danach aus. Tragische Romantiker, die auf enge persönliche Beziehungen angewiesen sind, achten zum Beispiel sehr auf Anzeichen, die auf ein sich entwickelndes gegenseitiges Einvernehmen hinweisen. Scheinen diese Signale bestätigt zu werden, ist ihre Kommunikation von beiderseitigem Verständnis geprägt, das manchmal ganz ohne Worte auskommt. So genügt es, einen Vierer zu fragen, »ich weiß, was Sie getan haben, wie geht es Ihnen damit?« oder ihm zu sagen, »ich weiß, was Sie meinen, aber ich würde mich in einer derartigen Situation so fühlen«, um ein gemeinsames Band zu schaffen, das seine Aufmerksamkeit erregt. Die Konversation muß dabei nicht unbedingt sehr emotional verlaufen – niemand muß sein Herz ausschütten –, emotionale Aussagen aber geben dem Vierer das Gefühl, daß er verstanden wird. Beobachtende Fünfer hingegen, die großen Wert auf ihre Privatsphäre und Distanz legen, reagieren sehr viel weniger auf persönliche Fragen. Nach außen gerichtete, epikureische Siebener, die Abenteuer dem emotionalen Kontakt vorziehen, neigen eher dazu, das Gespräch von ihren Gefühlen wegzulenken.

Die unterschiedlichen Enneagramm-Typen offenbaren ihren charakteristischen Kommunikationsstil nicht allein durch Worte, sondern auch durch ihren Gesichtsausdruck, ihre Körperhaltung, Gesten, den Ton in ihrer Stimme, die körperliche Nähe zum anderen, Augenkontakt und eine ganze Reihe anderer nonverbaler Signale. So gehen gebende Zweier energisch auf andere zu, um Zustimmung zu erlangen, während beobachtende Fünfer sich hinter einer ausdruckslosen Maske verschanzen.

Motivation

Firmen verfolgen gewöhnlich mehrere unterschiedliche Motivationsansätze; was in diesem Büro funktioniert, muß nicht unbedingt den Bedürfnissen des Managers am Ende des Korridors entsprechen. Jeder Abteilungsleiter verfügt über einen eigenen Ansatz und wendet ihn in seiner Abteilung an, und oft genug spiegeln sich darin seine eigenen Ansichten wider.

Angestellte aber sind nicht unterschiedslos durch dieselben Anreize zu motivieren. Perfektionistische Einser werden motiviert, wenn ihr Abteilungsleiter sich zustimmend zur Qualität ihrer Arbeit äußert; gebende Zweier wünschen sich Zustimmung für sich als Mensch.

Die Situation wird nicht einfacher, wenn Firmenberater bestimmte Motivationssysteme ausdrücklich empfehlen. Manche bevorzugen ein auf Wettbewerb ausgerichtetes Bonussystem, andere preisen den Wert der Kooperation als motivierenden Faktor. Manager, die sich bewußt sind, daß nicht jeder Schuh allen paßt, verfügen hier gewiß über einige Vorteile. Sie wissen nämlich, daß dynamische Dreier und Achter in einem von Konkurrenz geprägten Umfeld wunderbar zurechtkommen, andere Persönlichkeitstypen aber abgeschreckt werden, wenn die Leistung mehr zählt als der einzelne Mensch.

Jeder Persönlichkeitstyp ist anders zu motivieren. Selbst klassische Anreize wie öffentliche Anerkennung können sich auf Sechser, die Advokaten des Teufels, und Fünfer, Beobachter, demotivierend auswirken, welche vielleicht in derselben Abteilung mit

Persönlichkeitstypen zusammenarbeiten, die offen um Titel konkurrieren. Beobachter sind hochmotiviert, wenn man ihnen einen eigenen Arbeitsplatz in Aussicht stellt oder ihnen erlaubt, sich die Zeit selbst einzuteilen. Für sie, die sich gerne zurückziehen und vor sich hin grübeln, ist die Zeit, die sie für sich haben, Belohnung genug; ihre besten Leistungen erbringen sie, wenn sie sich aus den zwischenmenschlichen Kontakten im Büro zurückziehen können – was wiederum für beziehungsorientierte Zweier, die Geber, die wichtigste Motivationsgrundlage darstellt.
Die bei jedem Persönlichkeitstyp wirksame Form der Motivation entfaltet ihre Wirkung ungeachtet der vom Arbeitgeber bevorzugten Motivationsstrategie. Ein Achter, der Boß, wird immer Energie aufbringen, wenn er für Gerechtigkeit eintreten kann, und ein perfektionistischer Einser wird sich immer voll einsetzen, allein aus der ihm gegebenen Lust heraus, seinen Job gut zu machen. Dem Management sind diese grundsätzlichen Arten der Motivation vielleicht nicht immer ersichtlich, die Vorteile allerdings – wenn man weiß, was die einzelnen Persönlichkeitstypen benötigen, um nicht das Interesse an ihrer Arbeit zu verlieren – liegen klar auf der Hand.

Zeitmanagement

Zeit ist eine Konstante. Die Zeiger aller Armbanduhren bewegen sich mit derselben Geschwindigkeit. Jede Minute hat genau sechzig Sekunden, sechzig Minuten ergeben eine Stunde, und der Tag hat genau vierundzwanzig Stunden. Das subjektive Zeitempfinden der Menschen aber ist individuell verschieden. Auch wenn jeder von sich behauptet, er bringe für gewisse Dinge Zeit auf, er verschwende Zeit oder möchte sie einsparen, haben diese Sätze für jeden einzelnen doch sehr unterschiedliche

Bedeutung. Da Zeit eine Konstante ist und jedem in gleichem Maß zur Verfügung steht, geht kein Persönlichkeitstyp mit Zeit effektiver um als ein anderer. Aber jeder Enneagramm-Typ biegt sie sich auf seine Weise zurecht.

Die Zeit verfliegt, wenn man beschäftigt ist. Man sagt dann: »Ist es wirklich schon ein Jahr her, daß wir uns das letzte Mal gesehen haben?« Wenn sich Zeit in die Länge zieht, denkt man sich: »Ich halte das keine Minute länger aus.«

In Unternehmen ist Zeit ein Gut, das sorgfältig verwaltet wird. »Zeit ist Geld« lautet der Grundsatz, der als wichtiger Faktor jede Entscheidung mitbestimmt. Daneben tritt Zeit im Arbeitsalltag in Form verschiedener Etiketten auf, die »wichtig«, »dringend«, »oberste Priorität« oder »nehmen Sie sich bitte dafür Zeit« lauten und für jeden dasselbe bedeuten sollen.

Nur bedeuten sie für jeden etwas anderes. Stellen Sie sich vor, verschiedene Enneagramm-Typen erhalten von ihrem Chef eine Mitteilung mit der Aufschrift DRINGEND. Ein Sechser wird es für sinnvoll erachten, über die potentiellen Gefahren nachzudenken, die sich ergeben, wenn er die Anweisung ausführt. Für einen Siebener erscheint das als Zeitverschwendung; statt dessen entwickelt er bereits ein Handlungskonzept. Zweier und Vierer dürften der Meinung sein, sie würden ihre Zeit sinnvoll nutzen, wenn sie über die emotionalen Auswirkungen der Mitteilung auf ihre Kollegen nachdenken, wohingegen Fünfer diese gefühlsbeladenen Unterhaltungen als Zeitverschwendung ansehen.

Verhandlungsgespräche

In der Geschäftswelt besteht der Großteil der Kommunikation aus Verhandlungen. Manchmal handelt es sich dabei um wichtige Unternehmensentscheidungen wie die Übernahme einer anderen Firma, im allgemeinen aber geht es um geringfügigere Dinge wie die Verteilung von Aufgaben oder der zur Verfügung stehenden Mittel.

Jeder Enneagramm-Typ leitet Verhandlungen gemäß seiner ihm eigenen Wahrnehmung. Sind Sie zum Beispiel ein vermittelnder Neuner, werden Sie die einzelnen Qualitäten der jeweiligen Forderungen aller beteiligten Parteien sehen, und da Sie die Bereiche erkennen, in denen eine gemeinsame Einigung erzielt werden kann, wird Ihr Verhandlungsstil auf einen Konsens hinauslaufen. Als tragisch-romantischer Vierer verhandeln Sie wahrscheinlich sehr spannungsgeladen; Sie sehen genau, was Sie verlieren, wenn Sie der anderen Seite nachgeben, und reagieren darauf äußerst emotional. Sind Sie jedoch ein Achter, ein Boß, sind Sie wahrscheinlich so auf die Vorzüge Ihrer eigenen Sache fixiert, daß Sie den Wert anderer Positionen schlichtweg ignorieren.

Wenn sich beide Seiten direkt auf die zwischenmenschliche Dynamik einer Verhandlung konzentrieren, kann es Ihnen – unter Zuhilfenahme des Enneagramms – gelingen, Ihre Vorstellungen durchzusetzen. Natürlich ist nicht im voraus klar, mit wem Sie es während der Verhandlung zu tun haben werden. Aber wenn Sie die charakteristischen Neigungen Ihres eigenen Typs kennen, können Sie ein wenig Abstand gewinnen, sich zurücklehnen und die Unterschiede beobachten, die zwischen Ihrer Vorgehensweise und den Strategien Ihrer Verhandlungspartner auftreten.

Aus- und Weiterbildung

Ausbildung hat nichts mit Intelligenz zu tun, sondern mit der unterschiedlichen Weise, wie Menschen Wissen aufnehmen. Als Ausbilder oder Leiter von Schulungsseminaren nehmen Sie wahrscheinlich zwangsläufig an, daß alle Teilnehmer in Ihrem

Kurs mit mehr oder weniger denselben Daten arbeiten. Wenn Sie sich jedoch in die Sicht eines anderen versetzen, stellen Sie fest, daß manche Informationen, die Ihnen überhaupt nicht aufgefallen sind, anderen als überaus wichtig erscheinen. In der Sichtweise eines Dynamikers gibt es einen effizienten Weg zum Ziel, der die meisten Schritte und Abläufe, die das Interesse des Perfektionisten wecken, ignoriert. Beobachtende Fünfer betrachten jeden Ausbildungskomplex als separate Informationseinheit, während Neuner im Kurs vorwiegend damit beschäftigt sind, dieselben Einheiten in ein größeres Bild einzufügen.

Als Ausbilder werden sie das Unterrichtsmaterial wahrscheinlich so strukturieren, wie Sie selbst Informationen aufnehmen; entsprechend ist die Art und Weise, wie Sie anderen Ihre Kommentare zukommen lassen, abhängig von Ihrem Persönlichkeitstyp. Aber wie sollen Sie dann Menschen etwas erklären, die die Welt ganz anders wahrnehmen als Sie? Die Methode des typenspezifischen Lernens erlaubt es, das Unterrichtsmaterial so aufzubereiten, daß alle davon profitieren.

Ausbilder mit Kenntnissen zu den Enneagramm-Typen werden sich bewußt sein, wie ihre Reaktionen von den Auszubildenden aufgenommen werden. Sie wissen zum Beispiel, daß Dynamiker unter Kritik leicht zusammenbrechen, dies jedoch hinter einer glatten, professionellen Fassade zu verbergen versuchen. Und wenn der Ausbilder selbst ein dynamischer Dreier ist, tut er gut daran zu wissen, daß die Perfektionisten in seiner Gruppe ihn für schlecht informiert halten, sofern er Fehler oder irrtümliche Kommentare nicht korrigiert.

In den folgenden neun Kapiteln werden Sie sehen, wie die fünf Schlüsselfaktoren – Kommunikation, Motivation, Zeitverständnis, Verhandlungsgespräche, Aus- und Weiterbildung – wesentlich zum Erfolg im Arbeitsleben beitragen und damit unterstreichen, wie wichtig es sein kann, das Enneagramm-System am Arbeitsplatz anzuwenden.

Was Sie bedenken sollten

Eines der Probleme bei der Anwendung des Enneagramms liegt darin begründet, daß es als Methode zur Kategorisierung von Menschen nur allzu effektiv ist. Das Enneagramm ist eine der wenigen systematischen Erklärungen, die für die Verhaltensmuster eines »normalen«, erfolgreichen Personenkreises entwickelt wurden. Als solche enthält es eine Vielzahl psychologischer Erkenntnisse in konzentrierter Form, die zu einem kompakten, relativ leicht verständlichen System vereinigt wurden.

Die Vorteile liegen auf der Hand. Wer sich selbst und die Menschen, die in seinem Leben eine bedeutende Rolle spielen, typisieren kann, verfügt sofort über eine ganze Reihe von Erkenntnissen über mögliche Brennpunkte und Schwierigkeiten in der jeweiligen Beziehung. Ebenso offensichtlich aber sind die Nachteile. Naturgemäß besteht die Neigung, Menschen in eine der neun Schubladen einzuordnen und ihr Denken und ihre Reaktionen vorherzusagen.

Wer Menschen auf einen Typ reduziert und ihm eine Nummer anheftet, der hofft auf Ursache-Wirkungs-Zusammenhänge; er sagt sich vielleicht: »Siebener tun das immer so.« Oder: »Verhalte dich doch nicht immer wie ein typischer Sechser«, oder vielleicht sogar: »Weil sie ein Neuner ist, bin ich mir sicher, daß sie das sagt, wenn ich jenes sage.« Der Wunsch, das Verhalten anderer vorherzubestimmen, ergibt sich aus dem typisch menschlichen Bedürfnis nach Kategorisierung. Um – im Leben, in der Arbeit – zu funktionieren und mit anderen die Kommunikation aufrechtzuerhalten, ist es nötig, Unterscheidungen zu treffen. Es ist nicht möglich, *nicht* zu kategorisieren.

Systeme wie das Enneagramm kann man daher als den Versuch ansehen, den menschlichen Erfahrungshorizont nach vereinfachenden Gesichtspunkten zu kategorisieren und Menschen daraufhin bestimmten Schubladen zuzuordnen. Wenn es jedoch zutreffen sollte, daß unterschiedliche Persönlichkeitstypen sich selbst, andere und deren Arbeit durch ihre subjektive Wahrnehmungsperspektive betrachten, dann befindet man sich bereits in einer Schublade und muß nach einem Ausweg suchen.

Jeder Mensch kennt allerdings alle neun Perspektiven, da sie alle zusammen die natürlichen Reaktionen auf die gesamte Bandbreite der menschlichen Erfahrungen beschreiben. Zum Beispiel wird sich jeder, der mit knappen Terminen konfrontiert ist, auf das Ziel konzentrieren, wie es sonst nur Dreier tun; und jeder fühlt sich ein wenig melancholisch wie ein Vierer, wenn die Schlußsequenz eines traurigen Films anhebt. Aber niemand wird – es sei denn, er ist ein Dreier – zielstrebig durch die Straßen schreiten und alles, was ihm begegnet, unter einer auf Aufgaben, Ziele und Ergebnisse begrenzten Perspektive wahrnehmen. Und niemand wird die Welt als einen »Ort süßer Melancholie« beschreiben – wie es tragische Romantiker tun –, falls er sich nicht in einer ganz besonderen Situation befindet.

Jeder hat Zugang zu allen neun Standpunkten; am einleuchtendsten läßt sich das vielleicht dadurch illustrieren, daß der jeweils charakteristische Aufmerksamkeitsstil die effizienteste Art ist, mit bestimmten Daten umzugehen. Das penible, gründliche Denkmuster des perfektionistischen Einsers entspricht genau dem Denken, das jeder aktiviert, wenn er einen Text zur Korrektur liest. Ähnlich ist das in sich geschlossene, auf sich konzentrierte Denken des Achters, des Bosses, typisch für jeden, der Angriffen ausgesetzt ist.

Zur Flexibilität der typenspezifischen Grundmuster kommen die Positionsverschiebungen, die mit äußeren Umständen, Streß oder Sicherheit, einhergehen. Genausogut könnte man sagen, daß sich jeder Typ eigentlich aus drei unterschiedlichen Komponenten zusammensetzt: einem dominanten Aspekt, der die gewöhnliche Sicht auf die Welt bestimmt, und zwei zusätzlichen Aspekten, die auftreten, wenn man sich bedroht fühlt oder in Sicherheit wiegt.

Auch das Maß, in dem man sich mit seinem Persönlichkeitstyp identifiziert, variiert. Manchmal ist man so auf seine eigene Perspektive fixiert, daß man anderes nicht mehr wahrnimmt. In der Regel verfügt hingegen jeder über genügend Anpassungsfähigkeit, um Situationen auch unter einem anderen Blickwinkel zu sehen und sich vielleicht sogar von anderen Standpunkten überzeugen zu lassen.

Trotz der Flexibilität der Enneagramm-Typen und trotz der Einsicht, daß die Zuordnung viel über die eigene Denk- und Kommunikationsweise und den eigenen Managementstil aussagt, besteht natürlich die Gefahr, daß die Typisierung zum Selbstläufer wird und Menschen nur noch als Karikaturen ihrer Enneagramm-Profile wahrgenommen werden. Zwischen dem »Erkennen« eines Persönlichkeitstyps und dem Sehen individueller Menschen »als« diesen Typ liegt nur ein kleiner Schritt. Durch Vorurteile wie diese erscheinen dann Achter als überaus kontrollierend, Siebener als unbeteiligt und Neuner als jenseits von Gut und Böse – unabhängig von ihrem wirklichen Verhalten.

Informationen können leicht mißbraucht werden, auch wenn man gute Absichten hegen sollte. So bietet das Enneagramm dem Arbeitgeber keine Hilfestellung, falls er eine Liste mit möglichen Typen verfassen möchte, die für eine bestimmte Tätigkeit eingestellt oder nicht eingestellt werden sollen. Es hilft nicht, sich die Dienste eines vermittelnden Neuners zu sichern, falls Konflikte zu schlichten sind, wenn der Kandidat zwar alle Seiten der Frage sehen, sich aber nicht zu einer Entscheidung durchringen kann. Ebenso naiv wäre es, einen auf den zwischenmenschlichen Bereich orientierten Zweier für eine Position, die im Spannungsfeld mehrerer konkurrierender Abteilungen steht, nicht einzustellen; es könnte gut sein, daß der in Frage kommende Bewerber die außergewöhnliche Begabung hat, die Diskussion zwischen den widerstreitenden Parteien zu fördern.

Und es wird auch nicht funktionieren, das »Idealteam« zusammenzustellen, basierend auf der Tatsache, daß Fünfer gute Strategen, Dreier hervorragende Verkäufer und Achter ihrer Natur nach gute Vorgesetzte abgeben. Mitarbeiter werden nach ihren Fähigkeiten und ihren bislang erbrachten Leistungen verpflichtet und nicht aufgrund der törichten Vorstellung, man könne einen Achter anstellen, weil dem Unternehmen der Wind ins Gesicht bläst, oder der Annahme, beobachtende Fünfer seien die einzigen, die eine Begabung für die Forschung und Entwicklung mit sich brächten. Persönlichkeitssysteme wie das Enneagramm sagen nichts über Fähigkeiten, Talente, Intelligenz und Höflichkeit aus, die den Menschen erlauben, vernünftig miteinander umzugehen.

Warum sollten sich dann Manager und Mitarbeiter mit Persönlichkeitstypen befassen? Wenn eine Liste mit den jeweiligen

Eigenschaften die Risiken der Neueinstellung weder beseitigen noch garantieren kann, daß erfolgreiche Teams zusammenkommen – warum sollte man sich dann über seinen eigenen Persönlichkeitstyp oder über den der anderen Gedanken machen?

Die Vorteile, die sich im beruflichen Umfeld aus dem Enneagramm ergeben, liegen in der Kenntnis begründet, wie Mitarbeiter denken, fühlen, wie sie Informationen verarbeiten und an ihre Aufgaben herangehen. Obwohl kein Typ besser ist als der andere, sieht jeder seine Tätigkeit durch die Perspektive seiner Wahrnehmung.

Außerdem ist für den Zusammenhalt des Teams nichts förderlicher als das Wissen, wie der jeweilig andere reagieren und sich entscheiden wird. Arbeitsgruppen gedeihen am besten, wenn die den unterschiedlichen Teilnehmern innewohnenden Motivationen gesehen und verstanden werden. Betrachten Sie die folgenden Kommentare:

»Sie kritisieren immer nur mich. Sie zweifeln an meinen Absichten. Sie wenden sich bereits der nächste Aufgabe zu, ohne meinen Anteil zu würdigen.« Die Liste ist endlos, aber die meisten Punkte auf dieser Liste sind typenbezogene Verhaltensweisen, die sich – werden sie unter dem Blickwinkel des jeweiligen Persönlichkeitstyps betrachtet – ganz anders ausnehmen. Kritik kann zum Beispiel durch den tiefen Respekt ausgelöst werden, den ein perfektionistischer Einser jemandem entgegenbringt, der bereits »fast perfekt« ist. Neunundneunzig Prozent sind eben nicht akzeptabel, wenn der Mitarbeiter zu mehr fähig ist. Und wer würde vermuten, daß Selbstzweifel und Zweifel an anderen nur Ausdruck für grenzenloses Engagement sind – wenn man nicht durch die Brille des Advokaten des Teufels blickt?

Jeder erfolgreiche Manager wird davon profitieren, wenn er weiß, wie sein Führungsstil auf andere wirkt und wie er andere effizient beeinflussen, leiten, ausbilden und unterstützen kann. Das Ziel lautet, die Stärken und Grenzen des eigenen Standpunkts zu erkennen, so daß man sich auf die Wahrnehmung anderer einlassen kann.

Die neun Enneagramm-Typen am Arbeitsplatz

Punkt Eins: Der Perfektionist

Entsprechende Bezeichnungen: der Richter, Reformator, das musterhafte Vorbild, der Purist, der durch und durch organisierte Mensch

Motto: Erkenne die Regeln und beherrsche sie.
Vorstellung: Wer gut ist, verbessert sich weiterhin.
Wahrnehmungsperspektive: Erkennt Fehler.
Art der Informationsverarbeitung: Ereignisse werden unbewußt immer auf die eigenen Perfektionsansprüche hin überprüft.
Blinder Fleck: Grauzonen akzeptieren.
Entwicklungspotential: Zu wissen, daß es mehr als einen richtigen Weg gibt.
Geistiger Weg: Vergeben – Irrtum ist Teil des Lernprozesses.
Leidenschaft: Zorn.
Tugend: Gelassenheit – zu akzeptieren, daß Schwarz und Weiß Teile des Ganzen sind.
Inspiration durch: Die Qualität der Perfektion.
Führungsstil: Leitet durch sein moralisches Vorbild. EINSER sind modellhafte Vertreter eines ethischen Idealismus und inspirieren andere, diese Tugenden ebenfalls zu verkörpern. Ihre Handlungen scheinen tadellos zu sein.
Erscheinung auf andere: Formell, ordentlich, weiß sich zu benehmen, hat immer die angemessenen Umgangsformen parat.

Typische Konflikte: »Ich habe recht, Sie nicht«; zieht sich bei Kritik in sich zurück; beharrt auf den Regeln und Buchstaben des Gesetzes.

»Sofortmaßnahmen«: Vergegenwärtigen Sie sich, daß es durchaus zulässig ist, seinen Zorn auch zu zeigen.

Die von EINSERN ausgesandten Signale

Positiv: Tugend ist an und für sich Belohnung genug und mit Geld nicht aufzuwiegen. EINSER handeln exemplarisch – der richtigen Handlung wegen –, ohne Belohnung dafür zu erwarten.

Negativ: EINSER sehen immer Raum für Verbesserungen und geben anderen dadurch das Gefühl, es ihnen niemals recht machen zu können: Mitarbeiter spüren, daß sie von EINSERN stillschweigend kritisiert werden, ohne zu wissen, was sie getan haben.

Ambivalent: Wenn EINSER glauben, sie drücken sich klar und deutlich aus, hören Mitarbeiter häufig eine lange Litanei von Veränderungen, denen sie sich »zu ihrem Besten« zu unterziehen hätten.

Sicherheitsreaktion an Punkt Sieben: Hier tritt die innere Kritikerinstanz in den Hintergrund, und positive Pläne können sich entwickeln.

Streß-/Risikoreaktion an Punkt Vier: Zorn verwandelt sich in Trauer und Melancholie. Warum sich abmühen, wenn die Welt voller Irrtümer und Fehler ist? Unter Streß beschäftigen sich EINSER mit der Frage, was sie tun »sollten« und was für sie persönlich Sinn ergibt.

Arbeitet am besten in: Unternehmen mit klaren Richtlinien, in Berufen, in denen es auf Präzision ankommt: in der Buchhaltung, im Finanzwesen, in Wissenschaft und Technologie.

Hat Probleme in: Bereichen, in denen sich die Spielregeln ständig ändern: bei der Vermarktung technologischer Produkte, in der Gründungsphase eines Unternehmens, wenn Entscheidungen aufgrund nur teilweise vorliegender Kenntnisse zu treffen sind.

Wird in der Arbeitswelt vorzugsweise eingesetzt in: Operationssälen in Krankenhäusern, bei der Inspektion von Kernkraftwerken, als Schiedsrichter beim Endspiel der Fußballweltmeisterschaft.

Sind Sie ein EINSER?

Perfektionisten wollen sich immer verbessern. Bereits winzige Fehler stechen förmlich ins Auge und verunzieren das ansonsten vollkommene Gesamtbild. Geringfügige Irrtümer, die anderen überhaupt nicht auffallen, können Sie tagelang beschäftigen. Es regt Sie auf, wenn Sie Mitarbeiter sagen hören: »Das reicht erst mal« oder »Darum kümmern wir uns später« – ist ihnen die Qualität ihrer Arbeit oder die Beschwerde des Kunden gleichgültig? Fühlen sie sich nicht verantwortlich?

Andererseits sind Sie überaus geduldig mit Kollegen, die sich verbessern wollen. Sie respektieren ihre Anstrengungen, denn der Wunsch, alles richtig zu machen, um die Welt zu verbessern, ist das Kennzeichen einer von ethischen Grundsätzen geleiteten Persönlichkeit.

Daß Sie so sensibel auf Fehler reagieren, beruht vor allem auf Ihrer inneren kritischen Stimme, die Sie bereits seit Ihrer Kindheit begleitet. Diese innere Kritik gleicht in vielem der klassischen Stimme des Gewissens; ein inneres Überwachungssystem, das alles aufzeichnet, was Sie denken, sagen und tun: »Ja, das hast du gut gemacht.« Oder: »Das war nicht gut genug – da mußt du dich etwas mehr anstrengen.« Noch häufiger aber: »Das war schlecht – da mußt du noch einmal von vorne anfangen.« Natürlich gehen Sie davon aus, daß Ihren Mitarbeitern ebenfalls laufend solche Kommentare durch den Kopf gehen. Wenn sich daher Kollegen gelegentlich über bestimmte Regeln hinwegsetzen, hat es für Sie den Anschein, als würden sie bewußt schwindeln.

Dieselben Mitarbeiter sehen die Situation jedoch vielleicht ganz anders. Sie nehmen wahr, daß Sie der Perfektion verpflichtet sind, bis hinab zum kleinsten Detail; genau das wird dann zum Problem. Arbeit, die aus ihrer Sicht gut genug ist, entspricht nicht Ihren hohen Erwartungen. Was bleibt, ist Kritik von Ihrer Seite.

Betrachten Sie sich Linda, vor kurzem zur stellvertretenden Leiterin der Marketingabteilung ernannt, die sich auf den ersten Arbeitstag in ihrem neuen Job vorbereitet – an einem Sonntagmorgen, denn sie wollte und konnte es nicht mehr erwarten. Obwohl sie noch ihre Freizeitkleidung trägt, gelingt es ihr, geschäftsmäßig auszusehen. Nun ist sie also in ihrem Büro, packt ihre Aktenordner in umgekehrter Reihenfolge in die Kartons, damit sie dann, wenn sie in ihrem neuen Büro ausgepackt werden, in den Regalen in der richtigen Reihenfolge aufgestellt werden können.

Ihre Beförderung bestätigte sie in der Überzeugung, daß sich Ehrlichkeit, Leistungsbereitschaft und Gründlichkeit auszahlen. Ihre Stärken, glaubt sie, liegen in den altmodischen Tugenden wie harte Arbeit und persönliche Integrität. Um immer auf dem laufenden zu bleiben, erstellt sie sich präzise Richtlinien, an die sie sich gebunden fühlt. Wenn andere das gleiche tun, findet das ihr großes Wohlwollen.

In Wahrheit aber kann sie sich über ihre Beförderung nicht uneingeschränkt freuen. Als sie davon erfuhr, fühlte sie sich großartig und sah sich darin bestätigt, daß sie gute Arbeit geleistet hatte. Aber statt zu denken, »hey, toll, daß ich befördert wurde«, und ihre Freunde zu einer Feier einzuladen, steckt sie bis zu den Ellbogen in Umzugskartons und beginnt sich Sorgen zu machen.

»Was, wenn ich nicht so gut bin wie mein Vorgänger?« Sie nimmt sich vor, mit ihrem Vorgänger zu reden, um zu erfahren, was hier wirklich vor sich geht. Außerdem muß sie dringend die noch bestehenden Lücken in ihrer Marketingausbildung schließen. »Wenn meine erste Kampagne nicht so gut ist wie die jetzige, was dann?« Der Gedanke, kritisiert zu werden, ist so schlimm, daß sie sich auf den Boden setzt und ihr Gesicht in den Händen vergräbt.

Die Unwägbarkeiten, das Unkalkulierbare der neuen Stelle sind enorm, und da sie nun eine herausragende Position eingenommen hat, sind auch die Chancen, einen folgenschweren Fehler zu begehen, beträchtlich gestiegen. Das alles tritt nun in den Vordergrund. Sie haßt es, sich selbst zu kritisieren und damit die Kritik durch andere bereits vorwegzunehmen. Aber die Tatsache, daß sie selbst es ist, die sich diese utopischen Erwartungen auferlegt, kommt ihr nicht in den Sinn.

Erst während einer kurzen Teepause verspürt sie endlich das Gefühl tiefer Erleichterung. Einen wunderbaren Augenblick lang fällt alle Verantwortung von ihr ab, und ihr Verstand hört auf, alles der Kritik zu unterziehen. Dasselbe gelassene Gefühl, das sie von ihren seltenen, langen Spaziergängen auf dem Land kennt, stellt sich ein. Die Natur wirkt beruhigend, und ihre innere kritische Stimme verstummt. Der Himmel ist immer an der genau richtigen Stelle, an den Bäumen gibt es nichts zu verbessern, und alles ist so, wie es sein sollte.

Wie Einser Informationen verarbeiten

In den spirituellen Traditionen, in denen unterschiedliche Persönlichkeitstypen Aspekte in der Entwicklung des Menschen zu höherem Bewußtsein darstellen, werden Einser als »Mönche prüfender Gesinnung« bezeichnet, da sie ihr Augenmerk auf das Verhindern und die Berichtigung von Fehlern legen. Verfügte man über Lindas Wahrnehmungsperspektive, würde man erkennen, daß bereits kleine Fehler ihre Aufmerksamkeit erregen. So kann sich eine fünfprozentige Fehlerquote so weit auswachsen, bis daraus eine unüberwindliche Hürde wird.

Lindas Art, Informationen zu verarbeiten, beruht auf der Überzeugung, daß es für jedes Problem genau eine richtige Lösung gebe. Ist sie gefunden, sollten sich die anderen Optionen einfach in Luft auflösen; daher arbeitet sie so lange, bis auch die letzten fehlerhaften fünf Prozent getilgt sind. Anders als epikureische Siebener, die sich immer eine Vielzahl von Alternativen offenhalten, oder dynamische Dreier, die sich auf positive Urteile konzentrieren, nimmt Linda ausschließlich Irrtümer wahr, die sich ihrer Suche nach der einzig richtigen Lösung in den Weg stellen.

Wenn es nicht zu hundert Prozent richtig ist, dann ist es falsch.

Doch das reicht noch nicht; sie verschlimmert das Ganze noch, indem sie ihre besten Leistungen mit unerreichbaren Vorgaben vergleicht. Sie freut sich über den Aufstieg und kostet das Gefühl aus, daß sie aus gutem Grund befördert wurde – bis ihre innere kritische Stimme erneut einschreitet. Diese Stimme übernimmt die Funktion des anklagenden Staatsanwalts in einem Gerichtsdrama. Linda kann förmlich sehen, wie ihr Verstand ihre Sache verhandelt und wie ihre Gedanken sie abwechselnd anklagen und verteidigen.

»Schön, du hast's geschafft, aber jetzt mußt du dich auch anstrengen.« Der Verstand kommt ihr zu Hilfe: »Aber ich hab' mich doch schon angestrengt.« Die Anspannung wächst, während die Gedanken zwischen Selbstprüfung, Lob und erneuter Selbstprüfung hin und her springen. »Du bist nicht schlecht, aber dein Vorgänger war besser.« Wie ein Tennis-Match, wobei Linda in der Mitte steht. »Du schaffst es nie, wenn du dich immer selbst in Frage stellst.« – »Ich versuche, mich nicht in Frage zu stellen.« – »Nein, das tust du nicht.« – *»Doch.«* – »Aber du machst es nicht richtig.«

Sie vergleicht sich also mit der unerreichbaren Vorgabe, eine erfahrene Veteranin zu sein, und kritisiert sich selbst für ihre Selbstkritik. Aber das alles findet nur in ihrem Kopf statt, verborgen vor den anderen, die ihr Unterstützung zukommen lassen.

EINSER bei der Arbeit

Perfektionisten brillieren, wenn es gilt, Systeme zu vervollkommnen – was immer schon Lindas Stärke war. Ihre Suche nach Vollkommenheit geht auf ihre Kindheit zurück; sie erinnert sich, ein folgsames, verantwortungsbewußtes Kind gewesen zu sein, das von Kritik schwer getroffen wurde. Um sich davor zu schützen, lernte sie, sich selbst zu korrigieren, so daß ihre Fehler anderen nicht mehr auffielen – eine Gewohnheit, die ihr zu einer präzisen, ins Detail gehenden Denkweise verhalf. Diese harte Arbeit lehrte sie, daß Aufgaben, die gut erledigt wer-

den, für sie eine Quelle der Freude sind. Linda bemüht sich um volle Terminpläne – dann kann sie sich in der Dynamik ihrer Projekte vergessen und mit dem Gefühl nach Hause gehen, ihre Zeit und Arbeitskraft gut genutzt zu haben.
Als EINSER können Sie Lindas hohe moralische Ansprüche und ihre Freude über eine perfekt erledigte Arbeit nachvollziehen. Sie fühlen sich sicher an einem Arbeitsplatz, der Ihnen klare Richtlinien und eine strikte Abgrenzung der Verantwortungsbereiche vorgibt. Da Sie immer dem perfekten Produkt hinterherjagen, stellt eine Unternehmenskultur, die auf ständig wechselnden Informations- und Sachlagen beruht, für Sie eine große Herausforderung dar. Entscheidungen zu treffen, wenn Ihnen nicht die richtigen Informationen zur Verfügung stehen, besitzt für Sie fast traumatische Ausmaße.
John, ein Chemiker in einem großen pharmazeutischen Unternehmen, beschreibt seine Frustration, die sich einstellt, wenn stets die Regeln geändert werden.

> *Ich liebe die geistige Strenge der Naturwissenschaften und die Genauigkeit der Arbeit im Labor. Aber immer dann, wenn ich kurz davor war, Ergebnisse zu erzielen – es war fast schon vorherzusehen –, verschoben sich die Prioritäten meiner Firma, und ich konnte wieder bei Null anfangen.*
> *Das ist ziemlich ärgerlich, wenn man seine tollen Ideen ständig ad acta legen muß. Aber was soll's, warum wütend werden, wenn das Problem nicht in meine Verantwortung fällt?*

John, ein EINSER, hat das Gefühl, es stehe ihm nicht zu, seinen Zorn zum Ausdruck zu bringen, solange er nicht absolut recht hat. Zorn – die Leidenschaft, die EINSERN zugeschrieben wird –

ist eine »schlechte« Gefühlsregung, die in der Kindheit bestraft wurde. Dabei weiß er noch nicht einmal, daß er zornig sein kann, es sei denn, die Situation verstößt eindeutig gegen seine moralischen Grundsätze. Er fährt fort:

> *Noch vor einigen Jahren hätte ich gesagt, daß ich niemals zornig werde. Irritiert – ja. Verärgert, empört, mürrisch – auf jeden Fall. Aber zornig? Nein, weil nämlich keiner zornige Menschen mag und ich doch immer versuche, der nette Kerl zu sein.*
>
> *Meinem eigenen Gefühl nach schien ich niemals wütend gewesen zu sein – auch wenn mir andere sagten, daß ich angespannt oder kritisch war. Das lag daran, daß ich meine Anspannung, meine schrille Stimme niemals als Ausdruck meines Zorns gesehen habe. Ich selbst fühlte mich nur energiegeladen, genau auf dem richtigen Weg, wie damals, als ich das Labor neu organisierte; aber ich hätte das nicht als Zorn bezeichnet.*
>
> *Dann, eines Tages, explodierte ich. Total – ich muß eine Stunde lang herumgeschrien haben. Wir waren halb durch ein vielversprechendes Experiment, und plötzlich erfuhren wir – klar –, daß wir die Anlagen neu aufbauen mußten. Aus irgendeinem Grund war das der Tropfen, der alles zum Überlaufen brachte. Ich spürte förmlich, wie in mir die Wut hochkam. Ich sah alles mit erstaunlicher Klarheit. Ich konnte mich an all die anderen Male erinnern, an denen ich wütend wurde, weil alles abgeblasen wurde, und ich nichts gesagt hatte – und die Wahrheit ist, ich fühlte mich großartig!*

Es stellte sich heraus: Johns Mitarbeiter waren förmlich begeistert, als er »explodierte« – nicht nur, weil sie mit ihm vollständig einer Meinung waren, sondern auch, weil sie nun nicht erraten mußten, was er sich wirklich dachte. Natürlich hatten sie seinen Zorn immer gespürt, selbst wenn er ihn nicht wahrgenommen hatte, weil er immer nur das sagte, was er sagen »sollte« – bis sein Zorn überkochte.

Was Sie nicht vergessen sollten

EINSER arbeiten ausgezeichnet im Team, falls jeder in der Gruppe seinen Teil dazu beiträgt. Sie übernehmen gern die Verantwortung und achten auf Gerechtigkeit, brauchen dafür aber Anerkennung – was sie aber nicht deutlich äußern. Es ist ziemlich aufreibend, wenn man unter heroischen Anstrengungen immer das Richtige tut, und die anderen übergehen es ständig. Warum werden Ehrlichkeit und Bemühen so wenig gewürdigt? Es ist einfach nicht fair.

Erschwerend kommt hinzu, daß Sie auch noch die Fehler sehen, die die anderen Mitarbeiter im Team begehen. Wenn deren Engagement zu wünschen übrigläßt, glauben Sie, es liege an Ihnen, ihre Last auch noch mit zu übernehmen. Kein Wunder, daß Sie dann verärgert sind.

Auf Ihrem spirituellen Weg stellt sich Ihnen die Aufgabe, sich mit Ihrem Zorn auseinanderzusetzen, statt ihn zu vermeiden. Es hilft sehr, sich bewußtzumachen, wann Sie Kritik üben und anschließend benennen können, was in diesem Augenblick vor sich geht. Finden Sie Abstand zu sich selbst, distanzieren Sie sich von der Ursache Ihres Zorns, und stellen Sie fest: »Jetzt werde ich kritisch.« Ihr Zorn mag völlig gerechtfertigt sein, aber darum geht es in diesem Moment nicht. Wichtig ist dann nur, daß Sie festhalten, *wann* Sie Kritik zu üben beginnen, bevor Sie Ihren Zorn hinunterschlucken. Dann können Sie auch Möglichkeiten finden, mit der Situation umzugehen.

Wenn Sie Ihren Zorn zurückhalten, verbleiben Sie in einer negativen Bindung: Sie können nicht offen Ihre Verärgerung äußern, aber die Situation ist Ihrer Meinung nach ungerecht. Das wiederum führt dazu, daß EINSER in ihrem Engagement nachlassen. Die Gruppe sieht nur, daß jemand, der ursprünglich große Befähigung an den Tag legte, sich aus irgendeinem unbekannten Grund zurückzieht.

Ein abschließender Gedanke

EINSERN ist zu empfehlen, sich einem gesunden Hedonismus und Vergnügungen hinzugeben, wenn sie neue Kräfte sammeln wollen. Der disziplinierten Arbeit und der Leistungsbereitschaft, die nötig sind, um erfolgreich zu sein, sind Sie sowieso schon verpflichtet; achten Sie aber auch darauf, was bereits Ihren Vorstellungen entspricht.

Sie erinnern sich an Linda, die neue stellvertretende Leiterin der Marketingabteilung? Sie mußte sich erst ins Gedächtnis rufen, warum sie überhaupt befördert wurde. Sie möchte so gewissenhaft und produktiv sein wie ihr Vorgänger. Aber statt zu akzeptieren, daß sie die perfekte Anfängerin ist, zielt sie auf eine Perfektion ab, die für sie noch unerreichbar ist.

Sicherheit und Streß

Sicherheitsreaktion an Punkt Sieben

EINSER sind engagierte Mitarbeiter und können Gefallen an gut verrichteter Arbeit finden, wenn sie nicht nach unerreichbaren Zielen streben. In Phasen, in denen Sie sich sicher fühlen, läßt die Neigung nach, sich selbst der Kritik zu unterziehen. Sie fühlen sich, als wären Sie im Urlaub, wachen eines Morgens auf und stellen fest, daß Ihre innere kritische Stimme verstummt ist.

Dynamik der Veränderung für Punkt Eins

Projekte gehen leicht und schnell und scheinbar von ganz allein von der Hand, wenn Sie sich nicht von kleinen Fehlern ablenken lassen und weniger auf das perfekte Endergebnis fixiert sind. Sie wissen, Sie erbringen gute Leistungen, und im ganzen gesehen ist es sehr viel einfacher, seine Arbeit gut zu machen, als perfekt zu sein.

Nebenbei erleben EINSER das tolle Gefühl, das sich immer dann ergibt, wenn alles paßt. EINSER kommen täglich in den Genuß kleinerer Offenbarungen – das Aufräumen des Schreibtischs oder die Erstellung des perfekten Terminkalenders erfüllt sie mit einem Gefühl der Befriedigung. Ein natürlicher Rhythmus stellt sich ein, wenn die Arbeit wie von selbst läuft, und wenn Sie sich diesem Ereignisfluß überlassen, vermeiden Sie Umwege oder Unterbrechungen, die sonst bedrohlich wirken.

In sicheren Phasen machen Sie sich weniger Sorgen, und die Disziplin, die Sie sich durch harte Arbeit anerzogen haben, kann Sie voranbringen. Sie können sich Zeit zur Erholung gönnen, ohne Sorge haben zu müssen, daß während Ihrer Abwesenheit im Büro das Chaos ausbricht oder Sie keine Lust mehr auf Ihren Job haben, wenn Sie sich entspannen.

Ohne daß viel zur Sprache kommen muß, erscheint Ihnen Ihre

Arbeit befriedigender und vielversprechender. Nun können Sie auch die Möglichkeiten erkennen, die Ihnen offenstehen, und wie ein Siebener Pläne für die Zukunft schmieden. Fehler entgehen auch jetzt nicht Ihrer Aufmerksamkeit, aber Sie sind sich bewußt, daß Sie bereits gute Arbeit geleistet haben.

Streß-/Risikoreaktion an Punkt Vier

Manchmal führt harte Arbeit nicht immer zum Erfolg, also arbeiten Sie ein wenig härter. Bei den ersten Anzeichen von Streß wird Ihre innere Stimme sehr laut, und Sie beginnen, überall Fehler wahrzunehmen. Schließlich bricht Ihre Verärgerung aus Ihnen heraus und ergießt sich meist über jene Mitarbeiter, die ihren Anteil an der Arbeitslast scheinbar nicht übernehmen wollen. Dabei kommt Ihnen nicht in den Sinn, daß es sich bei Ihrer Verärgerung um Zorn handeln könnte, denn Zorn ist eine »schlechte« Gefühlsäußerung. Sie können sich eingestehen, verärgert, mürrisch, verbittert oder frustriert zu sein – Gefühle, die Sie nicht als Zorn bezeichnen würden. Dennoch entsteht bei Ihren Mitarbeitern letztendlich der Eindruck, daß Sie wütend sind.

Warum bleibt es immer an Ihnen hängen, das Chaos wieder zu entwirren, auf Fehler aufmerksam zu werden, Verantwortung zu übernehmen oder Spannungen auszutragen? Warum sehen Ihre Mitarbeiter nicht das anwachsende Chaos und tun etwas dagegen? Wie können sie das nur ignorieren? In dieser negativen Spirale wird aus Ihrem Zorn die Resignation des Vierers. Harte Arbeit genügte nicht, was soll man also sonst tun?

Wenn Sie sich in die Streßreaktion des Vierers begeben, bleibt bei Ihnen das Gefühl: »Ich habe mich an die Spielregeln gehalten. Ich verdiene das nicht. Es ist einfach nicht fair.« Hilfreich ist in diesem Fall, wenn Sie einen sicheren Hafen aufsuchen, an dem Sie Ihre Beschwerden loswerden können. Wenn Sie Ihren Zorn erst einmal erkannt und ihm Ausdruck verliehen haben, können Sie mit Ihrer Arbeitslast auch leichter zurechtkommen. EINSER unter Streß können viel lernen, wenn sie sich die verbotene Frage stellen: »Was will ich eigentlich?« Perfektionisten wissen immer sehr genau, was getan werden »sollte«. Aber wenn dieses »Sollen« nicht mehr seinen ursprünglichen Zweck erfüllt, eröffnet sich Ihnen – paradoxerweise – die Gelegenheit, das zu entdecken, was *Ihnen* Freude bereitet.

Wie andere EINSER sehen

Kommunikation

Statt sich bei Vorträgen in Allgemeinplätzen zu ergießen, vermitteln EINSER ihrem Publikum die harten Fakten. Sie wollen komplexe Sachverhalte in geordneter Weise vortragen, und wenn sich die Diskussion vom Hauptthema wegbewegt, werden sie unruhig. Sie stellen gut dokumentierte Informationen zur Verfügung, die sie argumentativ, Punkt für Punkt aufbereiten und die zu einer unzweifelhaften Schlußfolgerung führen. Diese Vorgehensweise überrascht nicht: Positionen, die klar und deutlich dargestellt werden, reduzieren das Risiko, mißverstanden zu werden.

Da Perfektionisten alles unter den Gesichtspunkten »falsch« und »wahr« sehen, verbringen sie Stunden mit der Vorbereitung, nehmen Argumente Stück für Stück auseinander, wägen ab und konstruieren ein durch nichts zu erschütterndes Endergebnis. Das ist verständlich. Allerdings eignet sich eine stark strukturierte Kommunikations- und Vortragsweise vor allem für den Unterricht, in Gesprächen entsteht schnell der Eindruck des Predigerhaften. Aufgrund ihres Denkens, das nur zwischen »wahr« und »falsch«

unterscheidet, fällt es ihnen schwer, sich auf Grauzonen – Nuancen, Alternativen, Ausflüge in die Phantasie, Assoziationen – einzulassen. So entsteht eine interessante Dynamik. EINSER sind hervorragende Vortragsredner, wenn sie leidenschaftlich von ihrem Thema eingenommen sind und ihre Zuhörer mit der Macht ihrer Überzeugungen in ihren Bann zu schlagen vermögen. Sie können aber auch als Propagandisten erscheinen, die so von der eigenen Sache überzeugt sind, daß sie keinen Platz mehr für Alternativen oder andere Meinungen lassen.

EINSER neigen dazu, bei Präsentationen während der sich anschließenden Diskussion mental gehemmt zu sein, besonders wenn Fragen gestellt werden, die das Thema über die soeben vorgelegten Informationen hinaus verallgemeinern.

Die Kommunikation mit EINSERN ist dann am gewinnbringendsten, wenn sie sich so weit sicher fühlen, daß sie auch nicht zu Ende gedachte Ideen äußern, improvisieren oder ihrer Intuition freien Lauf lassen.

Nonverbale Kommunikation

EINSER halten sich so lange zurück, bis sie das von ihnen vorzubringende Argument völlig durchdacht haben; die in ihrem Kopf stattfindende Diskussion äußert sich als nachdenklicher, besorgter Gesichtsausdruck.

Der ständige Druck, »alles richtig zu machen«, baut sich innerlich auf, so daß sie angespannt und gedankenverloren wirken, fast wie Bluthunde, die angestrengt nach der richtigen Fährte suchen.

Da sie immer unter innerer Anspannung stehen, fühlen sich andere gelegentlich auch dann kritisiert, obwohl nichts gesagt wurde. Was bei ihnen ankommt, lautet: »Wir haben es noch nicht geschafft; wir strengen uns nicht genügend an; wir müssen besser werden.« Diese unausgesprochene Ermahnung, sich noch mehr abzuverlangen, wirkt sehr ermüdend auf Persönlichkeitstypen wie Neuner, die nur allzu gern Konflikte vermeiden, oder Siebener, die sich nicht auf eine einzige Vorgehensweise beschränken wollen und neuen Ideen lieber freien Lauf lassen.

Wenn EINSER innerlich zu kochen beginnen und sich unterdrückte Wut aufstaut, entsteht im Raum eine unterschwellige Spannung, die andere äußerst nervös machen kann.

Die Situation kann durch gebührenden Humor leicht entspannt werden. Man sollte sich jedoch nicht über das zur Disposition stehende Thema lustig machen, sondern über die Intensität, mit der EINSER die Sache angehen, als gäbe es sonst keine Möglichkeit, die Aufgaben zu erledigen.

Die Kommunikation mit EINSERN

- EINSER sind sehr kritisch; das kann von Vorteil sein, sich aber auch negativ äußern. Versuchen Sie Kritik anzunehmen, stellen Sie sie jedoch in einen positiven Kontext: Kritik kann zum positiven Gesamtbild eines Projekts beitragen oder durch Anerkennung abgemildert werden.
- Vertreten Sie Ihre Meinung mit der nötigen Autorität, beruhend auf der Ansicht, was Ihres Erachtens richtig ist. Stehen Sie zu Ihren Fehlern, aber lassen Sie sich nicht von Ihrem Kurs abbringen.
- Räumen Sie bei Debatten genügend Raum ein, um das Für und Wider eines Arguments zu diskutieren. EINSER tun dies sowieso im stillen für sich. Machen Sie es daher zum festen Bestandteil jeder Diskussion, damit EINSER nicht ausgeschlossen werden.

- Geben Sie EINSERN keinen Grund zur Unzufriedenheit. Fördern Sie es, wenn sie Einspruch erheben wollen, auch wenn Sie nicht zustimmen können. Bitten Sie sie, sich auf die aktuelle Sache zu beschränken und nicht auf der langen Liste weit zurückliegender Mißstände herumzureiten. Reagieren Sie rational und helfen Sie ihnen, ihre Enttäuschung in einen positiven Rahmen zu überführen.
- Seien Sie so spezifisch wie nur möglich. EINSER haben große Probleme mit allgemein gehaltenen Aussagen. Seien Sie gut vorbereitet und durchdenken Sie, was Sie vorzubringen haben, bevor Sie das Wort an sie richten.
- Würdigen Sie ihre guten Absichten und helfen Sie ihnen, zu erkennen, daß es mehr als einen Weg gibt, um ein Ziel zu erreichen.

Motivation

EINSER wollen immer alles richtig machen. Sie legen hohe Maßstäbe an sich an und sorgen sich bereits bei kleinen Fehlern, die den meisten noch nicht einmal auffallen würden. Da sie so darauf fixiert sind, alles korrigieren zu wollen, kommen ihnen Augenblicke, in denen »einfach alles paßt«, wie eine Offenbarung vor, die das Leben wieder lebenswert macht.

Rechnen Sie mit dieser Fixierung auf Fehler. EINSER müssen immer Vergleiche anstellen. In Gedanken vergleichen sie ständig das Leben, so wie es ist, und wie perfekt es doch sein könnte. Daher besteht immer Anlaß für Verbesserungen.

Der Verkaufsleiter einer Papierwarenfabrik erkennt zum Beispiel, daß sein Chef die Warenbestellungen für den internen Bedarf nicht so effizient durchführt, wie es möglich wäre. EINSER fühlen sich in einer solchen Situation hin und her gerissen; ei-

nerseits würden sie den Fehler nur allzu gerne beheben, andererseits wollen sie nicht als kritisch erscheinen. Der Verkaufsleiter legt in Gedanken eine Strichliste an und stellt seinen Chef unter Beobachtung. »Schau, er hat's schon wieder getan. Er ordert immer nur Einzelposten. Wenn er die Liste durchgehen würde, könnte er zahlreiche Artikel finden, die wir alle brauchen, sie gleich in größerer Stückzahl bestellen und der Firma dadurch Geld sparen. Schau, schon wieder. Das muß doch aufhören!«
Der Verkaufsleiter wird darunter leiden, wenn die Kaffeemaschine im Aufenthaltsraum tropft und auf dem Teppichboden häßliche Flecken hinterläßt. Irgendwie ist das sein Fehler, und er schreibt sich selbst die Schuld dafür zu. »Ich wußte doch, wir hätten sie hier nicht aufstellen sollen. Warum habe ich das nicht gesagt, als sie dort installiert wurde?«
Perfektionisten aber kennen auch das befriedigende Gefühl einer vorbildlich gelösten Aufgabe; ein Gefühl der Freude, das anderen oft verschlossen bleibt. Motiviert durch den persönlichen Wunsch, in ihren Augen immer der Beste zu sein, fühlen sich EINSER zu Arbeiten hingezogen, deren Wert in der Arbeit selbst liegt, und erachten es als ausreichende Belohnung, wenn sie dabei ihre Fähigkeiten verbessern können.
Auf ihrer Suche nach Perfektion ziehen sie Beschäftigungen vor, die den Inbegriff persönlicher Integrität darstellen und ihrer Karriere eine starke moralische Grundlage verleihen. Eine Lehrerin wird sich daher skrupellos an die vorgegebenen Normen halten und ihre Pflichten eher als Mission betrachten denn als einen Routinejob.
Da sie leicht zwischen der Position der Lehrerin und der der Predigerin hin und her wechselt, wird sie versuchen, andere von ihren perfekten Idealen zu überzeugen. In ihrer obsessiven Gründlich-

keit bemerkt sie sofort, wenn ihre Kollegen Regeln nicht einhalten, und wird sich verantwortlich fühlen, die Nachlässigkeiten zu korrigieren. EINSER fühlen sich in solchen Fällen gefangen zwischen dem Gefühl wachsender Verärgerung und dem Wunsch, noch härter zu arbeiten, um die Fehler wieder auszubügeln – ein Kreislauf, der nur zu noch mehr Verärgerung führt.

Der Drang, immer alles richtig zu machen, kann – wenn Aufgaben nicht erledigt oder die Probleme noch größer werden – zur völligen Erschöpfung führen. EINSER fühlen sich dann so nutzlos wie ein Schwamm in einem Meer der Gleichgültigkeit.

Wird die ursprünglich durch das Perfektionsbedürfnis motivierte Arbeit frustrierend, folgt schnell die völlige Erschöpfung. Die Aufmerksamkeit der Lehrerin richtet sich dann auf die unproduktive Gleichgültigkeit der anderen; sie gerät in eine emotionale »Warteschleife«, in der sie ihren Zorn unterdrückt, einer Gemeinschaft anzugehören, die nichts richtig macht. Gefangen in diesem Kreislauf, Perfektes zu wollen, sich aber ineffizient zu fühlen, wird sie Stillschweigen bewahren, um ihre Stelle nicht zu verlieren; das Resultat ist maßlose Verärgerung über jene Bereiche, die noch unter ihrer Kontrolle sind.

Erschöpfte Perfektionisten motivieren sich durch ihre privaten moralischen Erfolge; diese speisen sich aus den Dingen, die sie richtig machen, und dem sich dadurch einstellenden Gefühl moralischer Überlegenheit.

Das Entwicklungspotential für EINSER liegt darin, zu erkennen, wenn kritische Gedanken übermächtig werden und sich die Aufmerksamkeit nur noch auf Fehler richtet, so daß nahezu alles den Anschein des Fehlerhaften besitzt. EINSER befinden sich auf dem Weg der Besserung, wenn sie zu unterscheiden lernen, ob sie sich auf Probleme stürzen, die korrigierbar sind, oder ob sie dies nur aus reiner Gewohnheit tun.

Um EINSER zu motivieren

- EINSER verbinden hohe Werte und Ideale mit einem praktischen Sinn für das Mögliche. Schließen Sie sich ihnen an, um ein positives Klima und einen hohen Qualitätsstandard zu schaffen.
- Seien Sie ehrlich und fair. EINSER sind äußerst engagiert, wenn sie das Gefühl haben, es geht um eine gerechte Sache. Sie ziehen ihr Engagement zurück, wenn sie sehen, daß das Spiel zugunsten eines anderen manipuliert wird oder es dem Vorgesetzten an Integrität mangelt.
- Achten Sie darauf, daß EINSER mit von ihnen respektierten Personen Kontakt haben und von diesen Bestätigung und Anerkennung erfahren. Lassen Sie sie nicht in spannungsgeladenen Beziehungen zu Mitarbeitern verkümmern, die ihren Ansprüchen nicht gerecht werden. Sie müssen nicht mit allen harmonisch auskommen, aber sie brauchen ein oder zwei Mitarbeiter, auf die sie zählen können.
- Schaffen Sie klare Autoritätsstrukturen. Zweideutige Bereiche sollten feste Grenzen haben. EINSER benötigen klare Richtlinien und eine geordnete Arbeitsumgebung.
- EINSER haben Angst, Fehler zu machen. Geben Sie ihnen zu verstehen, daß Fehler Teil des Arbeitsprozesses sind. Helfen Sie ihnen, unbefangener damit umzugehen. Ermutigen Sie sie, im angemessenen Rahmen Risiken einzugehen und neue Wege oder Ansätze auszuprobieren.

- Lassen Sie ihnen Anerkennung zuteil werden. EINSER brauchen Bestätigung, bitten aber nicht direkt darum. Die Verärgerung, nicht anerkannt zu werden, kann sich über triviale Büroangelegenheiten entladen.
- Unterstützen Sie EINSER, Grenzen für ihren Verantwortungsbereich festzulegen. Machen Sie klar, wer wofür verantwortlich ist. Sagen Sie ihnen, daß sie nicht für die Fehler oder Nachlässigkeiten der anderen zur Rechenschaft gezogen werden.

Zeitmanagement

EINSER leben unter der Geißel der Zeit. Sie haben das Gefühl, ihnen bleibe niemals genug Zeit, um ein gutes Produkt zu erstellen – und gute Mitarbeiter verschwenden keine Zeit. Deswegen ist ihr Terminkalender immer prall gefüllt – die Zeit wird zum Gefängnis, dem sie nicht mehr entkommen und das jede Freizeit aussperrt. Sie glauben nämlich, Vergnügungen seien etwas, dem man sich erst nach der Arbeit hingibt.

Perfektionisten besitzen eine harsche innere Stimme, die ihre Handlungen laufend der Kritik unterzieht. Diese Stimme fungiert ähnlich der klassischen »Stimme des Gewissens« und ist ihnen so vertraut, daß jeder, der nicht hundertprozentiges Engagement zeigt, bei ihnen den Anschein erweckt, er lasse bewußt die Zügel schleifen.

Ironischerweise ist diese innere kritische Stimme eine der wichtigsten Ursachen, warum sich EINSER häufig wie gelähmt fühlen – denn sie veranlaßt sie, viel Zeit aufzuwenden, um jeden Einzelschritt einem unrealistischen Vollkommenheitsanspruch zu unterziehen.

EINSER fühlen sich blockiert aus Angst, einen Fehler zu begehen.

Sie können nicht anders; Fehler fallen ihnen unweigerlich auf, weshalb es ihnen sehr schwer fällt, sich mit ungefähren Schätzwerten zu begnügen oder flüchtige Skizzen zu entwerfen.
Diese Fixierung auf das Vermeiden von Fehlern verlangsamt jeglichen Fortschritt. Ein Perfektionist, dem beim Abfassen eines Berichts eine falsche Wortwahl oder ein schlecht formulierter Satz auffällt, wird unverzüglich innehalten und sofort zu redigieren beginnen, auch wenn er damit seine Konzentration hemmt. Es wird ihm immer schwerfallen, den kreativen Fluß aufrechzuerhalten, auch wenn nur ein Rohentwurf zu erstellen ist.
Jedes Argument, das EINSER-Manager vorbringen – zum Beispiel in einer Machbarkeitsstudie zur Eröffnung einer neuen Filiale –, wird gründlich durchdacht und bewertet. »Handelt es sich hier um eine für das Argument zentrale Aussage? Sollte ich sie nicht lieber weglassen?« EINSERN fällt es nicht leicht, auch nur einen einzigen Punkt mit inhaltlichem Wert zu ignorieren, was dazu führt, daß jeder Absatz ein Werk für sich selbst ist. Es braucht Zeit, mehrere stimmige und fundierte Absätze zu entwerfen, und noch länger dauert es, ihnen die jeweils exakte Bedeutung zuzuschreiben, die sie für das zentrale Argument besitzen. EINSER können leicht das Gesamtbild aus den Augen verlieren, da sie zuviel Zeit mit einzelnen Aspekten eines Problems zubringen.

Wie Sie EINSERN helfen können, mit der Zeit umzugehen

- EINSER sind Perfektionisten und verzetteln sich oft, da sie versuchen, alles bis ins letzte Detail richtig zu machen. Geben Sie ihnen zu verstehen, wenn es »gut genug« ist, und ermutigen Sie sie, sich der nächsten Aufgabe zuzuwenden.

- Konzentrieren Sie sich auf Ziele und Ergebnisse. Helfen Sie EINSERN, damit sie sich nicht unnötig mit Verfahrensfragen oder Belangen des Managements befassen.
- Unterstützen Sie EINSER beim Delegieren von Verantwortung. Wenn sie sich zuviel Arbeit aufladen, wird diese vielleicht nicht rechtzeitig oder überhaupt nicht fertig. Geben Sie ihnen zu erkennen, daß auch andere in der Lage sind, Verantwortung zu tragen. Geben Sie ihnen nicht das Gefühl, daß es von ihnen allein abhängt, die Welt (oder das Projekt) zu retten.
- EINSER werden gehemmt, wenn ihr kritischer Verstand zu aktiv wird. Auf lange Sicht gesehen sind sie produktiver, wenn sie sich Zeit zur Erholung und zum Spannungsabbau nehmen. Ein freier Tag hilft ihnen, ihre Arbeit effizienter zu gestalten.
- Seien Sie ihnen dabei behilflich, mit ihrer Kritik anders umzugehen. Teamarbeit und Kommunikation leiden, wenn andere sich ständig kritisiert fühlen. Ermutigen Sie sie, sich auch lobend über Mitarbeiter zu äußern und ein positives Klima aufrechtzuerhalten.

Verhandlungsgespräche

EINSER gehen häufig mit dem Gefühl in eine Verhandlung, daß sie sich bloßstellen. Sie glauben, jemand, der perfekt ist, wäre ohnehin nicht in dieser Situation. Wörter wie »sich arrangieren« oder »einander entgegenkommen« haben in einer Welt, die dem Vollkommenen verpflichtet ist, keinen Platz. Allein schon die Vorstellung eines Kompromisses ruft den negativen Gedanken hervor, daß hier moralische Grundlagen verletzt werden.

Es ist unbedingt notwendig, vor anstehenden Verhandlungen alle Beteiligten zusammenzurufen und die grundlegenden Fakten zu klären. Die häufigsten Mißgeschicke treten dann auf, wenn

EINSER unumstößliche Argumente auf einer falschen Wahrnehmung der Situation aufbauen – wenn sie die Dinge so sehen, wie sie »sein sollten«, statt wie sie sind. Führen Sie Orientierungsphasen ein, so daß allen anfangs dieselben Informationen vorliegen. Klärende Treffen sind ungemein hilfreich, will man Krisen bei der Entscheidungsfindung zuvorkommen, die dann eintreten, wenn unvorhergesehene Informationen in die Diskussion geworfen werden.

Die durch nichts zu erschütternden Argumente eines EINSERS folgen einer logischen, schrittweisen Ordnung; es ist daher extrem verwirrend, wenn nur einer der Schritte verändert wird, ohne die in der logischen Reihe nachfolgenden Punkte, die zum Ziel führen, ebenfalls abzuwandeln. Konfrontiert mit neuen, unerwarteten Situationen, ziehen sich EINSER oft auf ihre Regelwerke zurück, vergraben sich in juristischen Spitzfindigkeiten oder ihren Vorstellungen von Fairplay.

EINSER sind wenig flexibel. Ein logistischer Fehler kann ihre gesamte Argumentation umstürzen, so daß die Lösung von Grund auf neu aufgebaut werden muß.

Eine effektive Strategie bei Verhandlungen mit EINSERN besteht darin, sich auf ihr Territorium zu begeben. Durch sorgfältige Dokumentation und gute Planung werden Sie sich ihren Respekt erwerben. Sie geben eine gute Figur ab, wenn Sie höflich, vorbereitet und fair sind. Ihr Ansehen schwindet, wenn Ihre Unterlagen fehlerhaft sind, vor allem aber, wenn Sie wütend werden oder glauben, Sonderkonditionen erwarten zu dürfen. Bleiben Sie also höflich und überstürzen Sie nichts.

Sind die Verhandlungen festgefahren, sollten Sie zu Konzessionen bereit sein. EINSER denken in Details, Punkt für Punkt, und sind eventuell dafür empfänglich, hier einen Verhandlungspunkt gegen eine Konzession bei einem anderen einzutauschen. Manchmal können dadurch festgefahrene Gespräche aufgebrochen werden, da sich die Zahl der zur Disposition stehenden Themen verringert und die Entscheidung sich vereinfacht.

Aus- und Weiterbildung

EINSER benötigen einen eindeutigen Kontext. Ausbilder sollten am ersten Schulungstag die verschiedenen Lerngebiete vorstellen, die genauen Lernziele definieren, den Zeitrahmen und die exakten Bewertungskriterien vorlegen.

Perfektionisten wollen vollkommen sicher sein, daß sie wissen, was von ihnen verlangt wird. Wenn sie die Regeln nicht kennen, glauben sie, man habe es bewußt auf ihr Scheitern abgesehen.

Es ist wichtig, wenn betont wird, daß Kompetenz nur mit Zeit und Erfahrung erworben wird. Ausbilder sollten immer wieder darauf hinweisen, daß Fehler am meisten zum Lernerfolg beitragen.

EINSER glauben, sie müßten von Anfang an Experten sein, und verkrampfen, wenn sie unter Druck stehen. Seltsamerweise brauchen sie einen unmißverständlichen Kontext, damit sie das Ausbildungsziel erkennen und sich selbst unter Druck setzen können, um es vorzeitig zu erreichen. Perfektionisten brauchen klare Vorgaben; es liegt ihnen nicht, sich Gebiete selbständig zu erarbeiten.

Ungewisse Resultate führen nur dazu, daß sie sich zurückziehen und darüber nachdenken, was alles falsch laufen kann.

Präsentieren Sie den Lehrstoff in Form von Regeln. Wenn die Regel lautet, es sei Zeit, sich zu entspannen, werden sich EINSER entspannen. Lautet sie, man müsse seiner Phantasie freien Lauf lassen, werden EINSER auch das lernen. Präsentieren Sie ihnen das Lehrmaterial in verdaulichen Blöcken, wobei in jedem Abschnitt eine bestimmte Fertigkeit vermittelt wird. EINSER gehen gerne Schritt für Schritt vor und wollen aus jeder Unterrichtseinheit eine spezifische Technik mitnehmen, die sie zu Hause üben können.

Wenn offensichtliche Fehler auftreten, geben Sie ihnen zu verstehen, daß jeder Lernprozeß einer Prozession gleicht, die sich zwei Schritte vor- und einen Schritt zurückbewegt. Ermutigen Sie EINSER zu Fragen, die sie von sich aus nicht zu stellen wagen – wie: »Nun haben wir den Punkt in unserer Ausbildung erreicht, an dem es Zeit ist, zurückzuschauen. Stellen Sie also Fragen. Ihre Fragen helfen uns, das Gelernte kritisch zu durchleuchten. Andere profitieren davon, wenn Sie auf Punkte hinweisen, die unklar sind.« Damit wird der kritische Verstand der EINSER angesprochen, so daß sie nicht in ihre Angst vor Fehlern zurückfallen.

EINSER registrieren sehr genau den Sachverstand des Ausbilders. Sie bemerken unpräzise Anweisungen, widersprüchliche Informationen, Abweichungen vom Lehrplan und Unsicherheiten bei der Beantwortung von Fragen. Vor allem achten sie auf angemessene Kleidung, gutes Benehmen und den Respekt, den Ausbilder ihren Schülern entgegenbringen. Ausbilder handeln sich das stille Lob jedes Perfektionisten ein, wenn sie Fragen der Anfänger sofort in ihren Unterricht miteinfließen lassen und ihren Lehrstoff darauf aufbauen.

Der Fall des EINSER-Controllers, der herausfand, was er wollte

Die Situation kommt nur allzu oft vor. Nach seiner zwanzigjährigen Karriere in einem Großkonzern entschließt sich der perfektionistische Controller, seiner Neuner-Chefin zu folgen, die Präsidentin eines neugegründeten Venture-Capital-Unternehmens wird – eines Unternehmens, das, von Kapitalbeteiligungsgesellschaften finanziert, diesen Gewinn einbringen soll, wenn es sich auf dem Markt durchgesetzt hat und zu einem günstigen Zeitpunkt an der Börse lanciert werden kann. Er wird dort als Leiter der Finanzabteilung tätig sein.

Von Beginn an gibt es kleinere Probleme. Gewohnt, mit einer großen Abteilung zu arbeiten, gelingt es ihm kaum, die häufigen Anfragen zur Finanzsituation zu erfüllen. Der Vorstand, der von Vertretern der Beteiligungsgesellschaften dominiert wird, verlangt fortlaufend neueste Zahlen, um die Beteiligungspartner auf dem laufenden zu halten und flexibel reagieren zu können, sollte das Unternehmen an die Börse gehen. Sechs Monate nach seiner Einstellung läßt der Vorstandsvorsitzende der Neuner-Präsidentin eine schriftliche Notiz zukommen, in der er sich beklagt, nicht genügend oder rechtzeitige Informationen zu erhalten. Sie reicht eine Kopie der Notiz sofort an den Finanzleiter weiter.

Der perfektionistische EINSER, tief getroffen von seiner ersten schlechten Leistungsbeurteilung, stellt einen zweiten Assistenten ein und legt von nun an Wert darauf, jeden Tag eine Stunde früher ins Büro zu kommen. Über seine Arbeitslast ist er alles andere als glücklich – sie ist weit höher, als er gedacht hatte –, seine gesteigerten Bemühungen aber scheinen den Vorstand zufriedenzustellen. Die Beschwerden verstummen.

In der Zwischenzeit beginnt der Aktienmarkt zu boomen. Der Vorstand entscheidet, daß es an der Zeit sei, dem Unternehmen weiteres Kapital zuzuführen und dabei, durch den Verkauf seiner Anteile bei der Umwandlung des Unternehmens in eine Aktiengesellschaft, eine hübsche Rendite auf seine ursprünglichen Investitionen einzufahren.

Um diesen Prozeß zu beschleunigen, weist der Vorstand die Neuner-Präsidentin an, den Finanzleiter zu feuern und ihn durch einen Wirtschaftsprüfer zu ersetzen, der von einer Firma außerhalb kommt, die die Rechnungsprüfung für die Venture-Capital-Gruppe vorgenommen hatte.

Der Vorstandsvorsitzende erklärt der vermittelnden Neuner-Präsidentin, der alte Finanzleiter habe sich zwar gesteigert und auf ihre Beschwerden reagiert, für den Gang an die Börse aber wollten sie einen Fachmann, der mit den gesetzlichen Rahmenbedingungen für Aktiengesellschaften bestens bekannt ist und das Vertrauen potentieller Aktionäre gewinnen kann.

Typische Verhaltensweisen

Die Präsidentin, eine typische Neuner und Vermittlerin, ist mit ihrer Loyalität zwischen den konkurrierenden Seiten hin und her gerissen. Sie hat für jede Position Verständnis. Fast alle Vorstandsmitglieder kommen aus dem Venture-Capital-Unternehmen, das sie angeworben hat; sie versteht, daß sie daran interessiert sind, daß sich ihre Investitionen so schnell wie möglich auszahlen. Sie hatten ihr Geld aufs Spiel gesetzt und wollen nun belohnt werden.

Als Präsidentin sieht sie auch, wie wichtig der Börsengang ist. Er wird die Glaubwürdigkeit des Unternehmens am Markt fördern und den Zugewinn neuen Kapitals in Zukunft erleichtern.

Dem steht jedoch ihre langjährige Verbindung mit dem EINSER-Finanzleiter entgegen, und sie haßt Konflikte.
»Er hatte in unserem alten Unternehmen eine makellose, zwanzigjährige Karriere. Wäre er mir nicht gefolgt, wäre er jetzt dort sicher aufgehoben. Bin ich dafür verantwortlich, daß er sein altes Geschäftsumfeld verlassen hat? Hat er sich selbst dafür entschieden, oder fühlte er sich durch unsere Freundschaft dazu genötigt? Was ist mit seiner Familie? Wie wird sie reagieren? Werden sie auf mich wütend sein?«
Sie weist ihre Sekretärin an, keine Anrufe mehr durchzustellen, solange sie überlegt, wie sie nun vorgehen soll. Gibt es eine Möglichkeit, den Finanzleiter in einer anderen Position zu halten? Wie kann sie auf den Vorstand des Unternehmens Einfluß oder Druck ausüben? Und wenn sie nichts tun kann, wie könnte sie dann seinen Sturz abfedern? Es fällt ihr sehr leicht, sich in die Position des EINSERS zu versetzen und sich selbst mit seinen Augen zu sehen.
Konfrontiert mit den schlechten Neuigkeiten, spielt die vermittelnde Neuner-Präsidentin auf Zeit. »Vielleicht bricht der Aktienmarkt zusammen, und wir blasen den Börsengang ab. Vielleicht legt er sich selbst einen Ausweg zurecht.« Sie spürt, wie sie sich angesichts der drohenden Konfrontation verzettelt.
Der EINSER-Finanzleiter hat in der Tat Signale empfangen, die auf eine bevorstehende Krise hindeuten. Bei der ersten Beschwerde des Vorstands hatte er widerstrebend seine seit Jahren praktizierten Arbeitsgewohnheiten geändert. Bei dem Gedanken an den Börsengang und dessen Auswirkungen steigt Zorn in ihm auf. Seine innere Kritikerinstanz erhebt ihr Wort: »Warum hat man mir nichts gesagt? Wenn ich besser wäre, wäre das nicht geschehen. Jemand mit mehr Talent wäre nun obenauf.«

Er will sich nicht noch mehr Verantwortung aufladen. Geht das Unternehmen an die Börse, wäre er gezwungen, sich mit Aktionären auseinanderzusetzen, die nicht zum Unternehmen gehören. Der Gedanke macht ihn rasend. Aber seine innere Stimme treibt ihn an: Er müsse sich mehr anstrengen, mehr Opfer bringen. Er darf nicht aufgeben.

Sein kritischer Verstand läuft nun auf Hochtouren. »Wie unfair! In meinem Alter sollte ich nicht mehr ganz von vorne anfangen müssen. Das ist nicht meine Schuld!«

Sein Zorn wächst, aber er weiß nicht, auf wen er ihn abladen soll. »Es war ein Fehler, daß ich hier überhaupt angefangen habe. Sie hat mich mitgenommen, es war ihre Schuld, ich hätte nicht auf sie hören sollen.«

Ohne gerechtfertigtes Ziel kann er seiner Wut nicht Ausdruck verleihen. Er braucht die Präsidentin, aber sie um Hilfe zu bitten wäre zu demütigend. Er braucht die Hilfe des Vorstands, aber mit ihm hatte er nie etwas zu tun. Er ist auf sich selbst wütend. Er ist wütend auf die mangelnde Weitsicht der Präsidentin, auf den Vorstand des Venture-Capital-Unternehmens und auf das Schicksal selbst. In diesem Augenblick klingelt sein Telefon. Die Neuner-Präsidentin bittet ihn zu sich ins Büro.

Als er bei ihr eintritt, betrachtet sie ihn und denkt an ihre gemeinsame zwanzigjährige Vergangenheit. Sie kennt seine Familie. Sie war auf der Hochzeit seiner Tochter. Eine Photographie ihrer gemeinsamen Abschlußfeier bei der alten Firma steht bei ihr im Bücherregal hinter dem Schreibtisch. Alles, was sie wollte, war, den Frieden zu wahren, und nun stehen sie sich gegenüber und bringen kein Wort heraus. Sie kann zu seinen Gefühlen keine Distanz finden. Vielleicht sollte *sie* ihren Posten aufgeben. Er ist so voller Zorn, daß sich ihr der Magen umdreht.

Ohne daß ein Wort gefallen wäre, hat jeder den anderen in die Ecke getrieben. Der perfektionistische EINSER, der kaum an sich halten kann, muß seinen Zorn loswerden, während die vermittelnde Neuner, verzweifelt darum bemüht, den Konflikt zu vermeiden, in ihrer Entscheidungsunfähigkeit verharrt.

Das Blatt wendet sich

Die Neuner-Präsidentin läßt nun vergangene Ereignisse und Momente an sich vorüberziehen, an denen sie hätte intervenieren und die Chancen des Finanzleiters verbessern können.
Sie hätte mit ihm das Gespräch suchen können, als der Vorstand zum ersten Mal die Überlegung äußerte, an die Börse zu gehen. Sie hätte ihn warnen können, als ein Vertreter der Kapitalbeteiligungsgesellschaft sie fragte: »Welche Erfahrungen hat unser neuer Finanzchef mit Börsengängen?«
Rückblickend sieht die vermittelnde Präsidentin all die Punkte, die ihr Eingreifen gerechtfertigt hätten, und schwört sich, das nächste Mal wachsamer zu sein. Wie es für Neuner typisch ist, versucht sie die Wogen zu glätten, indem sie ihm einen gutgemeinten Vorschlag unterbreitet.
»Die Entscheidung liegt nicht mehr in meiner Hand, aber ich verschaffe Ihnen das beste Absicherungspaket, das nur möglich ist«, beginnt sie. »Ich werde meine Kontakte bemühen und Sie wissen lassen, falls mit der bevorstehenden Expandierung des Unternehmens eine neue Stelle geschaffen wird.«
Worauf es aus dem EINSER herausbricht. Zwanzig Jahre einfach zum Fenster hinausgeworfen, und wer trägt dafür die Schuld? »Mit dem Vorstand hatte ich bislang keinen Kontakt, und Sie interessiert es nicht!« Er hört, wie sich seine Stimme fast überschlägt und einen anklagenden Tonfall annimmt. »Warum ha-

ben Sie sich nicht gewehrt? Warum haben Sie nicht darauf bestanden, daß ich bleibe?« Er wütet. Er hört den Zorn in seiner Stimme und sieht, wie die Präsidentin die Schläge einsteckt. Sie kann ihm nicht in die Augen sehen, gedankenverloren schiebt sie Papiere auf dem Schreibtisch hin und her. Die hilflose Aktion entgeht ihm nicht und zwingt ihn dazu, mitten im Satz zu verstummen. Sie kauert nun hinter ihrem Schreibtisch und sieht aus, als säße sie wie er in der Falle. Auch sie haßt diese Situation.

Diese Einsicht ist für ihn eine ungeheure Offenbarung. Wenn alles von Sachzwängen abhängig ist, trägt keiner die Schuld. Niemandem ist ein Vorwurf zu machen. Ohne daß es ihm bewußt wäre, verstummt seine innere kritische Stimme; er spürt, wie große Erleichterung über ihn kommt. Er kann sich selbst verzeihen, daß er nicht vollkommen ist.

Lösung

In Wahrheit will der Leiter der Finanzabteilung sich auf die neuen Anforderungen, die der Börsengang mit sich bringt, nicht einlassen; er würde damit ein Feld betreten, mit dem er noch nie zu tun hatte. Er war so mit sich beschäftigt, um sich für das anzuklagen, was er hätte tun sollen, daß er sich niemals fragte, was er *eigentlich* wollte. Schließlich, um die Schuld von sich wegzuschieben, kritisierte er seine langjährige Bekannte und mußte dabei erleichtert feststellen, daß er die Aussicht auf weitere harte Arbeit und noch mehr Sorgen eigentlich nicht will. Er will wieder das tun, was er früher bereits getan hatte.

Bleibt die Frage nach der bestmöglichen Trennung. Sie verabreden sich für den nächsten Tag, um die Konditionen seiner Abfindung auszuhandeln. Er weiß, daß sie versuchen wird, ihm zu helfen, und er weiß, daß er woanders neu anfangen kann.

Perfektionisten nehmen Kritik sehr persönlich. Bei Mißgeschicken und Katastrophen glauben sie, es müsse ihr Fehler sein.

Selbstbeobachtung

Für alle Persönlichkeitstypen ist es äußerst dienlich, den Unterschied zu erkennen zwischen den eigentlichen, wahren Bedürfnissen und dem, von dem man nur glaubt, daß man es tun oder erreichen sollte. Vor dem Hintergrund seiner heftigen Eigenkritik ist für den Finanzleiter die Erkenntnis, daß er auch seinen eigenen Bedürfnissen folgen kann, eine große Befreiung.

Es würde ihm helfen, wenn er seine innere Kritik bewußt wahrnimmt und sich gegebenenfalls die Frage stellt: »Was brauche ich jetzt wirklich – was wird durch den Anspruch, ich müßte perfekt sein, blockiert?«

Punkt Zwei: Der Geber

Entsprechende Bezeichnungen: der Helfer, der Beistand, die rechte Hand Gottes, die graue Eminenz

Motto: Hinter jedem erfolgreichen Menschen steht jemand, der ihn unterstützt.

Vorstellung: Die Leute brauchen meine Hilfe.

Wahrnehmungsperspektive: Sieht immer die Bedürfnisse anderer.

Art der Informationsverarbeitung: Überprüft laufend die Vorlieben, Abneigungen, Hoffnungen und Träume anderer.

Blinder Fleck: Die eigenen Bedürfnisse.

Entwicklungspotential: Das eigene Selbstwertgefühl von der Zustimmung anderer unabhängig zu machen.

Geistiger Weg: Zu unterscheiden lernen zwischen wahrer Selbstlosigkeit und zielgerichtetem Geben, um etwas zu erreichen oder zu bekommen.

Leidenschaft: Stolz darauf, unersetzlich zu sein.

Tugend: Demut – zu erkennen, wieviel man anderen wirklich wert ist.

Inspiration durch: die Freiheit, unmittelbar für sich selbst etwas zu tun, statt nur durch andere.

Führungsstil: Jede Interaktion gewinnt für ZWEIER sofort den Status einer Beziehung. Es ist ihnen außerordentlich wichtig, Mitarbeiter in Schlüsselpositionen zu fördern, auf Kundenwünsche einzugehen, nützliche Bündnisse zu schließen und sich für das Wohl der Angestellten einzusetzen. ZWEIER denken: »Wie kann jemand gegen einen Vorgesetzten sein, der sich voll und ganz für die Interessen der Mitarbeiter einsetzt?«

Erscheinung auf andere: ZWEIER sind herzlich und integrierend, gehen auf andere zu, um ihnen zu helfen. Sie sprechen von den Bedürfnissen anderer, nicht aber von ihren eigenen.

Typische Konflikte: Mitarbeiter wähnen sich in dem Glauben, zu den Günstlingen des ZWEIERS zu gehören, und werden plötzlich fallengelassen. Vielleicht vergaßen sie, auf die Avancen der ZWEIER angemessen zu reagieren.

»Sofortmaßnahmen«: Achten Sie darauf, was ZWEIER wollen, auch wenn sie nicht die Tatsache erwähnen, daß sie Sie brauchen.

Die von ZWEIERN ausgesandten Signale

Positiv: ZWEIER geben anderen das Gefühl, beachtet zu werden und etwas Besonderes zu sein.

Negativ: ZWEIER wollen, daß andere gefügig sind, andernfalls werden sie von ihnen allein gelassen.

Ambivalent: Unterstützung wird entzogen, Informationen werden manipuliert.

Sicherheitsreaktion an Punkt Vier: Hier können sich die wahren Bedürfnisse zeigen, und statt andere zu unterstützen, entdekken ZWEIER ihre eigene Kreativität.

Streß-/Risikoreaktion an Punkt Acht: Die offene Schlacht. ZWEIER hatten es mit ihrer Hilfe versucht, auch Manipulationen hatten nichts bewirkt, nun wird zu den Waffen gegriffen.

Arbeitet am besten in: Positionen mit hoher zwischenmenschlicher Komponente: Berufe im Sozial- und Gesundheitswesen, in der Dienstleistung, im Verkauf.

Hat Probleme in: Berufen ohne Kontakt zu anderen Menschen: Leuchtturmwärter, Wildhüter, Computer-Programmierer, Steuer-, Wirtschaftsprüfer.

Wird in der Arbeitswelt vorzugsweise eingesetzt: Für Werbekampagnen zum Wirtschaftssponsoring für gemeinnützige Zwecke, deren Präsentation in der örtlichen Handelskammer; in der Medienarbeit.

Sind Sie ein ZWEIER?

Geber sehen das Potential, das in anderen steckt, und fördern es. Sie unterstützen andere, indem Sie zu ihnen eine persönliche Beziehung aufbauen, statt nur Ratschläge zu erteilen. Dazu bedienen Sie sich einer gefälligen, einfühlsamen Vorgehensweise: »Dürfte ich Ihnen meine Hilfe anbieten?« Oder Sie gehen aggressiver vor: »Hören Sie zu – Sie brauchen meine Hilfe!« Doch ungeachtet, wie Sie die Beziehung herstellen, schaffen Sie sich durch die auf andere gerichtete Aufmerksamkeit einen blinden Fleck: Sie wissen nicht, was Sie im Gegenzug für Ihre Hilfe erhalten wollen.
Manchmal bemerken Sie, daß Sie gleichzeitig in mehrere, unterschiedliche Richtungen gezogen werden. Dann sind Sie ein eifriger Macher, der einen dynamischen Dreier zufriedenstellen will, oder achten penibel auf alle Einzelheiten, um das Wohlwollen eines perfektionistischen EINSERS zu erlangen. Indem Sie sich in das verwandeln, was andere Menschen brauchen, werden Sie zum unverzichtbaren Verbündeten, sichern sich Ihren Platz in deren Gedankenwelt und Zukunftsplänen.
Bei keiner einzigen dieser unterschiedlichen Identitäten werden Sie jedoch das Gefühl haben, daß Sie anderen etwas vormachen würden; aber die Menschen, mit denen Sie zusammenarbeiten, glauben wahrscheinlich, Sie zu kennen – tatsächlich kennen sie nur einen Teil von Ihnen. Es dürfte Ihnen auch nicht bewußt sein, daß Sie sich durch Ihr Verhalten – sich allen unentbehrlich zu machen – davor schützen, Zurückweisung zu erfahren.

Das Leben eines Gebers kann aber auch sehr anstrengend sein. ZWEIER kommen schnell zu der Frage: »Welche der vielen Identitäten ist wirklich meine?«

Bill, stellvertretender Filialleiter, überprüft ein letztes Mal den Laden und vergewissert sich, daß für die größte Verkaufsaktion im Jahr alles in Ordnung ist. Er ist mit seinen Vorbereitungen zufrieden.

Während er seinen Blick umherschweifen läßt, kontrolliert er besonders das kostbarste Gut seines Unternehmens – die Menschen, die für ihn arbeiten. Still, in Gedanken, geht er noch einmal durch, was ihm diesen Morgen aufgefallen ist: »John scheint nicht besonders gut drauf zu sein – ich werde mit ihm zum Essen gehen, mal sehen, was sich herausfinden läßt ... Und Amy wirkt sehr distanziert und unnahbar. Das ist nicht gut für die Atmosphäre, das kann sich sehr schnell auf den Kunden übertragen. Aber vielleicht halten die Kunden sie nur für jung und unerfahren.«

Er geht seine weiteren Eindrücke durch, bis er bei Jane anlangt. Sie kommt beim Team wirklich an, und in seinem Kalender ist vermerkt, daß sie nächste Woche Geburtstag hat. Eine kleine Feier würde sie freuen und dem Arbeitsklima guttun.

So gut der stellvertretende Filialleiter mit seinen Untergebenen umgehen kann, noch besser kommt er mit seinen Vorgesetzten zurecht – dem Filialleiter, dem Regionalleiter und dem für ihren Bereich zuständigen Vizepräsidenten.

Unbewußt, scheint es, hat er einen Plan entwickelt, um sich ihnen allen dienstbar zu erweisen. Sie alle wollen sich das Leben ein wenig leichter gestalten, und in jedem Fall findet er Mittel und Wege, ihnen dabei behilflich zu sein. In Gedanken sieht er sich in einer nützlichen Rolle, als hilfreiche Figur, einen Vertrauten, dessen Rat sehr respektiert wird.

Wie Zweier Informationen verarbeiten

In den spirituellen Traditionen, in denen unterschiedliche Persönlichkeitstypen Aspekte in der Entwicklung des Menschen zu höherem Bewußtsein darstellen, werden Zweier traditionell als »Mönche stolzer Gesinnung« bezeichnet; nicht weil sie immer hochmütig sind, sondern sich selbst als jemanden sehen, der anderen sein Wohlwollen zuteil werden läßt. Blickt man durch Bills Wahrnehmungsperspektive, sieht man die Bedürfnisse seiner Mitarbeiter – und sein Stolz gründet sich auf dem Anliegen, ihren Bedürfnissen entgegenzukommen. Anders als Neuner, die die Interessen anderer zu ihren eigenen machen, geht Bill selektiv vor und wählt genau aus, wem er hilft; er glaubt, sein Verkaufsteam könne ohne ihn nicht auskommen.

Als Zweier werden Sie nachvollziehen können, warum Bill darauf fixiert ist, das Potential seiner Mitarbeiter zu fördern. Jeder verfügt über nützliche Eigenschaften, warum sollte man sich daher mit ihren weniger einträglichen Neigungen abgeben? Sein Führungsstil basiert auf dem Wissen, unter welchen Bedingungen die jeweiligen Angestellten am besten arbeiten. Er nimmt sich Zeit, um sich ihre Angelegenheiten anzuhören, registriert, was ihnen gefällt, und nimmt ihre Beschwerden sehr ernst. Das alles zeugt für Bill von Selbstlosigkeit und Großzügigkeit – die beste Art der Zusammenarbeit. Was er nicht sieht, ist sein Stolz auf das Wohlwollen, das er anderen zuteil werden läßt.

Seine Art der Informationsverarbeitung gleicht einem Rolodex mit rotierenden Karteikarten. Er kann augenblicklich zu jeder beliebigen Karte springen und sich Kleinigkeiten in den Sinn rufen – daß John es vorzieht, hinter geschlossenen Türen zu arbeiten, daß Jane freudig und herzlich begrüßt werden will. Wichtiger noch, er schlüpft dabei in die jeweils angebrachte

Identität. Auch wenn die Notizen in seinem Kopf strikt auf die Arbeit bezogen sind, ist Bill davon überzeugt, daß Mitarbeiter bessere Leistung erbringen, wenn sie sich persönlich umsorgt fühlen. Also nimmt er die passende Identität an, um sein Anliegen loszuwerden.

Das geistige Karteikartensystem wird laufend aktualisiert; neue Informationen über Familienangelegenheiten, gesundheitliche Probleme, Hoffnungen und Träume, die sich auf die Leistung der Mitarbeiter auswirken können, werden hinzugefügt. Sollte ihre Leistung zu wünschen übriglassen, wird er intervenieren und die gegenwärtigen Probleme erwähnen. Er weiß aber auch, was er zu vermeiden hat: Phil nicht unter Druck setzen, wenn der Bericht noch rechtzeitig fertig werden soll; Lisa nicht auf die Probleme mit ihrem Freund ansprechen.

Dieser unterstützende Ansatz ist eine sehr effiziente Managementstrategie, kann aber auch zur Manipulation eingesetzt werden. Durch seine Art, die nicht unbedingt einschmeichelnd sein muß, gewinnt die Arbeitsbeziehung eine persönlichere, privatere Note. Er weiß viel über die anderen, seinen eigenen Bedürfnissen hingegen wird niemals Ausdruck verliehen. Was er von anderen für seine Bemühungen erhalten möchte, ist für ihn ein blinder Fleck. Sein Führungsstil basiert auf den Beziehungen zu seinen Mitarbeitern, aber da er ständig für alle verfügbar sein muß, artikuliert er seine eigenen Bedürfnisse nur äußerst selten.

Zweier bei der Arbeit

Zweier wollen unabkömmlich sein, eine Eigenschaft, die auf Bill immer zutraf. Bereits als Kind, erinnert er sich, setzte er die richtige Miene auf oder legte das richtige Verhalten an den Tag, um seine Eltern, Lehrer oder andere Erwachsene zufriedenzustellen. Diese Bereitwilligkeit ist weder kalkuliert noch darauf ausgerichtet, die Herrschaft an sich zu reißen. Statt sichtbarer Regent zu sein, ist er viel lieber die Macht hinter dem Thron, die graue Eminenz.

So war er hoch erfreut, als sein Chef am Ende des erfolgreichen Verkaufstags vor den versammelten Mitarbeitern sagte: »Ohne Bill hätten wir es nicht geschafft, ohne ihn wäre es niemals so glatt gelaufen.« Er fühlte sich mächtig, weil er wußte, daß sein Chef auf ihn zählte.

Entsprechend glaubt er auch nicht unbedingt, daß er seinen Chef übergeht oder gar brüskiert, wenn er sich mit dessen Vorgesetzten gut stellt. Sich Freunde zu machen, anderen das Leben zu erleichtern ist nun mal etwas, das er hervorragend kann. Dennoch wählt er in jedem Fall bewußt aus. ZWEIER wie Bill suchen sich ihre Verbündeten und schließen sich auf ihrem Weg nach oben gern höhergestellten Vorgesetzten an.

Geber fühlen sich am wohlsten in Umgebungen mit hohem zwischenmenschlichen Kontakt. Unpersönliche Arbeiten stellen sie gern zugunsten eines persönlicher Miteinanders zurück. Sollten sie sich in einer Position wiederfinden, in der sie isoliert vor sich hin arbeiten, suchen sie schnell nach einem Ausweg – wie der nachfolgende Fall der Wirtschaftsstudentin zeigt, die in einem Marktforschungsinstitut Zahlen zur statistischen Auswertung in den Computer eingab.

Zur Marktforschung kam ich, da ich mich in meinen Statistikprofessor verliebte. Ich tat so ziemlich alles, um mich in seiner Gegenwart aufhalten zu können, beschäftigte mich eingehend mit seinen Vorlieben, wo er seine Zeit verbringt etc. Ich bin zu ihm in sein Büro, um Fragen zu stellen, obwohl ich die Antwor-

ten bereits wußte, und schließlich schrieb ich in Statistik sogar meine Abschlußarbeit.

Ich bestand mit Auszeichnung, in Wahrheit aber haßte ich Statistik. Es kam mir nur auf dieses emotionale Gefühl an, zu wissen, daß er sich um mich und meinen Abschluß kümmert. Wenn ich jetzt zurückblicke, bin ich nach wie vor fasziniert von diesem völligen Gespaltetsein – in einem Job zu arbeiten, den ich nicht ausstehen kann, und gleichzeitig diesen Job zu lieben, weil ich in seinem Institut angestellt war.

Die Wirtschaftsstudentin hatte vor ihrer Anstellung von ihren Wünschen nicht die geringste Ahnung. Von ihrem Professor dazu angeregt, studierte sie das Fach aus Interesse an ihm und machte sein Gebiet schließlich sogar zu ihrem Hauptfach. Darauf ließe sich durchaus eine Karriere aufbauen, allerdings verwechselte sie ihre Bedürfnisse mit den Anliegen ihres Mentors.

Was Sie nicht vergessen sollten

ZWEIER benötigen einen emotionalen Dreh- und Angelpunkt. Sorgt sich jemand von Bedeutung um Sie und das, was Sie tun? Gibt es eine Verbindung zu einem angesehenen Vertreter Ihres Berufs? Bringen Sie Mitgefühl für die anderen Mitglieder Ihres Teams auf? Sie wollen mehr als intellektuelle Befriedigung; Sie wollen eine emotionale Bindung, und diese entspringt der Leidenschaft, die andere für das Projekt aufbringen.

Ein Team aus Gleichberechtigten neutralisiert sich eventuell. Sie wollen von jemandem inspiriert werden, der das Beste aus Ihnen herausholt, und das ist nicht leicht, wenn sich alle auf der mehr oder weniger gleichen Ebene befinden. Wird Ihnen keine besondere Aufmerksamkeit zuteil, können Sie mit Ebenbürtigen

Konkurrenzverhalten entwickeln. Achten Sie auf Ihren verletzten Stolz, wenn Sie übergangen werden; umgehen Sie dann methodisch alle Hindernisse.
Ihr geistiger Weg führt zur Demut – erkennen Sie den wahren Wert, den Sie für andere haben, und laufen Sie nicht immer nur fremder Anerkennung hinterher. Es mag zunächst demütigend sein, andere um Hilfe zu bitten, wenn Ihre Überlebensstrategie darauf ausgerichtet ist, sich im Team unentbehrlich zu machen. Vielleicht kommt es für Sie sogar einer Beleidigung gleich, als Gleichberechtigter mit anderen kooperieren zu müssen; aber aufgrund Ihrer Neigung können Sie sicher sein, daß Sie allen, die Ihnen behilflich sind, einen Gegendienst erweisen werden. Versuchen Sie, für sich selbst zu sprechen, statt Ihren Einfluß indirekt über andere ausüben zu lassen. Stehen Sie genauso zu Ihrer Position, wie Sie sonst die Anliegen anderer unterstützen.

Ein abschließender Gedanke

Ihre Hilfe, auch wenn sie aufrichtig und ehrlich ist, kann jene, die von Ihnen unterstützt werden, langfristig schwächen. Werden sie von Ihrem Wohlwollen abhängig, ist der Boden für zukünftige Ressentiments bereitet.
Dazu nochmals Bill, der stellvertretende Filialleiter, der sich so sehr um seine Mitarbeiter kümmert. Er sorgt sich um ihr Wohlergehen, kann aber wütend werden, wenn sie seine Ratschläge nicht befolgen. Der Fehler in seinem Denken liegt in der Annahme, daß jeder Mitarbeiter auf seinen Rat angewiesen sei und nur er die Lösung besitze – was zu einem für ihn recht angenehmen Status quo führt, der jedoch für die anderen entnervend sein kann.
Wohlwollen ist sicherlich ein Faktor, der bei Geschäftsbezie-

hungen eine Rolle spielt, aber Kunden sind keine Kinder, denen man ständig zu sagen hat, was sie tun sollen, noch sind es die von Bill so umsorgten Verkäufer und Verkäuferinnen. Da sein eigenes Wohlergehen von Beziehungen abhängig ist, fällt es ihm schwer, zwischen dem, was für andere und was für ihn gut ist, zu unterscheiden. Aber er muß zwischen wahrer Selbstlosigkeit und seiner Rolle als allseits beliebter Geber einen Trennungstrich ziehen.

Sicherheit und Streß

Dynamik der Veränderung für Punkt Zwei

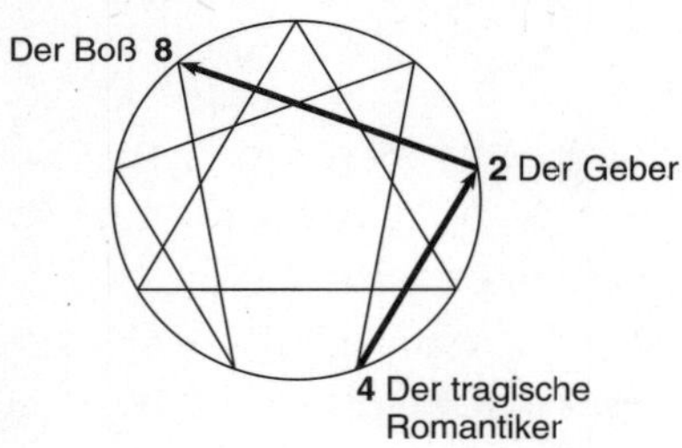

Sicherheitsreaktion an Punkt Vier

ZWEIER ziehen es im allgemeinen vor, ihre Kreativität und ihren Führungsanspruch durch Verbündete zu bekunden. Aber es reicht nicht aus, nur in der zweiten Reihe zu stehen, wenn man sich selbst verwirklichen möchte. In Zeiten, in denen alles gut läuft, gibt es keinen Grund, sich ständig nur nach anderen zu richten. Nun ist es möglich, zu entdecken, wer Sie wirklich sind, auch wenn Sie dadurch aus der gewohnten Bahn geworfen werden.

Wenn Kreativität und Fähigkeiten entsprechend gewürdigt werden, nähern sich ZWEIER der intensiven Emotionalität des tragischen Romantikers. Dann befassen Sie sich mit Fragen zum Sinn und zur Bedeutung Ihres Tuns: Was ist die Arbeit wirklich wert? Ist sie für mich persönlich befriedigend? Es kann demütigend sein, festzustellen, wie schnell Sie sich für ein Schulterklopfen verkaufen, wie sehr Sie Ihre Möglichkeiten zugunsten übertriebener Aufmerksamkeit auf andere vernachlässigen.

ZWEIER, die sich sicher fühlen, haben weniger Angst vor Zurückweisung und sind zu höchst individualistischer Arbeit in der Lage. Nun können Sie sich wie Vierer auf einzigartige Weise zum Ausdruck bringen. Es macht Ihnen Spaß, allein zu arbeiten, und Sie benötigen weniger Zustimmung für das, was Sie anstreben. In diesem Geistes- und Gemütszustand stehen Sie hinter sich selbst, so wie Sie normalerweise anderen unter die Arme greifen.

Punkt Vier ist für Geber nicht so sehr ein Ort der Depression, sondern gibt ihnen die Möglichkeit, zu ihrer Individualität zu stehen. Die Tatsache aber, daß sie nun selbst als Machtfaktor auftreten, schafft für Geber ein Dilemma: »Soll ich meine eigene Karriere vorantreiben, oder soll ich anderen helfen?« Aus dem Blickwinkel des Gebers schließen sich diese beiden Alternativen aus. Unterstützung ist notwendig, damit der individuelle Erfolg nicht mit dem Wohlergehen anderer in Konflikt gerät.

Streß-/Risikoreaktion an Punkt Acht

Bei den ersten Anzeichen von Streß aktivieren sich die grundlegenden Verteidigungsmechanismen Ihres Typs. Es ist fürchterlich, im Abseits zu stehen, also bringen Sie sich selbst in eine Position, die Ihre Bedeutung zu steigern vermag. Sie haben Ihr Bestes getan, haben sich unermüdlich für andere eingesetzt, und es hat dennoch nichts genützt. Plötzlich stehen bei Ihnen alle

Alarmsignale auf Rot, und Sie halten nach Indizien Ausschau, wer bei wem in besonderer Gunst steht; und plötzlich sind Sie zu allen betont nett.

Wenn auch dieser Ansatz nicht funktioniert, fällt Ihr Stolz in sich zusammen wie ein Ballon, dem man die Luft rausläßt. Geber plustern sich auf, wenn sie Zustimmung erhalten (»ohne mich schaffen sie es nicht«), und fallen in sich zusammen, wenn sie zurückgewiesen werden (»ich Armer«). Schlechte Zeiten sind gekennzeichnet durch fehlende Zustimmung. Es scheint unglaublich zu sein – Sie haben alles (alle anderen) vorgezogen, und keinen kümmert es.

Es entwickelt sich ein Teufelskreis, in dessen Verlauf aus der Strategie des Gebens unverhohlene Manipulation wird. Sie wissen, was die anderen brauchen, und nehmen sie so lange als Geiseln, bis sie ihre Schulden begleichen. Da sich ZWEIER bei Kollegen und Projekten unabkömmlich gemacht haben, sind sie geradezu prädestiniert, in Streik zu treten. Aufzeichnungen gehen verloren, Terminpläne geraten durcheinander, wichtige Informationen verschwinden. Nichts geht voran, was nur beweist, wie unersetzbar Sie sind. Und zur Rache verbünden Sie sich vielleicht mit ehemaligen Konkurrenten.

Die Verschiebung zum Punkt Acht ist meist durch explosiv ausbrechenden Zorn gekennzeichnet: »Wie konnten Sie nur? Nach allem, was ich für Sie getan habe! Wie undankbar!« Noch immer ist bei Ihnen vielleicht der Wunsch nach Versöhnung und Entschuldigung vorhanden, wodurch die Beziehung gerettet werden könnte. Aber ZWEIER am Punkt Acht sind außerordentlich unkooperativ und hängen zäh an allem, was sie bekommen können.

Der positive Aspekt dieser Verschiebung besteht manchmal in der Kraft, öffentlich für die eigenen Interessen einzutreten.

Wenn Sie Ihre nachrangige Position verlassen und den Herrscherthron besteigen, legt sich Ihre Macht wie ein Schutzmantel über die anderen.

Wie andere ZWEIER sehen

Kommunikation

ZWEIER durchleuchten jede Kommunikationssituation nach Anzeichen für Zustimmung. Durch ein Nicken, ein Lächeln, ein »Ja« fühlen sie sich animiert. Sie interpretieren dies als Anerkennung und reagieren mit größtmöglichem Engagement.

ZWEIER sind verführerische Gesprächspartner, die ein ansprechendes, attraktives Image hervorkehren und anderen das Gefühl vermitteln, geschätzt und unterstützt zu werden. Sie lassen die Interessen und Ansichten anderer als wichtig erscheinen, und da deren Zeit ganz offensichtlich kostbar ist, fühlen sich die so gelobten Mitarbeiter bewundert und respektiert.

Ihr augenfälliges Interesse für die Aktivitäten der Kollegen vermittelt die Botschaft: »Wir sitzen hier im selben Boot. Ihr könnt euch auf mich verlassen.« Diese Signale werden durch die gewiß schmeichelhaften Gesten der Ermutigung und Bewunderung noch verstärkt.

Mit ihrem sehr feinen Gespür für Anerkennung und Bestätigung präsentieren sich ZWEIER in einer Weise, die darauf abzielt, ihrem Publikum zu entsprechen und zu ihm eine persönliche Beziehung aufzubauen. Sie geben sich ein überzeugendes, energisches Image und tasten ihr Publikum nach Reaktionen ab, nach denen sie ihr Auftreten ausrichten und verbessern. Sie können ihre Energie vollständig auf eine aufnahmebereite Person konzentrieren, aber das beste Programm wird ruiniert, wenn sich diese Schlüsselfigur zu langweilen scheint. Selbst bei technischen Vorträgen neigen sie dazu, Informationen auf der Basis persönlicher Beziehungen und weniger auf rationale Weise zu vermitteln. Wie Zuhörer sie aufnehmen und auf sie reagieren, ist ihnen ebenso wichtig wie deren intellektuelles Einverständnis.

Geber brauchen Zustimmung wie die Luft zum Atmen. Zwischen den Sätzen einer Unterhaltung schwingt unterschwellig immer die Frage mit: »Mögen Sie mich?«

Unangenehme Fragen werden abgemildert, um persönliche Zurückweisung abzufedern. Haben sie nicht die richtige Antwort parat, setzen sie ein freundliches Lächeln auf und reden mit Engelszungen. Leitende Mitarbeiter hören dann Sätze wie: »Ich habe gute und schlechte Neuigkeiten. Unsere Mittelverteilung hat sich geändert. Das Projekt, über das wir gesprochen haben, ist also nicht mehr finanzierbar. Aber meine Tür steht Ihnen immer offen.« Und ein Firmenberater bekommt vielleicht zu hören: »Auch wenn der Vertrag nicht zustande kommt, bin ich mir sicher, daß wir uns wiedersehen werden.« Manchen wird vielleicht überhaupt nicht bewußt, daß sie dabei abgewiesen wurden.

Die negativen Aspekte in der Kommunikation sind die Schuldgefühle der Mitarbeiter, die die unausgesprochenen Ansprüche der ZWEIER nicht erfüllen können oder wollen, insbesondere wenn es um die Anerkennung ihrer unerläßlichen Hilfe geht. Viele dürften erstaunt sein, wenn sie erkennen, daß diese impliziten Erwartungen ständig präsent waren. Die Botschaft der ZWEIER lautete: »Wir sitzen im selben Boot.« Plötzlich aber ändert sie sich und lautet nunmehr: »Schauen Sie, was ich alles für Sie getan habe. Ohne mich hätten Sie es nie geschafft.«

Was ist geschehen? Geber lassen anderen zunächst ihre volle Unterstützung zuteil werden, ziehen ihnen aber plötzlich den Boden unter den Füßen weg. Mitarbeiter, die auf diese Weise von ZWEIERN erfolgreich beeinflußt wurden, brauchen einige Zeit, bis sie erkennen, was von ihnen erwartet wurde und was sie nicht erfüllt haben.

ZWEIER sind stark auf ihr Umfeld fixiert; sie richten ihre Aufmerksamkeit wie ein Scheinwerferlicht auf andere, so daß sie selbst ungesehen im Schatten bleiben. Da ihre eigenen Wünsche und Bedürfnisse im dunkeln liegen, werden sie von anderen nicht wahrgenommen und folglich nicht befriedigt. Um das zu vermeiden, sollte die Kommunikation mit ZWEIERN immer auch darauf ausgerichtet sein, ihnen ihre Bedürfnisse zu entlocken. Finden Sie als erstes heraus: Was erwarten ZWEIER? Was wollen sie im Gegenzug für ihre Hilfe? Nützlich ist es auch, wenn nicht nur praktische Aspekte wie Gehalt oder Aufgabenverteilung besprochen, sondern gelegentlich auch die Bedürfnisse der Beziehung – das zwischenmenschliche Engagement – einer Betrachtung unterzogen werden.

Nonverbale Kommunikation

Die auf emotionale Schwankungen äußerst sensibel reagierenden Geber kommunizieren mittels der unterschiedlichen Aspekte ihrer Persönlichkeit. Wenn sie denken, »hier kann ich behilflich sein«, werden sie sich so präsentieren, wie es ihnen am nützlichsten erscheint. Durch diese (unbewußte) Wandlungs- und Anpassungsfähigkeit treffen sie den angemessenen Ton und schaffen das richtige Klima; Mitarbeiter fühlen sich gut aufgehoben, Spannungen werden abgebaut, selbst schlechte Neuigkeiten werden erträglicher.

ZWEIER können sich distanziert geben, bis sie wissen, mit wem sie es zu tun haben. Sie beobachten andere, achten auf ihre Vorlieben und Abneigungen, richten ihr Verhalten danach aus und warten mit der Kommunikationsaufnahme, bis Zeitpunkt und Stimmung passen. Mitarbeiter sind für diese sorgsame Aufmerksamkeit dankbar; allerdings setzen Geber dieses Verhalten auch zum eigenen Vorteil ein, wenn sie durch Schmeicheleien die Entscheidungen anderer beeinflussen wollen.

Die Kommunikation mit ZWEIERN

- Seien Sie so freundlich und offen wie möglich. Zeigen Sie persönliches Interesse und Anerkennung, wenn Sie Ihr Anliegen vermitteln wollen.
- Um Mißverständnisse oder Enttäuschungen zu vermeiden, sollten Sie klarstellen, welche Erwartungen ZWEIER hegen. ZWEIER sind so darauf bedacht, die Bedürfnisse anderer zu erfüllen, daß sie annehmen, andere würden dasselbe für sie tun.
- Ermutigen Sie sie dazu, »Ich«-Aussagen zu treffen, statt nur zu berichten, was andere von ihnen wollen.
- Setzen Sie ihrer Hilfsbereitschaft Grenzen. ZWEIER wollen sich unersetzbar machen, indem sie sich zuviel aufladen oder Aufgaben übernehmen, die nicht in ihren Verantwortungsbereich fallen.
- Kritik kann bei ihnen als persönliche Zurückweisung ankommen. Konzentrieren Sie sich auf das zu erörternde Thema oder den aktuellen Fehler, während Sie gleichzeitig versichern, welch wertvolle Mitarbeiter sie seien.
- ZWEIER kommunizieren durch ihre Körpersprache und den Ton in ihrer Stimme. Wie sie etwas sagen, ist meist sehr viel

wichtiger als der Inhalt ihrer Worte. Helfen Sie ihnen, ihren Einfluß auf andere wahrzunehmen. Erinnern Sie sie daran, daß nicht alle so viel persönlichen Kontakt benötigen wie sie.

Motivation

Anderen zu geben kann durch pure Selbstlosigkeit motiviert sein, manchmal durch menschliche Hilfsbereitschaft, aber auch durch Eigeninteresse. Das trifft auf alle Menschen zu, ZWEIER eingeschlossen. Wenn sie zum ersten Mal die Beschreibung der neun Enneagramm-Typen hören, denken manche irrtümlicherweise, sie seien ZWEIER, da sie von Natur aus freundliche, großzügige und hilfsbereite Menschen sind. Ein EINSER hilft Ihnen vielleicht, damit Sie es »richtig machen«; ein Dreier, damit Sie »endlich damit fertig werden«; ein Sechser, damit Sie »nicht in Schwierigkeiten geraten«; und ein Siebener, damit Sie neue Erfahrungen sammeln.

ZWEIER helfen, weil sie dadurch eine emotionale Bindung aufbauen und sich bei ihnen das Gefühl einstellt, sie seien anderen nützlich. Was sie geben, spielt dabei keine große Rolle; viel wichtiger ist, *wie* und *warum* sie dazu motiviert werden. Dabei können sie in die folgende Falle geraten: Indem sie anderen Mitgefühl und Besorgnis entgegenbringen, werden sie von der Zustimmung anderer abhängig; ohne den Schutz dieser Zustimmung fühlen sie sich unsicher.

Gute Beziehungen zu Autoritäten sind für ZWEIER die beste Motivationsgrundlage überhaupt. Fühlen sie sich von den Menschen in ihrer Umgebung akzeptiert und angeregt, müssen sie nicht motiviert werden. Geber sind talentierte, temperamentvolle Macher, die sofort loslegen, wenn sie die Erlaubnis dazu haben. Selbst wenn sie die Leitung eines Projekts übernehmen, sehen sie sich als jemanden, der auf die Wünsche anderer reagiert; Projekte, die eigentlich gut laufen, können so ein vorzeitiges Aus erfahren, wenn ZWEIERN positive Resonanz entzogen wird oder sich die Aufmerksamkeit anderen zuwendet.

ZWEIER, die in ihrer Geber-Rolle über einige Macht verfügen, können leicht in Verlegenheit kommen oder Schwächen zeigen, wenn sie direkt im Rampenlicht stehen. Solange alle Augen auf den Boß gerichtet sind, den sie kunstvoll hinter den Kulissen kontrollieren können, fühlen sie sich, selbst im Hintergrund bleibend, geschützt. Geber üben »Einfluß« aus, keine direkte Macht. Sie erledigen ihre Arbeit durch andere.

Obwohl sie äußerst kompetent und kreativ sein können, dürfte es schwer sein, sie in eine Führungsposition zu bringen. Als Teamassistent oder Vorstandssekretär fühlen sie sich meist sehr viel wohler. Da ZWEIER Macht indirekt ausüben, können sie ganz egoistisch auf ihren eigenen Vorteil bedacht sein, wenn sie scheinbar hochmotiviert anderen zu helfen versuchen. Hängt die eigene Sicherheit vom Erfolg des Chefs ab, sichern sich ZWEIER die eigene Zukunft, indem sie die Karriere des Chefs selbst in die Hand nehmen. Der Boß wird mit den Leuten in Kontakt gebracht, die wichtig sind, er wird auf mögliche Konkurrenten hingewiesen und hervorragend vertreten. Es handelt sich dann um Beziehungen, in denen der ZWEIER-Partner dem anderen seine Energie zufließen läßt, Stolz für die Erfolge des anderen empfindet und im stillen genießt, daß er die treibende Kraft hinter dem Erfolg ist.

Geber sehen sich als Menschen, die in die Rolle anderer schlüpfen, die fremde Identitäten annehmen, um jene zufriedenzustellen, die ihre Hilfe verdienen. Eine ZWEIER-Krankenschwester wird zum Beispiel freiwillig dem überlasteten Stationsarzt bei der Erledigung seiner Büroarbeit behilflich sein; sie wird an die Kinder in der Kinderabteilung denken und ihnen in Absprache mit der Oberschwester zu besonderen Anlässen kleine Aufmerksamkeiten zukommen lassen. Voller Elan schafft sie eine Arbeitsumgebung, die von gegenseitiger Unterstützung geprägt ist und dazu beiträgt, daß sich die Fähigkeiten ihrer Kollegen und Kolleginnen, die sie von Anfang an gefördert hat, entwickeln können. Gleichzeitig ist ihr durchaus bewußt, daß ihre Hilfsbereitschaft strategischen Zielen und den eigenen Ambitionen dient.

Wenn ZWEIER andere unterstützen, damit diese ihre Ziele erreichen, befriedigt und erfüllt sie das in einer Weise, die anderen meist verborgen bleibt.

Sind ZWEIER frustriert, weil es an Resonanz mangelt – erhält zum Beispiel die Krankenschwester keine Anerkennung für die von ihr erbrachten Opfer an Zeit und Energie, gibt sie zuviel, ohne entsprechende Gegenleistung zu erhalten –, kann der Fall eintreten, daß sie ihre Bemühungen bis zur Erschöpfung steigert. Werden ihre Anstrengungen aber weiterhin ignoriert oder wird die Krankenabteilung zu sehr von ihr abhängig, erreicht sie schließlich den Punkt, an dem sie sich letztendlich aufreibt.
Gefangen im Kreislauf, auf die Bedürfnisse anderer einzugehen, selbst aber zurückgewiesen zu werden, stellen ZWEIER jede Unterstützung ein. Die im Hintergrund agierende Krankenhausschwester wurde bislang von den eigenen Bedürfnissen motiviert: den persönlichen Erfolgen, die sie erringen konnte, wenn sie andere unterstützt, dem überheblichen Stolz, der sich ein-

stellte, wenn die anderen es »schaffen«. Nun erst, wenn sie ausgebrannt ist, ergibt sich die Gelegenheit, die für ZWEIER typische Motivation grundlegend zu ändern – sie zu einer menschlichen Hilfsbereitschaft, einem altruistischen Geben hinzuführen, die anderen eine wirkliche Hilfe sind. Aber sehr wenig ist nötig, um den Enthusiasmus eines ZWEIERS von neuem zu entfachen. Es reichen einfache Gesten der Anerkennung: »Dem Chef hat mein Bericht gefallen. Danke, daß Sie sich mit mir zusammengesetzt und mir Ihre Meinung dazu gesagt haben.«

ZWEIER, darauf fixiert, was andere brauchen, müssen lernen, ihre eigenen Bedürfnisse zu erkennen und sich selbst Hilfe und Unterstützung zukommen zu lassen. Falls sich wieder die Gelegenheit ergibt, die Kontrolle an sich zu reißen, ist es hilfreich, wenn Sie sich zurücknehmen und Ihren mechanischen Reaktionen – »ich kann das Treffen arrangieren; verlassen Sie sich auf mich« – widerstehen. Wenn sich das Bedürfnis meldet, anderen zu helfen, lautet die Schlüsselfrage: »Würde ich das, was ich anderen anbiete, auch mir selbst zukommen lassen?«

Um ZWEIER zu motivieren

- Schenken Sie ZWEIERN Aufmerksamkeit und Wärme; Sie sichern sich dadurch ihre Unterstützung und ihr Engagement. Ein persönliches Gespräch öffnet die Tür für effektive Arbeit. Persönlicher Kontakt, und seien es auch nur wenige Minuten, zeigt lang anhaltende Wirkung.
- Fördern Sie die persönliche Interaktion und gegenseitige Unterstützung. ZWEIER arbeiten im allgemeinen besser, wenn sie in ein Team eingebunden sind.
- ZWEIER neigen entweder dazu, ihren Stellenwert zu überschätzen, oder sind sich sehr unsicher, was ihr Selbstwertge-

fühl anbelangt. Helfen Sie ihnen, ihre Rolle und ihren Verantwortungsbereich klar zu definieren.

- ZWEIER fühlen sich durch Konflikte oder Meinungsverschiedenheiten bedroht. Erinnern Sie ZWEIER daran, daß sie trotzdem geschätzt werden. Vermitteln Sie ihnen die Sicherheit, ihre Meinung frei zu äußern. Geben Sie ihnen zu verstehen, daß sie nicht ständig nett sein müssen.
- ZWEIER hegen immer die Befürchtung, als dumm zu erscheinen. Erwarten Sie nicht, daß sie große Risiken auf sich nehmen. Geben Sie ihnen Zeit, Neues zu lernen. Sie lernen schnell, wenn sie sich an Vorbildern orientieren können.

Zeitmanagement

Geber leben in einer Zeit, die sich an ihren persönlichen Beziehungen orientiert. Sie haben das starke Bedürfnis, sofort zu reagieren, wenn jemand, der ihnen wichtig erscheint, eine Bitte vorbringt. Zusätze wie »das ist nicht so wichtig, machen Sie erst zu Ende, woran Sie gerade arbeiten« oder »das hat Zeit bis Montag« sind für ZWEIER leere Phrasen; was zählt, ist die sinngefüllte Zeit, für jemanden oder mit jemandem zu arbeiten, der von Bedeutung ist.

Selbst triviale Anfragen von wichtigen Personen lenken sie von ihren eigentlichen Prioritäten ab. Es fällt ZWEIERN leichter, ihre eigenen Arbeiten zurückzustellen und unmittelbar auf eine neue Bitte einzugehen, als das gesamte Wochenende darüber nachdenken zu müssen.

Die Zeit scheint regelrecht zu verfliegen, wenn die Interaktionen emotionale Aspekte beinhalten; unpersönliche Aufgaben scheinen hingegen ewig zu dauern. In Konferenzen können sich ZWEIER, ohne zu murren, langweilen, nicht weil sie außerstande wären, die nötige Aufmerksamkeit aufzubringen, sondern weil ihnen Inhalte ohne persönlichen Kontakt als Zeitverschwendung anmuten. Dieselbe eintönige Konferenz aber kann plötzlich zum Leben erwachen, wenn ein Vorgesetzter, der auf ihrer Gunstliste steht, die öden Zahlen und Fakten vorträgt. Ebenso werden sie sich leidenschaftlich in die Diskussion einmischen, wenn ein Verbündeter angegriffen wird, und sich später darüber wundern, wie schnell die Zeit vergangen ist.

Ihr inneres Zeitgefühl ist, unabhängig von den jeweiligen Inhalten, auf die Beziehungsdynamik zwischen den Teilnehmern eines Projekts gerichtet. Aus der Perspektive dieser persönlichen Zeitvorstellungen sind Projekte nur ein Punkt auf der großen Gefühlsskala, die anzeigt, welche Emotionen die einzelnen Mitarbeiter einander entgegenbringen; diese Gefühle nämlich sind es, die die Zeit überdauern.

Geber verrichten ihren Vollzeitjob und registrieren gleichzeitig die Fortschritte ihres Verbündeten. Es erscheint ihnen keineswegs unvereinbar, laufend verschiedene Terminpläne im Kopf zu haben oder sich um Freunde oder wichtige Personen zu kümmern, die an einer Konferenz teilnehmen, während sie selbst in einer eigenen Sitzung anwesend sind.

In ihrer Effizienz, die sie im Interesse der Beziehungen aufbringen, fördern ZWEIER andere oder verhalten sich so, damit sie nicht die Zustimmung ihrer Vorgesetzten verlieren. Daher wirken sie nach außen bemerkenswert unabhängig, wissen im tiefsten Inneren aber, wieviel Zeit sie aufbringen, um die Bedürfnisse anderer vorhersehen und ihnen entgegenkommen zu können.

Einem Vertreter wird es zum Beispiel sehr leicht gelingen, seine Quote zu erzielen, wenn er sich in Beziehung zu seinem Boß, seiner Abteilung oder seinem Unternehmen sehen kann. Es wird ihm sogar leichtfallen, eine Konferenz zu leiten, wenn er als Mitglied des Teams auftritt, das momentan zufällig im Rampenlicht steht. Ist er jedoch auf sich allein gestellt und von jeglichem Kontakt abgeschnitten, fühlt er sich wie gelähmt.

Geber sind fähige Mitarbeiter, die andere unterstützen, was sie aber äußerst nervös werden läßt, wenn sie befürchten müssen, sich in der Öffentlichkeit lächerlich zu machen. So kann ein Mitarbeiter der Planungsabteilung ein überaus vernünftiges, innovatives Programm ausarbeiten, das detailliert aufzeigt, wo das Unternehmen in fünf Jahren auf dem Markt zu positionieren sei, und es leidenschaftlich vertreten, wenn es unter dem Namen seines Vorgesetzten vorgestellt wird. Steht jedoch sein eigener Name darunter, wird er erst die Meinung seines Chefs einholen, um sich gegenüber der Öffentlichkeit abzusichern. Aus Angst vor öffentlicher Zurückweisung kann er vielleicht sogar völlig gehemmt sein.

Wie Sie ZWEIERN helfen können, mit der Zeit umzugehen

- ZWEIER versuchen die Bedürfnisse anderer zu erkennen und zu erfüllen. Helfen Sie ihnen, zwischen dem, was andere wirklich benötigen, und dem eigenen Bedürfnis nach Kontakt zu unterscheiden.
- ZWEIER neigen dazu, alle mit ihrer Hilfsbereitschaft und ihren Ratschlägen zu überschütten. Erinnern Sie sie daran, sich gelegentlich zurückzuhalten, damit auch andere zu Wort kommen, auch wenn dies mit zeitweiligen Verzögerungen verbunden sein sollte.
- Ermuntern Sie ZWEIER, sich auf ihre eigene Arbeit zu konzentrieren. Sie beschäftigen sich sonst zu sehr mit den Bedürfnissen und Gefühlen der Menschen in ihrer Umgebung. Es ist

leichter, sich mit anderen zu beschäftigen als mit sich selbst. Unterstützen Sie sie darin, Grenzen zu ziehen und andere ihre Probleme selbst austragen zu lassen.

- Obwohl ZWEIER Menschen mit einem starken Bedürfnis nach persönlichem Kontakt sind, profitieren sie davon, wenn sie für eine gewisse Zeit allein sind; es hilft ihnen, Ruhe und Konzentration zu gewinnen.
- In stressigen, chaotischen Situationen laufen ZWEIER Gefahr, zu erkranken oder sich zu verausgaben. Sie neigen dazu, die Gefühle und Probleme anderer in sich aufzunehmen. Vorgesetzte und Mitarbeiter sollten ZWEIER dann unterstützen, Möglichkeiten zu finden, für sich selbst zu sorgen.

Verhandlungsgespräche

Geübt darin, hinter den Kulissen zu agieren, werden ZWEIER wahrscheinlich versuchen, persönliche Informationen über Sie in Erfahrung zu bringen. Sie wollen wissen, wer Sie sind und welcher Ruf Ihnen vorauseilt. Reputation hat für ZWEIER weniger mit Geschäftserfolgen oder Zeugnissen zu tun, sondern wie Sie mit Vorgesetzten, Angestellten, Freunden und Bekannten umgehen. Sie werden vielleicht eine Sekretärin, einen Angestellten oder jemanden anrufen, von dem sie wissen, daß er sie mag. Ihre Strategie zielt darauf ab, mit Ihnen als Person in Beziehung zu treten, bevor die eigentlich anstehenden Themen verhandelt werden. Sie kennen die wichtigsten Punkte Ihrer Biographie und werden ihre Vorgehensweise danach ausrichten. Wenn Sie als harter Verhandlungspartner gelten, werden sie Ihnen ebenso entgegentreten; sind Sie bekannt als jemand, der gegenüber seinen Angestellten Nachsicht walten läßt, werden sich ZWEIER mit dieser Position arrangieren.

Es ist von Vorteil, wenn Sie es ermöglichen, daß Geber ihr Gesicht wahren können. Da sie auf Image und Zustimmung großen Wert legen, werden sie Ihnen Respekt entgegenbringen, wenn auch Sie ihnen in der Öffentlichkeit Achtung zollen. Auch wenn sie auf der anderen Seite des Tisches sitzen, wollen ZWEIER, daß sie gemocht werden.

Ihr Stolz läßt ZWEIER glauben, sie könnten jeden für sich gewinnen, weshalb Verhandlungen oft von einer freundlichen Atmosphäre geprägt sind. Sie hoffen, die Gespräche gehen glatt über die Bühne und der abschließende Handschlag hinterlasse auf beiden Seiten ein positives Gefühl. Scheint das Ergebnis jedoch zu einer Enttäuschung zu werden, vollziehen ZWEIER, in ihrem Stolz verletzt, eine Kehrtwendung, und plötzlich stehen Sie einem verwundeten Tiger gegenüber, der keine Kompromisse mehr kennt. Seien Sie darauf vorbereitet: ZWEIER, die in Streßsituationen die Position des Achters einnehmen, greifen an.

Ähnlich wie Sechser setzen sich ZWEIER entschieden für Benachteiligte oder Unterlegene ein. Motiviert durch das Bedürfnis, sich für eine Sache oder Person einzusetzen, an die sie glauben, können Geber öffentlich so ziemlich jeden vertreten – solange es nicht die eigene Person ist. Jane, die erfolgreich als Firmenberaterin arbeitete, sagte von sich, sie könne hervorragend für jene, an die sie glaubt, das Honorar aushandeln, tue sich aber sehr schwer, den eigenen Preis zu nennen. Geber können ausgezeichnet den Wert eines anderen bestimmen, geraten aber unter Druck, wenn sie ihren eigenen Wert festsetzen sollen. Leider stehen ZWEIER oftmals nur dann für sich ein, wenn sie sich als Opfer fühlen; dann, glauben sie, haben sie das Recht, aggressiv aufzutreten. Statt Verhandlungen eskalieren zu lassen, sollte dann lieber eine Pause eingelegt werden. Mehr als alle anderen Persönlichkeitstypen müssen ZWEIER ihre Wut loswerden und wollen dann wieder mit allen befreundet sein.

Aus- und Weiterbildung

Die Schlüsselstrategie der ZWEIER lautet, sich anderen anzupassen, um es ihnen recht zu machen; ihr Verhalten ist also immer auf das jeweilige Publikum ausgerichtet. In einem Ausbildungsseminar, in dem ständig faule Witze gerissen werden, geben sie ebenfalls ihren Teil an Scherzen zum besten. Handelt es sich um eine lernwillige Gruppe, setzen sich auch Geber die Hornbrille auf. Sie neigen dazu, sich den Gruppenerwartungen anzuschließen, stellen die gleichen Fragen, bekunden denselben Geschmack und dieselben Vorlieben wie die Gruppe und berichten von denselben Problemen beim Lernen. Ziehen Sie nicht den Schluß, daß die Person, die hier vor Ihnen steht, auch jene sein wird, die später am Arbeitsplatz erscheint.

Diese Anpassungsmechanismen werden eingesetzt, um Zustimmung zu gewinnen und Zurückweisung zu vermeiden. ZWEIER ziehen ihren Stolz daraus, den äußeren Anschein zu wahren; sie brauchen viel Zustimmung, und wenn sie einen Soloauftritt absolvieren sollen, müssen sie davor geschützt werden, sich lächerlich zu machen. Ausbilder sind die Autoritätspersonen, daher wollen ZWEIER von ihnen Anerkennung und Bestätigung. Sie wollen wissen, was der Ausbilder erwartet, und werden um Anleitung bitten. Erfahrene Ausbilder werden mit ihnen einen herzlichen, persönlichen Kontakt unterhalten, was den Lernprozeß fördert.

Die besten Ergebnisse werden erzielt, wenn ZWEIER einem realen oder imaginären Vorbild folgen können. Detaillierte Richtlinien oder Verfahrensweisen interessieren sie nicht. Anders als Einser folgen sie nicht den »Buchstaben des Gesetzes«, können aber jedes Vorbild, das der Ausbilder vorgibt, verkörpern. ZWEIER versetzen sich in die von ihnen erwartete Rolle. Sie wollen wissen, wie sie auszusehen und wie sie sich zu verhalten haben, um ihren Aufgaben gerecht zu werden. Erst wenn sie sich in ihrer Rolle sicher fühlen, beschäftigen sie sich mit inhaltlichen Fragen.

Besonders hilfreich sind Videosequenzen zu typischen Vertretern ihres Berufs; ZWEIER wollen nicht nur die klar geforderten Kenntnisse, sondern auch die unausgesprochenen Qualifikationen erfahren. »Wie sieht jemand aus, der kompetent seinen Job verrichtet?« Bilden Sie zum Beispiel Chefsekretäre aus, werden diese – neben den notwendigen Fachkenntnissen – auch Einzelheiten erfahren wollen wie etwa, ob sie mit der Zeit ihres Chefs restriktiv umgehen oder anderen Zugang zu ihm gestatten sollen.

Obwohl sie es nicht auf direkte Anerkennung abgesehen haben, besteht bei ZWEIERN ein großes Bedürfnis nach persönlichem Kontakt. Da es für sie schwierig ist, dieses Bedürfnis direkt zu äußern, wissen Ausbilder, die ihnen nicht genügend Zustimmung schenken, oft nicht, was der Grund für die zeitweilige Irritation ist. Ausbilder müssen nicht in überschwengliche Schwärmerei verfallen, sollten aber darauf achten, daß sie genügend Lob verteilen; aus der warmen Herzlichkeit der ZWEIER wird sonst sehr schnell Abneigung, sie wirken unbeständig und unzuverlässig. Durch freundlichen Kontakt ist ihr Interesse jedoch sehr schnell wieder zu wecken. Anders als Einser oder Achter verharren sie nicht in einer starren Haltung. Mehr als alle anderen Typen vergessen sie ihren Zorn recht schnell.

Der Fall des ZWEIERS, der die Tugend seines Persönlichkeitstyps fand

Der seit einziger Zeit andauernde Streik war für beide Seiten nicht zu gewinnen, die Verhandlungen hatten sich festgefahren. Durch kurzfristig eingestellte Ersatzkräfte konnte der Betrieb des Unternehmens bislang aufrechterhalten werden, die Erträge jedoch sind kräftig gesunken, und die Produktion fällt immer mehr zurück. Die Gewerkschaft konnte einige Zugeständnisse – höhere Löhne und Arbeitsplatzgarantien – erringen, aber das Ergebnis fiel doch sehr viel niedriger aus als erwartet. Sowohl die Firma als auch die Gewerkschaft wurden durch den Umstand kompromittiert, daß viele der Streikbrecher Gewerkschaftsmitglieder waren. Die Verhandlungen in dieser Phase zielen nun darauf ab, einen Ausweg zu finden, mit dem beide Seiten ihr Gesicht wahren können. Natürlich werden die gesetzlichen Rahmenbedingungen und die Faktenlage das Ergebnis der Verhandlungen bestimmen; wie die Einigung dann aber im einzelnen aussieht, hängt doch sehr von den jeweiligen Persönlichkeiten ab, die die Verhandlungen führen.

Zwei neue Figuren betreten am Ende der langen, erbitterten Verhandlungen die Bühne. Der Personalchef ist ein ZWEIER, ein Geber. Er hatte gehofft, frischen Wind in die Verhandlungen zu bringen, die Gewerkschaft jedoch spielte dasselbe Spiel und schickte ebenfalls einen neuen Verhandlungsführer, einen Vierer, in die Runde. Sie sollen die Frage lösen, wie mit den Streikbrechern – sowohl den Gewerkschaftsmitgliedern als auch den neueingestellten Arbeitern – zu verfahren sei; ein Thema, das bereits das Interesse der Medien auf sich gezogen hat. Während eines anderen Streiks hatte der Gewerkschaftsvertreter erfolgreich dafür plädiert, Streikbrecher zu entlassen; die Gewerkschaft erwartet nun von ihm in diesem Fall dasselbe.

Typische Verhaltensweisen

Der ZWEIER-Personalchef kennt seinen Opponenten aus den Fernsehnachrichten. Er ist beeindruckt von dessen leidenschaftlicher Rhetorik und hofft, daß die Verhandlungen nicht zu einer Redeschlacht ausarten. Der Personalchef ist selbst ein guter Redner, für ihn aber geht es hier nicht um medienwirksame Auftritte; für ihn stehen persönliche Beziehungen auf dem Spiel. Er hat sowohl unter den Streikbrechern Freunde als auch unter den Streikenden, die vor dem Haupttor ihre Wache aufgestellt haben, und fühlt sich zwischen beiden Fraktionen hin und her gerissen.

Bis zu diesem Punkt hatte er, charakteristisch für Geber, hinter den Kulissen agiert und die Verhandlungen in Richtung Einigung vorangetrieben. Er rühmt sich der Tatsache, mit allen auszukommen, und bewegt sich problemlos zwischen Gruppen, die sonst kein Wort miteinander sprechen, so daß er die Brücke zwischen den verschiedenen Konfliktparteien darstellt.

Er sieht sich und seine Hilfsbereitschaft in starkem Kontrast zu seinem Gegenüber, den er als Propagandisten bezeichnet, der »sie gegen uns« aufwiegelt. Aber es verletzt seinen Stolz, daß ihn der Gewerkschaftsunterhändler wahrscheinlich als jemanden sieht, der keine Prinzipien vertritt. Jawohl, er will, daß die Streikbrecher ihren Job nicht verlieren, und er will auch die Zustimmung und das Wohlwollen der Streikenden. Was ist daran verkehrt?

Der tragisch-romantische Vierer jedoch hat soeben eine Reihe von öffentlichen Auftritten hinter sich, bei denen er sich in seiner Eloquenz üben durfte. Seine Worte sind geprägt von einem gehörigen Maß an Leidenschaft. Er stammt aus einer Familie, deren Vertreter bereits in dritter Generation der Gewerkschaft angehören, und er verpackt sein Anliegen in einer für Vierer bezeichnenden Weise. Sein Standpunkt während der Verhandlungen rückt den Konflikt vor den historischen Horizont: Es handle sich hier nicht nur um eine Auseinandersetzung zwischen einer Gewerkschaft und einem Unternehmen, sondern um den symbolischen Konflikt zwischen der Macht gewerkschaftlicher Solidarität und dem unseligen Übel des kapitalistischen Wirtschaftssystems. Die Tatsache, daß die Gewerkschaftsmacht angesichts der wachsenden Zahl an Unternehmen mit Mitarbeiterbeteiligung landesweit geschwächt wird, kümmere ihn dabei herzlich wenig. Auch wenn seine Mitgenossen in der Gewerkschaft die Wahrheit noch nicht sehen wollen, sei er davon überzeugt, daß eine Unternehmensführung mit Beteiligung der Mitarbeiter nur den Versuch darstellt, den Arbeitern und Angestellten auch noch das letzte an Verhandlungsstärke zu rauben, das ihnen geblieben ist.

Der Personalchef, dem er nun gegenübertritt, verkörpert für ihn ganz klar das Unternehmen, das die Macht der Gewerkschaften auszuhöhlen versucht. Für ihn ist er nur ein Ausverkäufer, ein Schmeichler und Kriecher, der niemals persönliches Leid erfahren hatte; eine privilegierte Person, die allein schon wegen ihres sozialen Status anzuprangern ist.

Ihm gegenüber am Tisch nimmt der ZWEIER-Personalchef einen erfahrenen und gefährlichen, in das Gewerkschaftsbanner gehüllten Schauspieler wahr. Gewerkschaften sind für ihn altmodische Organisationen – man muß sich nur diesen Fanatiker ansehen, der hier glaubt, Macht ausüben zu können. Der Personalchef weiß, die Situation ist vertrackt. Der Betrieb des Unternehmens konnte fortgeführt werden und machte während des gesamten Streiks sogar einen bescheidenen Profit. Warum, fragt er sich laut im dichtgedrängten Verhandlungsraum, sollte er die

Streikbrecher bestrafen, jene Leute also, die das Unternehmen unterstützten und die Produktion sicherten?
Die Antwort seitens der Gewerkschaft kommt schnell, klar und eindeutig. Die Streikbrecher gehörten bestraft, um die wieder angestellten Streikenden zu versöhnen; ansonsten könne es keine Einigung geben. Der tragische Romantiker, der sich nun zur Verteidigung seiner Sache von seinem Platz erhebt, skizziert mit leidenschaftlichen Worten den Hauptverhandlungspunkt: Die Streikbrecher müßten entlassen werden, denn sonst hätten die Streikenden umsonst Opfer gebracht. Die Stärke der Gewerkschaft hänge von der Zahl ihrer Mitglieder ab, und diese Deserteure profitierten von ihrem Verrat.
Einmal auf den Beinen, sieht sich der Vierer als jemanden, der ganz allein der Gewerkschaftsbewegung neues Leben einflößen könnte – der richtige Mann zur rechten Zeit am richtigen Ort; er sieht sich bereits vom Hauch der Geschichte gestreift. Im Raum wird es still. Von seinem eigenen rhetorischen Feuer entfacht, setzt er sich und bemerkt auf dem Tisch einen Zettel liegen. Er stammt vom ZWEIER-Personalchef, der um ein privates Treffen bittet.

Das Blatt wendet sich

Der Personalchef weiß, daß er und sein Gegenüber die Pattsituation durchbrechen müssen, sollen die Verhandlungen nicht als gescheitert gelten. Obwohl er dabei einen Wutanfall des Vierers riskiert, übernimmt der ZWEIER die Initiative: »Sie wissen, daß Sie verloren haben. Der Betrieb des Unternehmens ist gesichert. Wir könnten unbegrenzt durchhalten. Klar, wir machen weniger Gewinn als vor dem Streik, aber wir sind in der Profitzone. Während Sie jeden Monat Streikgeld zu zahlen haben, ohne auf Ein-

nahmen zurückgreifen zu können. Wie lange können Sie sich das noch leisten?«
Der ZWEIER haßt es zwar, nicht gemocht zu werden, dennoch fährt er fort: »Ich bin stolz darauf, Menschen auf beiden Seiten zu kennen. Wie Sie gesagt haben, einige der ›Streikbrecher‹ hätten wir nicht eingestellt, wäre der Streik nicht gewesen. Aber einige ausgezeichnete Arbeiter sind zu uns übergelaufen, damit ihr Unternehmen überleben konnte. Tatsächlich habe ich selbst einige dazu überredet, und ich werde sie nun nicht fallenlassen.«
Beide fühlen sich wie Verlierer. Die Situation ist für beide definitiv nicht zu gewinnen.
»Welchen Vorschlag haben Sie zu unterbreiten?« fragt der Vierer.
Der ZWEIER reagiert sofort. Er ist es gewohnt, zu erkennen, was andere nötig haben, und weiß, daß der Gewerkschaftsführer »gerettet« werden muß.
»Wir geben für die Zehn-Uhr-Nachrichten eine Stellungnahme bekannt«, sagt der ZWEIER. »Das Unternehmen wird sich bereit erklären, alle wieder einzustellen, die für die bereits ausgehandelten Lohnerhöhungen in Streik getreten sind. Dann, wenn sich die ganze Aufregung gelegt hat, werden wir von Fall zu Fall individuell entscheiden, welche Streikbrecher in ein permanentes Beschäftigungsverhältnis übernommen werden.«
Der Vierer verspürt das euphorische Gefühl, den Sieg vor sich zu sehen. Wenigstens hat er erreicht, daß die Gewerkschaft auch weiterhin im Unternehmen vertreten ist. Die Mitgliederzahlen werden nicht sinken. Er ringt dem Personalchef die Zusicherung ab, daß der gewerkschaftliche Vertrauensmann bei den Wiedereinstellungen anwesend ist. »Einige der Streikbrecher müssen daran glauben.« So die kleinlaute Rechtfertigung, um sich seinen Platz in der Geschichte zu sichern. Der ZWEIER antwortet nicht.

Beide geben sich mechanisch die Hand und einigen sich auf eine Presseverlautbarung, in der das Dilemma um die Wiedereinstellungen nicht erwähnt werden soll. Der tragische Romantiker fühlt sich überraschend zufrieden. Es ist zwar kein geschichtlicher Wendepunkt, den er hier erreicht hat, aber die Gewerkschaftsmitglieder werden verstehen, daß er sein Bestes gegeben hat.

Dem Personalchef allerdings wird plötzlich bewußt, daß er soeben dabei ist, sich direkt in die Hölle der ZWEIER zu begeben. Er wird mit Vertretern der Unternehmensleitung, Beobachtern von außen und dem gewerkschaftlichen Vertrauensmann im Einstellungskomitee sitzen und von Fall zu Fall, von Arbeiter zu Arbeiter entscheiden, ob er eingestellt oder gefeuert werden soll; schon jetzt spürt er, wie sich sein Körper bei jeder unliebsamen Entscheidung zusammenzieht. Er wird keine Fäden mehr im Hintergrund ziehen können und keine Möglichkeit haben, den Ausgang zu beeinflussen.

Lösung

Etwa eine Woche lang litt der Personalchef unter dieser Demütigung. Ihm war nicht bewußt gewesen, wieviel Macht er in seiner Geber-Rolle hatte, bis sie ihm weggenommen wurde. Nun scheut er davor zurück, sich unter Menschen zu begeben. Es war nicht der Ausgang des Streiks; in Wahrheit hatten beide Seiten etwas gewonnen, sogar die Presse hatte sich positiv über die vernünftige Entscheidung geäußert.

Wenn er alles ehrlich betrachtet, ging es um ihn selbst. Es ging darum, daß er in der Öffentlichkeit auftreten mußte, bar der Macht, die ihm in den Augen anderer Sicherheit verlieh. Aber was hätte er denn sonst tun können? Erfahren im Umgang mit Macht, hatte er seine Stärken – den Zugang zu allen Fraktionen im Unternehmen – ausgespielt, um die bestmögliche Lösung zu erzielen. Er hat keine Schuldgefühle, aber er leidet, denn sein Stolz zwingt ihn, es allen recht zu machen.

Der ZWEIER-Personalchef hat drei Möglichkeiten. Er kann sich zurückziehen, bis er sich wieder gebraucht fühlt, und das Einstellungskomitee so schnell wie möglich verlassen. Er kann seine Demütigung stoisch ertragen und vorgeben, es mache ihm nichts aus, daß sein Urteil öffentlich bewertet wird. Oder er kann sich dem blinden Fleck in seinem Denken nähern und – ohne sich notwendigerweise dessen bewußt zu sein – einen Schritt in die richtige Richtung tun, um so für sein seelisches Wohlergehen zu sorgen.

Selbstbeobachtung

Wie alle Enneagramm-Typen müssen ZWEIER lernen, daß es einen Weg gibt, um überkommene emotionale Überlebensstrategien zu ändern. Der Personalchef leidet unter seiner Leidenschaft des Stolzes. Auch wenn sein Handeln seiner Meinung nach ehrenwert ist, fühlt er sich zurückgewiesen, wenn andere nicht mit ihm übereinstimmen.

Wenn er jedoch – aus einer gewissen Distanz heraus – sich selbst im Zustand der Demütigung betrachten würde, könnte er zwischen Mitarbeitern unterscheiden, die ihn mögen, weil er sich ihrer Bedürfnisse annimmt, anderen, denen er einfach gleichgültig ist, und jenen, die ihn – bezeichnenderweise – als Person schätzen, obwohl er ihnen niemals etwas hat zukommen lassen. Diese Unterscheidung wird Demut genannt – sich seines wahren Wertes für andere bewußt zu sein; eine Tugend, die nichts mit dem Geben zu tun hat, das Zustimmung erheischen möchte.

Punkt Drei: Der Dynamiker

Entsprechende Bezeichnungen: der Erfolgsmensch, der Macher, der Experte für alles

Motto: Ich bin, was ich mache.

Vorstellung: Die Welt liebt Sieger; für Verlierer bleibt nichts.

Wahrnehmungsperspektive: Aufgaben, Ziele und Ergebnisse.

Art der Informationsverarbeitung: »Konvergentes Denken«: Was unter anderen Bedingungen funktionierte, wird auf die gegenwärtigen Aufgaben übertragen.

Blinder Fleck: Mißerfolg.

Entwicklungspotential: Zugang zu den eigenen Gefühlen entwickeln.

Geistiger Weg: Nicht nur sich und der eigenen Rolle, sondern dem Arbeitsprozeß vertrauen.

Leidenschaft: Täuschung – übertriebene Selbsteinschätzung der eigenen Fähigkeiten.

Tugend: Ehrlichkeit – objektive Einschätzung der eigenen Fähigkeiten.

Inspiration durch: Hoffnung.

Führungsstil: »Wenn Sie keinen Tritt in den Hintern wollen, dann stellen Sie sich mir nicht in den Weg.« Fließbandproduktion: Quantität kommt vor Qualität; Mitarbeiter müssen sich anstrengen, um Schritt zu halten.

Erscheinung auf andere: Energisch, optimistisch; jemand, der die Sache selbst in die Hand nimmt; Paradebeispiel des Berufs.

Typische Konflikte: Andere fühlen sich ausgebeutet. DREIER delegieren und übernehmen die Leitung, ohne sich mit anderen abzusprechen: Entweder machen die anderen mit, oder sie sind draußen.

»Sofortmaßnahmen«: Intervenieren Sie nur dann, wenn sich sowieso eine Pause im Arbeitsablauf des DREIERS ergibt. Will man ihre Aufmerksamkeit gewinnen, lauten die magischen Worte: »So geht das nicht«, worauf konstruktive Vorschläge folgen sollten. Als DREIER sollten Sie sich immer wieder fragen: »Welche Gefühle stellen sich bei mir ein?«

Die von DREIERN ausgesandten Signale

Positiv: Ihr anspruchsvolles, positives Selbstbild und ihre Hingabe an die Arbeit reißen andere mit. DREIER wecken bei anderen Hoffnung.

Negativ: DREIER geben sich ein künstliches Image, das von Gruppe zu Gruppe unterschiedlich ist und andere zufriedenstellen soll. Mitarbeiter, besonders deren Gefühle, scheinen ihnen gleichgültig zu sein. Ziele und Ergebnisse zählen mehr als Menschen.

Ambivalent: DREIER agieren in Rollen. Für Mitarbeiter ist das oft verwirrend – DREIER sind Verbündete, wenn Allianzen notwendig sind, unterstützen andere, wenn es ihre Aufgabe erfordert, und werden zu Konkurrenten, wenn sich die Rollen ändern.

Sicherheitsreaktion an Punkt Sechs: Persönliche Gefühle stellen sich ein. Es ist an der Zeit, innezuhalten und nachzudenken, was paradoxerweise Fragen und Ängste aufwirft. Sechs ist der Ort, an dem Tätigkeiten entdeckt werden, die nicht nützlich, sondern sinnvoll sind.

Streß-/Risikoreaktion an Punkt Neun: Da DREIER immer mehrere Dinge tun müssen, sind arbeitsarme Phasen ein großer

Streßfaktor; die Aufmerksamkeit verlagert sich auf Teilgebiete, Details, Kleinigkeiten, so daß DREIER immer beschäftigt sind.

Arbeitet am besten in: von Konkurrenz bestimmten Umgebungen mit Karriereleitern und einem klaren Prämiensystem für Leistung. Gehalt, Titel und Rangstufen mit Entscheidungskompetenz sind Anreize.

Hat Probleme in: Berufen mit Phasen scheinbarer Inaktivität und ohne klare Strategie. DREIER sitzen nur ungern untätig herum und reden über Konzepte, Entscheidungsrevisionen oder lassen sich durch Fragen aufhalten.

Wird in der Arbeitswelt vorzugsweise eingesetzt: im Marketing, Verkauf und in der Werbung; während schneller Expansionsphasen, in Situationen, in denen es auf Effizienz, Geradlinigkeit und schnellen Kurswechsel ankommt.

Sind Sie ein DREIER?

DREIER sind die Prototypen des hochmotivierten, leistungsbereiten Arbeiters. Als DREIER sind Sie ganz auf Ihre Aufgaben fixiert und laufen zu Hochform auf, um im harten Wettbewerb zu den Gewinnern zu zählen. Sie glauben, die Welt beachte nur die Sieger, also wollen Sie so schnell und effizient wie möglich auf das Siegertreppchen. Sie haben immer mehrere Projekte an der Hand und konzentrieren sich bereits auf das nächste Ziel, obwohl die gegenwärtigen Aufgaben noch nicht abgeschlossen sind. Sie lieben es, mit Aktivitäten völlig ausgefüllt zu sein, weshalb Sie vieles einfach verkürzen; die Angst zu versagen treibt Sie an.

Das Tempo zu vermindern, sich zu entspannen, empfinden Sie als regelrechte Bedrohung, vor allem dann, wenn Sie »herumsitzen« und über Ihre Gefühle reden sollen. Emotionen sind gleichbedeutend mit Chaos, sie sind unproduktiv und tragen nichts zur Erledigung der Arbeit bei. Wenn Gefühle zur Sprache kommen, wechseln Sie die Gangart und wenden sich schnellstens der nächsten Aufgabe zu. Sie glauben, Sie könnten alles in Gang bringen, wenn Sie nur genügend Energie investieren.

Die Menschen, mit denen Sie zusammenarbeiten, empfinden Ihre arbeitswütigen Neigungen oft als herzlos. Aber dabei handelt es sich, Ihrer Meinung nach, ja gerade um jene Mitarbeiter, die gerne herumstehen und ihre Zeit verschwenden, während die Konkurrenz nicht schläft. Es macht Sie ganz krank, wenn Sie nur daran denken, Sie könnten lediglich Zweitbester sein; also malen Sie sich aus, was Ihre Mitarbeiter hören wollen, präsentieren ihnen das entsprechende Image und verkaufen ihnen Ihren Strategieplan. Wenn sie ihn erst mal »geschluckt« haben, ziehen Sie Ihren Plan durch – schnell und energisch, wobei Sie natürlich eine gute Figur abgeben.

DREIER sind immer darauf angewiesen, ein überzeugendes Image zu verkaufen. Peter ist in dieser Hinsicht ein prototypischer DREIER. Das Bild, das er von sich nach außen kehrt, und seine Erfolgsorientiertheit retteten das Projekt, das bereits vollkommen festgefahren schien.

Peters Team dachte, es könnte sich auf ein Bankenkonsortium verlassen, um den letzten Teil eines noch unerschlossenen Immobiliengeländes zu erwerben. Kurz vor dem Wochenende allerdings schickte die Bank, die mit der Federführung des Projekts betraut war, ein Fax mit der Mitteilung: »Unsere Position hat sich geändert. Wir müssen das Projekt einer weiteren Prüfung unterziehen.«

Peter ist verzweifelt; ohne die Unterstützung dieser Bank ist das

Projekt tot. Allerdings läßt er sich das unter keinen Umständen anmerken. Er setzt seine Gewinnerfassade auf, schaltet alle Gefühle aus und reißt die Initiative an sich; er versammelt sein Team und sagt ihnen, ohne die geringste Ahnung zu haben, was er tun soll: »Keine Angst. Ich habe einen Plan. Macht euch auf einiges gefaßt, das wird eine ganz große Sache. Genießt das Wochenende, und am Montag treffen wir uns in alter Frische.«
Es muß eine Lösung geben, und er wagt nicht eher zu ruhen, bis er sie findet. Den gesamten Abend zerbricht er sich den Kopf, und als er die richtige Idee hat, ruft er –Wochenende hin oder her – am nächsten Morgen den Vorstand der kleinsten Bank im Konsortium an und erklärt, was geschehen ist.
Der Anruf ist entscheidend. Bevor er zum Telefon greift, vergegenwärtigt er sich seine Situation. Er stellt sich vor, er säße dem Banker am Tisch gegenüber und sei von sich und dem Projekt, das er repräsentiert, voll und ganz überzeugt. Die geringsten Zweifel werden aus seinem Bewußtsein verbannt, und er konzentriert sich auf die positiven Argumente, die er vorzutragen hat. Jeder Punkt muß sitzen, er weiß, daß er vollkommen überzeugend ein Argument auf das nächste aufbauen muß. Er glaubt, er besitze die Lösung, und wird den Banker davon überzeugen, daß dem so ist.
»Wissen Sie«, sagt er dann während des Gesprächs eher beiläufig, »in unserer Situation könnten wir jederzeit noch einige Banken mit hinzuziehen oder den verbliebenen Partnern weitere Dollars entlocken. Aber ich habe eine andere Idee. Warum ergreifen *Sie* nicht die Gelegenheit und sorgen für Furore? Statt sich mit einer bescheidenen Rolle abzugeben, könnten Sie sich an die Spitze setzen! Übernehmen Sie die Federführung – und setzen Sie Ihren Namen unter das Projekt.«

Noch am Samstag hatten sie das Gerüst des Vertrags ausgearbeitet, und Peter überlegte sich eine Strategie, um die neue Version seinem Team zu verkaufen.

Wie Dreier Informationen verarbeiten

Nichts, was Peter sagt, ist eine offensichtliche Lüge, allerdings präsentiert er die Fakten geschönt und verfälscht. In spirituellen Traditionen wird dieses Verhaltensmuster mit Eitelkeit in Verbindung gebracht. Peter gehört zum Typus des Mönchs, der sich und anderen über das wahre Ausmaß seiner Fähigkeiten etwas vormacht. Dabei unterscheidet sich sein Verhalten, das er gegenüber sich selbst an den Tag legt, nicht vom Verhalten gegenüber anderen. Er muß an seine Fähigkeiten glauben, um andere überzeugen zu können. Da er über energische Führungsqualitäten verfügt, wartet er nicht, bis Fragen oder Zweifel auftauchen. Sein Handeln verläuft so schnell, daß nur Zeit für positive Resonanz bleibt – was ihm dazu verhilft, an sein Ziel zu gelangen. Nicht daß er sich bewußt entscheidet, negative Reaktionen zu ignorieren; sie gelangen einfach nicht in sein Wahrnehmungsfeld.

Jeder Dreier wird Erfolg anders definieren, immer aber zielt er auf den Sieg in einer von Konkurrenz geprägten Umgebung ab. Im akademischen Umfeld hieße dies, daß Dreier-Wissenschaftler ihre Artikel in einem Fachblatt veröffentlichen möchten; für Vertreter, daß sie während der Jahresversammlung auf die Bühne gerufen und als die Mitarbeiter mit den höchsten Abschlüssen geehrt werden. Entscheidend ist in jedem Fall nur, daß ihn die jeweiligen Kollegen als erfolgreich ansehen.

Ergeben sich potentiell erfolgreiche Projekte, wechseln Dreier zu einem Aufmerksamkeitsstil, der »konvergentes Denken« ge-

nannt wird. Durch Peters Wahrnehmungsperspektive betrachtet, gewinnt das Erschließungsprojekt überragende Bedeutung. Seine Aufmerksamkeit ist so sehr darauf fixiert, daß er seine Qualitäten, seine beruflichen Kontakte, selbst sein Privatleben nur noch unter dem Gesichtspunkt dieses Projekts sieht.
Während das Projekt immer konkretere Formen annimmt, engt sich seine Aufmerksamkeit auf jene kritischen Punkte ein, die entscheidend für dessen Realisierung sind. Er nimmt Menschen nicht mehr als Menschen wahr, sondern beginnt, ihre Fähigkeiten zu »rekrutieren«. Aus jedem Gespräch hört er nur das heraus, was dem Projekt möglicherweise zugute kommen kann, und sichert sich die Unterstützung aller, mit denen er zusammentrifft. Andere, parallel laufende Projekte werden verschoben, damit er sich ganz dem zuwenden kann, was nun oberste Priorität hat. In Gedanken geht er ähnliche Projekte durch (mögen sie auch lange zurückliegen) sowie alle Lösungen, die bei entsprechenden Situationen gefunden wurden. In seinem Denken laufen alle Informationen beim Erschließungsprojekt zusammen – gleichgültig, aus welchen Quellen sie stammen –, während irrelevante Daten einfach durch das Raster fallen.

Dreier bei der Arbeit

Dreier sind auf Ergebnisse fixiert, was schon immer Peters Stärke gewesen war. Er kann sich an Lehrer und andere Erwachsene erinnern, die ihn für seine Talente gelobt hatten; seine Gefühle schienen niemals eine Rolle gespielt zu haben. Da er erkannte, daß ihm für seine Leistungen Aufmerksamkeit zuteil wurde, setzte er sich immer neue Ziele, unterdrückte seine Gefühle, arbeitete hart und gewann. Mit der Zeit legte er immer mehr Wert auf Prestige und die materiellen Vorteile beruflichgesellschaftlichen Erfolgs, so daß ihm kaum auffiel, wie seine Gefühle dabei auf der Strecke blieben.

Als DREIER verstehen Sie den Satz: »Ich bin, was ich mache.« Wie ein geschickter Schauspieler verändern Sie Ihr Auftreten und Aussehen, abhängig von den verschiedenen Ereignissen, die Sie tagtäglich durcheilen. Beim Treffen mit dem Vorstand geben Sie sich anders als bei einer Visite vor Ort; Sie ändern Ihr Image, um den Eindruck, den Sie erzielen wollen, zu verstärken.

Bilder aber können trügen. Ihr Image, das darauf zugeschnitten ist, eine bestimmte Wirkung auszuüben, drückt nicht unbedingt Ihre Bedürfnisse aus. In Ihrer Vorstellung sind Sie davon überzeugt, daß Gewinner in der Öffentlichkeit hohes Ansehen genießen. Daher finden Sie es vollkommen natürlich, sich ein Image zu verleihen, das den entsprechenden Eindruck hinterläßt. Und wenn sich der Erfolg dadurch steigern läßt, »werden Sie zu dem, was Sie machen«. Ihr Denken ordnet sich der aktuellen Aufgabe unter, Sie verwenden das entsprechende Vokabular und schlüpfen in Verhaltensweisen und Gebaren, die der Aufgabe angemessen sind.

Ein gelungener Urlaub besitzt einen »Produktivitäts-Faktor«, das heißt, man kann beim Golfspielen nicht nur einfach seinen Spaß haben; man muß hart an sich arbeiten, um sein Handicap zu verbessern.

Neben diesem äußeren Anschein übernehmen Sie jedoch auch die Emotionen, die die jeweiligen Aufgaben Ihrer Meinung nach erfordern, bis Sie so zum wandelnden Prototyp Ihres Berufs werden. Das alles kommt Ihnen natürlich zugute; für Ihr professionelles Auftreten wird Ihnen Vertrauen entgegengebracht.

Aber wenn Sie Ihre Arbeit hinter sich lassen, kann es Ihnen manchmal sehr schwer fallen, ein ganzes Wochenende lang nichts zu tun zu haben.

DREIER blühen auf in Berufen, die materielle Gegenleistungen wie Vergütungen, Gewinnanteile oder Beförderungen bieten. Daher fühlen sie sich in bürokratisch strukturierten Unternehmen wenig wohl. Wenn Sie sich als DREIER in einem Beruf wiederfinden, der Ihnen keine weiteren Aufstiegschancen bietet, werden Sie sich – wie Lisa, die Herausgeberin einer Heimwerker-Zeitschrift – nach einer neuen Karriere umsehen:

> *Wenn ich nicht am Schreibtisch sitze, ist das für mich wie eine Bestrafung. Und dann trete ich doch den längst überfälligen Urlaub an, und statt auf die Meereswellen zu blicken, sitze ich mit meinem Laptop und einem Stapel Manuskripte am Strand. Mehrere Male am Tag überprüfe ich die Voice-mail, und vorher habe ich jedem meine Faxnummer im Hotel gegeben, »nur für den Fall«.*
>
> *Meine Liebe gehört in Wahrheit der Arbeit; ich habe einen außergewöhnlichen kleinen Verlag aufgebaut, bei dem ich schreiben, lektorieren, gestalten und verkaufen kann – alles gleichzeitig. Ich muß hinzufügen, daß ich aus einer zehnjährigen Anstellung in einem Unternehmen geflohen war, das mir einen abartig hohen Betrag zahlte, damit ich jahraus, jahrein dieselbe Arbeit verrichte. Jetzt arbeite ich Tag und Nacht für viel weniger Geld, und ich finde es großartig.*

Menschen wie Lisa ziehen aus ihrer Beschäftigung das Gefühl der Kontrolle. DREIER, die aus dem Urlaub zurückkommen, werden vermutlich aufzählen, wie viele Länder sie bereist, auf wie vielen Golfplätzen sie gespielt haben oder wie viele Fachzeitschriften sie lesen mußten – statt einfach zu sagen, wie gut es war, sich richtig entspannen zu können.

Was Sie nicht vergessen sollten

Im Team müssen sich DREIER der Diskrepanz zwischen ihren beruflichen Alleingängen und den gemeinsam im Team errungenen Erfolgen stellen. Überzeugt, daß ihre Mitarbeiter ebenso darauf bedacht sind, in ihrem Beruf voranzukommen, besitzen DREIER einen natürlichen Hang zur Konkurrenz – was nicht immer zum Vorteil des Teams sein muß.

Man erinnere sich an Peter und sein erfolgreiches Immobilienerschließungsprojekt. Er war ein Solo-Spieler, und er hatte damit Erfolg. Er lud sich das gesamte Problem auf seine Schultern und schickte seine Mannschaft über das Wochenende nach Hause; aber warum hat er sich nicht mit ihnen beraten?

Peters von Wettbewerb geprägte Einzelkämpfermentalität läßt sich gegenwärtig an den Unternehmen im Silicon Valley ablesen, wo hastig neue Produkte entwickelt und augenblicklich auf den Markt geworfen werden. Expansion kommt den Stärken eines Dynamikers entgegen. In guten Zeiten will man seine Produktpalette erweitern und neue Märkte erschließen: »Nur weiter so.« In schlechten Zeiten neigen DREIER allerdings dazu, die Situation für besser und positiver auszugeben, als sie in Wirklichkeit ist.

Das Problem ist nur: Wenn Sie so sehr auf die Chancen fixiert sind, die sich Ihnen momentan eröffnen, werden Sie nur widerstrebend das Tempo rausnehmen, um sich wieder an den Zeichentisch zu begeben und zu versuchen, Ihr Produkt zu verbessern. Das ist der Grund dafür, warum den meisten High-Tech-Firmen frühzeitig die Luft ausgeht.

In der Zwischenzeit aber fühlen sich Ihre Mitarbeiter durch Ihre Entschlossenheit ausgebeutet – besonders, wenn Sie ohne weitere Absprache zu delegieren beginnen und die Führung an sich reißen. In Ihrer Sichtweise ist das notwendig, damit die Krise gemeistert werden kann. Ihr Einsatz könnte jedoch wesentlich effektiver sein, wenn Sie ein wenig Geduld zeigen, sich Fragen anhören, auf die Reaktionen achten und sich Zeit zum Nachdenken nehmen würden.
Ihr geistiger Weg handelt von Ehrlichkeit – statt anderen immer nur ein Image vorzugaukeln, sollten Sie versuchen, Sie selbst zu sein. Sie haben sich die gesamte Last aufgebürdet, statt dem Arbeitsprozeß zu vertrauen, der auch Sie mitträgt. Sie haben die Führung an sich gerissen, ohne Zutrauen in die Menschen in Ihrer Umgebung zu haben. Das Team wird zweifellos seinen Anteil übernehmen, wenn Sie zuhören und das Tempo zurückschrauben. Teamarbeit wäre effizienter und produktiver, wenn Sie sich nicht immer völlig verausgabten.

Ein abschließender Gedanke

Man kann nur eines – entweder bekommt man seinen Beruf auf die Reihe, oder man wird emotional.

Über Ihre Arbeit kann man Ihnen nichts vormachen, aber Sie haben einiges über Gefühle zu lernen. Ihre Überlebensstrategie beruht darauf, Gefühle zu ignorieren – Sie glauben, sie beeinträchtigen Ihre Arbeit. Gefühlsbetonte Menschen sind für Sie vielleicht sogar solche, die von ihren Emotionen behindert werden. Warum unterbinden Sechser, die Advokaten des Teufels, nicht einfach ihren Drang, immer Angst haben zu müssen? Warum können Vierer, tragische Romantiker, nicht ein etwas fröhlicheres Gemüt an den Tag legen? In der Eile, mit der Sie versuchen, Ihre Aufgaben zu erledigen, sehen Sie Gefühle nur als Probleme, die es zu lösen gilt. Für andere Persönlichkeitstypen stellen sie jedoch eine Bereicherung dar.

Ihre Wahrnehmungsperspektive konzentriert sich auf positive Resonanz. Sie sehen, was gelingt und wo Ihre Vorteile liegen, negative Signale lassen Sie unberücksichtigt. Sie glauben, Sie hätten keine Zeit, um sich auf unproduktive Zerstreuungen einlassen zu können; deshalb ignorieren Sie die Gefühle, die sich bei Ihnen äußern, und fahren mit Ihrer Arbeit fort. Gefühle gleiten von Ihnen ebenso ab wie negative Kritik: »Später – um Gefühle kümmere ich mich später. Momentan bin ich zu beschäftigt.«

Ihre auf Aktivitäten orientierte Wahrnehmung filtert alle Informationen, die Sie möglicherweise in Ihrem Tatendrang bremsen könnten. Ihre Aufmerksamkeit ist bereits auf den nächsten Schritt gerichtet, und wenn Sie diesen zur Hälfte hinter sich haben, überlegen Sie bereits, was für den übernächsten notwendig ist, ohne sich dazwischen eine Pause zu gönnen. Die Arbeit kann an sich erstaunlich langweilig sein, aber Sie brauchen sie, damit Sie die nächste Stufe auf der Leiter nicht aus dem Blick verlieren. Und erst dann, nach dem nächsten Karriereschritt oder der nächsten Gehaltserhöhung, glauben Sie sich entspannen zu können.

Mit der Zeit erklimmen Sie die Karriereleiter und sehen dabei andere unter demselben Blickwinkel, unter dem Sie auch sich selbst wahrnehmen – als effiziente Dynamiker. Und wenn Sie sich dann auf einer hoch genug angesiedelten Sprosse befinden, blikken Sie vielleicht um sich und stellen fest, daß Sie nicht wissen, was Sie fühlen. Es ist unbedingt notwendig, sich ins Gedächtnis zu rufen, daß Sie ein Mensch sind, keine menschliche Arbeitsmaschine, und mit sich selbst respektvoll umgehen; denn Ihr Wert als Mensch ist größer als Ihr Wert in Dollar oder DM.

Sicherheit und Streß

Dynamik der Veränderung für Punkt Drei

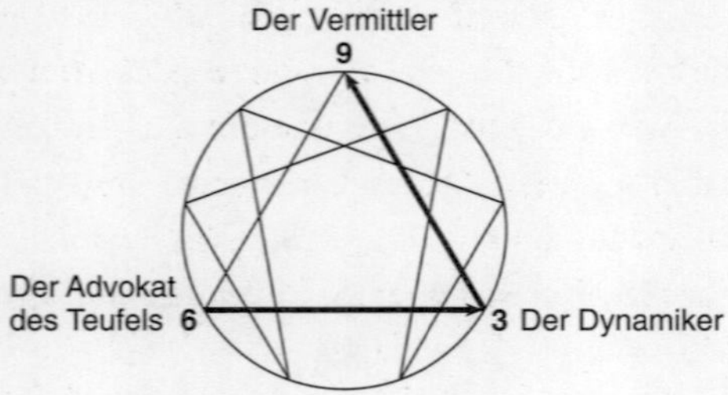

Sicherheitsreaktion an Punkt Sechs

Gute Zeiten können ironischerweise zur Identitätskrise führen. Wer sind Sie, wenn Sie nicht arbeiten? Worüber soll man reden? Die Gefühle, die sich einstellen, wenn Sie sich entspannen, können sehr verwirrend sein: »Was soll ich jetzt fühlen? Habe ich die richtigen Gefühle?« Manchmal erscheinen Ihnen Ihre Gefühle als nicht authentisch: »Vielleicht bilde ich mir das nur ein. Vielleicht gehört das zu meinem Image.« Ihre Stärken liegen in Ihrer Aufgaben- und Zielorientiertheit, die das Handeln dem Fühlen vorzieht. Es kann daher sehr lange dauern, bis Sie Ihre wahren Gefühle entdecken.

Die negative Seite Ihres Sicherheitspunktes Sechs äußert sich in der Sorge, Ihnen könnte Ihr wertvolles Image abhanden kommen. Werden andere Sie noch mögen, wenn Sie nur Sie selbst sind? Tatsächlich werden Sie durch Ihre Skepsis und Selbstzweifel an Beliebtheit gewinnen. Plötzlich wirken Sie nicht mehr skrupellos selbstbewußt, Sie legen kein schonungsloses Tempo mehr vor, das andere vorwärtstreibt. Wenn Sie sich sicher fühlen, gehen Sie alles ein wenig langsamer an und hinterfragen Ihre Vorgehensweise.

Es ist richtiggehend unheimlich, nur man selbst zu sein. Sie wollten andere niemals täuschen, aber nun fällt Ihnen auf, wie groß der Unterschied ist zwischen den Antworten, die ehrlich aus Ihnen selbst kommen, und dem Image, das Sie automatisch überstreifen, wenn Sie auf Anerkennung aus sind. Indem Sie sich selbst und andere als Menschen wahrnehmen und nicht als produzierende Maschinen, können Sie sich auch auf deren Gedanken einlassen, ihre Standpunkte annehmen und sich die Vielfalt Ihrer Umgebung zunutze machen.

Streß-/Risikoreaktion an Punkt Neun

Bei den ersten Anzeichen von Streß zieht sich jeder Persönlichkeitstyp auf seine Hauptverteidigungslinie zurück; für DREIER bedeutet dies, daß Sie an Tempo noch zulegen. Geschwindigkeitsverringerung löst Ängste aus, Untätigkeit ist für Sie feindliches Terrain. Wenn andere Persönlichkeitstypen froh sind, daß der Druck nachläßt, werfen Sie mehrere Bälle gleichzeitig in die Luft und versuchen, die Dinge ins Rollen zu bringen. Aktivität ist gleichbedeutend mit Kontrolle; solange Sie am Telefon oder in Bewegung sind, können Sie Ihren Ängsten davonlaufen.

Unter Streß wirken Sie nach außen hin entschlossen und engagiert. Die positive Energie, die Ihnen Ihre Handlungen verleihen, überträgt sich nach wie vor – aber nun reden Sie nicht von aktuellen Projekten, sondern von dem, was die Zukunft Ihnen bereithält. Je größer der Streß wird, um so fieberhafter versuchen Sie, neue Chancen zu ergreifen. Manche Bälle fallen zu Boden, jene aber, die in der Luft bleiben, beanspruchen den Großteil Ihrer Zeit und Aufmerksamkeit.

Daß Sie sich zur Position Neun, dem Vermittler, begeben haben, erkennen Sie daran, daß Sie ständig zu rechtfertigen versuchen, wie Sie mit Ihrer Zeit verfahren, und aufmerksam Hintergrundmaterial lesen, das Sie sonst ignorieren. Sie scheinen laufend mit trivialen Dingen beschäftigt zu sein, können sich aber nicht davon trennen, denn es bestünde ja die Möglichkeit, daß sich daraus wichtige Chancen ergeben.

Am Punkt Neun erkennen Sie aber auch den Unterschied zwischen bloßem Beschäftigtsein und tatsächlichen Prioritäten. In der Vergangenheit glaubten Sie, durch Arbeit Kontrolle erfahren zu können, waren in Wahrheit aber nur von Ihrem Drang nach Arbeit kontrolliert worden. Nun ist die Zeit, sich wieder Grundsätzliches ins Gedächtnis zu rufen und sich zu überlegen, was Sie wirklich wollen. Die Fähigkeit, andere zu mobilisieren, werden Sie niemals verlieren; anstatt zu denken, »ich bin, was ich mache«, sollten Sie – wie Lisa, die Zeitschriftenverlegerin – in den Aufgaben, die Sie wirklich gerne tun, Ihre Identität suchen.

Wie andere Dreier sehen

Kommunikation

Wenn es darauf ankommt, Konzepte in die Tat umzusetzen – seien es Multimillionen-Projekte oder die Anschaffung eines neuen Bürokopierers –, erfreuen sich Dynamiker durch ihre Zielorientiertheit allgemeiner Beliebtheit.

Bei der Präsentation von Konzepten werden, ähnlich wie bei einem Verkaufsgespräch, Informationen jedoch so verpackt, daß Risiken, Schwierigkeiten und Unwägbarkeiten möglichst ausgeschlossen werden. Dynamiker passen sich dabei in ihrem Vokabular, ihrer Redeweise und Körpersprache dem jeweiligen Publikum an. Intuitiv wechseln sie ihre öffentliche Rolle, um maximale Zustimmung zu erzielen. Sie verfügen über ein sehr feines Gespür dafür, was das Publikum will und was ihm gefällt.

DREIER beherrschen die Klaviatur der Publikumsbeeinflussung. Sie können Gefühle hervorrufen, ohne selbst welche zu empfinden; werden Emotionen verlangt, kann ein geschickter Dynamiker durch eine leichte Änderung seines Tonfalls und seiner Sprechweise das Publikum auf seine Seite ziehen.

Es überrascht daher nicht, daß sie, abhängig von Publikum und Anlaß, als unterschiedliche Persönlichkeiten auftreten. Kollegen können dies für bewußte Täuschung halten, DREIER jedoch sind davon überzeugt, daß dasselbe Produkt je nach Geschmack des potentiellen Kunden auf unterschiedliche Weise verkauft werden muß. Warum sollten Präsentationen und Vorträge nicht ebenfalls auf die jeweilige Zuhörerschaft zugeschnitten werden?

Der Energieaufwand, der nötig ist, um andere von einer Idee zu überzeugen, ist von der jeweiligen Käuferschicht abhängig, die Botschaft aber lautet immer gleich: »Das hier ist genau das, was Sie schon immer haben wollten.« Der Enthusiasmus der DREIER, ihr Unfehlbarkeitsanspruch, wirkt anziehend auf Menschen, die Zusicherung und Beteuerungen brauchen; die selbstbewußte Aussage »Kommen Sie in mein Team, und Sie werden zum Kreis der Gewinner gehören« reicht in vielen Fällen schon aus, um andere für sich einzunehmen.

Ein positives Image ist eine Möglichkeit, sich den Anschein des Erfolgreichen zu geben; und oft genügt dies bereits, um tatsächlich auch Erfolg zu haben.

Dynamiker können durch ihre Energie und Entschlossenheit – Konzeption und Ausführung sind eins – Zuhörer für sich gewinnen. Mitarbeiter mögen skeptisch sein, wie DREIER an Dinge herangehen, aber es dürfte ihnen schwerfallen, nicht im Fahrwasser eines zielorientierten DREIERS, der seine Vorstellungen realisieren möchte, mitgerissen zu werden.

Einmal in Fahrt gekommen, erscheinen DREIER als roboterhaft und gelten als oberflächlich und unpersönlich. Verkaufszahlen und die Dezibelstärke des ihnen dargebrachten Applauses ersetzen Gefühle und menschliche Nähe. Die Kommunikation konzentriert sich auf das, was unter dem Strich herauskommt; der Text zwischen den Zeilen liest sich: »Wettbewerb, verdienen, gewinnen. Nichts anderes zählt.«

Anderen bleibt das nicht verborgen. Kollegen geben oft zu verstehen, daß DREIER in der Eile, mit der sie ein Projekt durchziehen wollen, wichtige Fakten übersehen, daß sie Zuhörer mit ihrer schnellen Gedankenabfolge regelrecht überfallen. DREIER akzentuieren positive Lösungen; sie werfen keine schwerwiegenden Fragen auf. Vieles wird versprochen, und nichts dabei ist mit Risiken behaftet.

Dynamiker sind Menschen, die sich des Marktes sehr bewußt sind und sich als Musterbeispiel ihres Gewerbes präsentieren. Was das Publikum zu Gesicht bekommt, ist der Star, jemand, der voll und ganz hinter dem steht, was er vermittelt. Dem Layout von Präsentationen kommt dabei natürlich große Bedeutung zu.

Sind die Grafiken in den Publikationen eindrucksvoll? Ist das Verkaufspersonal, das sich dem Kunden stellt, präsentabel?
All das kann jenen ein Problem sein, die DREIER zwar als Person mögen, mit ihren beruflichen Auffassungen aber nicht einverstanden sind. Will man ihnen gegenüber seine Unzufriedenheit zum Ausdruck bringen, sollte man darauf achten, daß ihr Image nicht beschädigt wird. So empfehlen sich Sätze wie: »Ich schätze Ihre Fähigkeiten sehr, aber in diesem Punkt gehen unsere Meinungen auseinander.«

Nonverbale Kommunikation
Kollegen bemerken sicherlich, daß sich in Unterhaltungen schnell eine gewisse Arroganz einstellt. Nur wenige Minuten nachdem sie einem DREIER vorgestellt wurden, wissen sie alles über ihn, seine Erfolge, seinen Status, seine Verdienstspanne. Gesprächspartner werden »auf ihren Platz« verwiesen – der im Licht der Erfolge des DREIERS meist von geringerer Bedeutung ist.
Ähnlich gehen DREIER ihren gegenwärtigen Interessen auf Kosten anderer nach. Der Kollege eines Dynamikers, der wirklich am Bergsteigen interessiert ist, bekommt dann wahrscheinlich zu hören: »Das habe ich letztes Jahr auch schon gemacht, aber passen Sie auf, was ich jetzt vorhabe.« Dynamiker plustern sich auf, wenn sich die Aufmerksamkeit ihnen und ihren Aktivitäten zuwendet; ihre Energien erschlaffen aber sehr schnell, wenn jemand anderes im Mittelpunkt steht.
DREIER wollen Blickkontakt, damit sie wissen, wie sie ankommen. Dabei kann sich auf der Gegenseite ein positives Gefühl – »ist das toll« – einstellen, wobei die Gesprächspartner allerdings nach wie vor im unklaren sind, ob sie vom DREIER wirklich

gemocht werden. Unterhaltungen sind gewöhnlich nichts anderes als Vorträge über die Fortschritte am gerade aktuellen Projekt. Neue Kollegen, die dazu etwas beizutragen haben, werden mit großem Interesse empfangen; ansonsten müssen sie sich mit einem schnellen Handschlag begnügen.
Die Kommunikation verläuft anders, wenn DREIER in ein Team eingebunden sind. Plötzlich gewinnen die persönlichen Interessen der Kollegen an Bedeutung – nicht weil DREIER sie mit ihnen teilen würden; doch das Wohlergehen der Mitarbeiter hat nun direkten Einfluß auf die Leistung des Dynamikers.

Die Kommunikation mit DREIERN

- Sprechen Sie von Ergebnissen und Erfolgen. Betonen Sie das Handlungsmoment, und stellen Sie Kontext und Theorie in den Hintergrund.
- DREIER neigen dazu, unbedacht loszupreschen. Stellen Sie die Genauigkeit ihrer Analysen und Pläne in Frage. Sagen Sie »stop«, wenn Sie auf Probleme hinweisen und Korrekturen anbringen wollen.
- Machen Sie deutlich, daß auch andere zum Erfolg des Projekts beitragen. Scheuen Sie sich nicht, andere Gesichtspunkte und Vorgehensweisen aufzuzeigen, die der gestellten Aufgabe ebenfalls gerecht werden.
- Zeit ist DREIERN kostbar, da ihr Selbstwertgefühl eng mit Produktivität verknüpft ist. Nehmen Sie darauf Rücksicht, daß sie keine Zeit verschwenden wollen; versuchen Sie schnell und effizient zu kommunizieren.
- Kümmern Sie sich um regelmäßige Kontrolle, damit Effektivität und Qualität gewährleistet bleiben.
- Äußern Sie Ihre Fragen und Befürchtungen nicht auf negative,

sondern konstruktive Weise. Umkleiden Sie Ihre Kritik, stellen Sie sie so dar, als würden damit bessere Ergebnisse oder verbesserte Leistung erreicht werden.

Motivation

DREIER werden durch konkrete Auszeichnungen, die ihren Erfolg dokumentieren, motiviert. Sie reagieren auf klassische Anreize wie Gehalt und materielle Statussymbole und werfen sich ins Zeug, um sich mit einem Titel schmücken zu dürfen. Das alles wurzelt im menschlichen Bedürfnis nach Anerkennung. Ihre Leistungsbereitschaft kann aber auch zu Phasen führen, in denen die Arbeit zum Selbstzweck wird, in denen alle Anstrengung wegfällt und sich alles wie von selbst zu erledigen scheint.

Dynamiker berichten, daß diese Momente äußerst befriedigend seien – ein erregendes Hochgefühl stellt sich ein, das allein es schon wert ist, dafür zu arbeiten, auch wenn nach außen hin greifbare Erfolge nicht ersichtlich sind. Diese innere Befriedigung, eingebunden zu sein in die Energie und Dynamik einer sinnvollen Tätigkeit, ist der Hauptbeweggrund der DREIER am Arbeitsplatz. Es gibt nichts Erfüllenderes, als sich auf Arbeiten stürzen zu können, die zu einem lohnenden Ziel führen.

Während andere Persönlichkeitstypen durch Zustimmung, Lob oder die Notwendigkeit, sich den Lebensunterhalt zu verdienen, motiviert werden, läßt sich von DREIERN sagen – ohne psychologisch werden zu wollen –, daß sie vorwiegend von Versagensängsten angetrieben werden.

Viele DREIER arbeiten ganz bewußt pausenlos und genießen es, in ihrer Tätigkeit aufzugehen. So mag eine Chefsekretärin vielleicht vorhaben, in die Cafeteria zu gehen, wird den Weg aber dazu nutzen, um noch einige Punkte auf ihrer Liste abzuhaken. Währenddessen kann sie sich bereits in einige neue Aufgaben vertiefen, so daß sie nicht bemerkt, wenn sie im Gang eine Kollegin anrempelt, und ungerührt weitergeht. Sie ist so auf ihre Tätigkeit konzentriert, daß ihr jegliches Bewußtsein für sich und die Umgebung abhanden kommt.

Dieselbe Sekretärin aber dürfte wütend werden und laut zu lamentieren beginnen, wenn man sie in ihrer Arbeit aufhält oder unterbricht; jede Tempoverringerung ist für sie eine Bedrohung ihres Erfolgsstrebens. Im Gegensatz zu anderen Persönlichkeitstypen, die es durchaus genießen können, wenn sie weniger zu arbeiten haben, wird sich diese Sekretärin bei einer erzwungenen Reduzierung der Arbeit nach den goldenen Gefilden eines zweiten Jobs umtun, nur damit sie beschäftigt ist.

DREIER brauchen den Solo-Auftritt. Sie wollen allein auf der Bühne stehen und den gesamten Ruhm für sich verbuchen; Verlierer haben hier nichts zu melden.

Die Chefsekretärin verläßt sich auf ihre Eigeninitiative. Sie vertraut oder hofft nicht, daß sich die Dinge von allein ergeben oder sich andere dafür einsetzen. Sie wird effizient ihre Arbeit verrichten, vorausgesetzt, sie kann in ihrer Karriere vorankommen. Sie dürfte als Teamsekretärin angefangen haben, hat dann aber schnell entschieden, eine Stelle als Assistentin der Geschäftsführung ins Auge zu fassen und so weit aufzusteigen, wie es ihr nur möglich ist.

Die Enttäuschung folgt dann, wenn sich Ziele verzögern, wenn harte Arbeit allein nicht ausreicht, wenn Projekte von Proble-

men überschattet werden. Reduziert sich die Arbeit auf mechanisch zu verrichtende Tätigkeiten, die den Lohnzettel sichern, wird sich ihre Aufmerksamkeit auf die Bequemlichkeit anderer richten. Gefangen im Kreislauf, etwas erreichen zu wollen und sich dabei hilflos zu fühlen, wird sie ihre Leistung auf das Nötigste zurückschrauben und sich emotional distanzieren.
Fehlende Herausforderungen aber schaffen genau die Bedingungen, unter denen die für DREIER typische Motivation wieder entfacht wird – wenn im Leben eine neue Richtung eingeschlagen wird, wittern sie Hoffnung. DREIER, immer wandelbar und anpassungsfähig, warten nicht darauf, bis sie ausgezählt werden. Sie müssen nicht zur Arbeit ermuntert werden, da das Bedürfnis nach Tätigkeit in ihrem Wesenskern verankert ist. Aber sie sollten darauf achten, daß materielle Entlohnung nicht der einzige bedeutende Motivationsfaktor ist, sondern auch weniger konkrete Aspekte – das Wohlwollen anderer, Kreativität, Gefühlsempfindungen – eine Rolle spielen. DREIER müssen nicht motiviert werden, sollten aber hinterfragen, warum sie soviel arbeiten.

Um DREIER zu motivieren

- Entfachen Sie ihren Enthusiasmus, indem Sie ihnen den klaren Weg zum Erfolg zeigen. Erläutern Sie, was Erfolg für Sie und Ihr Unternehmen bedeutet, damit sie sich auf Ihre Ziele einstellen können.
- Unterstützen Sie sie, damit sie schnell in Aktion treten können. Planung und Kontrolle sollten nicht nur am Anfang des Projekts, sondern auch während der Ausführung erfolgen. DREIER sind ungeduldig, wenn es zu großen Verzögerungen kommt.

- Gute Leistungen sollten durch regelmäßige Anerkennung und Belohnung gewürdigt werden. DREIER lieben es, wenn sie für alle sichtbar ausgezeichnet werden.
- DREIER achten gute Vorbilder. Realisieren Sie ein vertrauenswürdiges, kompetentes und klares Führungskonzept.
- Helfen Sie ihnen, ihre auf Wettbewerb zielende Grundeinstellung zum Gesamterfolg des Unternehmens einzubinden. Ihre Überheblichkeit kann andere Mitarbeiter entfremden.
- Das Selbstwertgefühl der DREIER hängt von ihren Leistungen ab. Helfen Sie ihnen, wenn sie mit Problemen konfrontiert sind oder Fehler machen. Geben Sie ihnen zu verstehen, daß sie auch dann als Mitarbeiter Wertschätzung erfahren, wenn nicht alles wie erwartet läuft.

Zeitmanagement

DREIER leben in der Geschäftszeit. Die Grundstruktur ihres Handelns beruht auf der unverzüglichen Umsetzung der zuvor festgelegten Prioritäten, ohne weitere Alternativen in Betracht zu ziehen. Dabei haben sich eigene, persönliche Ziele jenen unterzuordnen, die von der Öffentlichkeit zur Kenntnis genommen werden. DREIER glauben, Menschen seien ausschließlich zur Arbeit angestellt; je mehr geleistet wird, um so besser ist es also. Zeit ist eine begrenzte Ressource, die der Produktion dienen sollte. Ziele werden in mehrere Zwischenschritte untergliedert, denen jeweils ein gewisser Zeitrahmen zugeordnet ist – große Projekte bestehen so aus aufeinanderfolgenden Zeitblöcken, wobei zum Beispiel jede dreißigminütige Arbeitseinheit ein spezifisches Ergebnis »zeitigen« sollte.

Ein DREIER-Zeitungsredakteur überlegt sich also vielleicht: »Beim Mittagessen kann ich die Story zum Interview von gestern fertigmachen. Das Interview, das heute noch ansteht, wird eine Stunde dauern, eineinhalb Stunden höchstens. Die El-Greco-Ausstellung, die soeben eröffnet worden ist, liegt auf dem Weg dorthin. In fünfundvierzig Minuten kann ich die gesamte Ausstellung sehen. Das könnte funktionieren. Ich werde die Kunstredaktion anrufen, mal sehen, was sie von der Ausstellung für die Sonntagsausgabe braucht. Und die Geschichte heute kann ich auf dem Rückweg im Taxi skizzieren, dann schaff' ich es noch bis zum Redaktionsschluß um sechs.«

Dynamiker definieren Zeit als den Raum zwischen dem Jetzt und dem nächsten Termin; aber noch bevor die erste Aufgabe abgeschlossen ist, werden bereits, typisch für DREIER, andere Aufgaben dazwischengeschoben. Leerräume, »Zeit zum Totschlagen«, sind beängstigend, da die Identität des Dynamikers an öffentliche Anerkennung gebunden ist. Das innere Zeitgefühl wird von der dringendsten Aufgabe bestimmt. Ist das Ziel erst einmal anvisiert, eilen DREIER mit Höchstgeschwindigkeit darauf zu. Es zählt allein, daß sie erster sind, und Quantität wird angestrebt, da sie beeindruckender wirkt als Qualität. Quantität ist sichtbar, mit Händen zu greifen. Sie benötigt keine Leerzeit, keine Zeit zum Nachdenken, wie Qualität es erfordert.

DREIER finden Gefallen an Fristen und Terminen, die ein objektives Maß für den Fortschritt einer Sache darstellen. Sie gehen von der Annahme aus, daß jede Frist eingehalten werden kann, wenn nur die Prioritäten klar gesetzt sind und ein DREIER, der gewillt ist, genügend Energie aufzubringen, am Ruder steht. Häufig aber haben DREIER gelernt, sich zurückzuhalten, da sie mit ihrer enthusiastischen Hast gern etablierte, eingefahrene Gleise verlassen und damit bei jenen anecken, die nicht schnell genug nachkommen.

Unter Termindruck »borgen« sich DREIER Zeit, die eigentlich für andere Aufgaben vorgesehen ist. Die Aufgaben werden zwar bewältigt, allerdings ist dem Ergebnis deutlich anzumerken, daß es in aller Eile geschehen ist.

Dynamiker, auf öffentliche Zustimmung fixiert, sind in der Regel freundlich und offen – es sei denn, sie werden bei ihrer Arbeit gestört. Ihr Tag ist von der ersten bis zur letzten Minute durchorganisiert; jeder Aufgabe ist jeweils eine gewisse Zeitspanne zugeordnet, so daß sie schnell ungeduldig werden – was sich zu offenem Zorn auswachsen kann –, wenn ihr Zeitplan Verzögerungen erfährt. Sie hassen es, wenn sie in der Schlange stehen oder Mitarbeiter den Fortgang der Arbeit verzögern. Unter Kollegen macht der Witz die Runde, daß DREIER lieber einen Umweg von zwanzig Kilometern in Kauf nehmen, statt zehn Minuten im Stau zu stehen. Aktion ist für DREIER eine Form der Kontrolle; ein Stau ist daher nicht nur Zeitverschwendung, er zerrt auch an den Nerven.

DREIER sind ausgesprochen verwirrt, wenn ihnen Kollegen sagen, sie bräuchten Zeit für sich selbst oder würden sich durch Gefühle in ihrem Zeitplan durcheinanderbringen lassen. Entsprechend fehlt ihnen jegliches Verständnis, warum es anderen Spaß machen könnte, ein Wochenende mit »nichts Besonderem« zu verbringen. Mit Zeit, die nicht mit nützlichen Tätigkeiten ausgefüllt ist, läßt sich nicht renommieren. Schließlich ist deren Reingewinn aus der Sicht eines DREIERS nur verschwendete Zeit.

Dynamiker bringen nur begrenzt Toleranz für Mitarbeiter auf, die Projekte nicht fristgerecht abschließen, verschwenden aber selbst

Zeit, wenn sie nach einem übereilten, fehlerhaften Ansatz wieder von neuem beginnen müssen. In Situationen, in denen sich DREIER überfordert fühlen, laden sie sich mehrere Projekte gleichzeitig auf und geben nach außen hin das Bild des geschäftigen und erfolgreichen Arbeiters ab, statt sich der Angst vor dem Scheitern zu stellen, die dann geweckt wird, wenn sie innehalten und sich Zeit nehmen sollten, um auf Qualität zu achten. Indem sie sich hinter Aktivitäten verschanzen, beschwören sie die Möglichkeit des Scheiterns erst herauf – dann nämlich, wenn es ihrer Arbeit an Qualität mangelt und sie wiederholt werden muß.

Wie Sie DREIERN helfen können, mit der Zeit umzugehen

- Seien Sie, wenn nötig, DREIERN dabei behilflich, das Tempo zu verlangsamen. Wenn die Gedanken zu rasen beginnen, sollten sich DREIER angewöhnen, zu sich selbst zu sagen: »Hektische Eile, das ist hektische Eile.« Tief durchatmen, den Körper entspannen – das kann helfen, um das Tempo zu drosseln und bessere Ergebnisse zu erzielen.
- Erinnern Sie DREIER daran, daß nicht alle so schnell zur Tat schreiten wie sie. Um Ziele zu erreichen, ist es oft notwendig, sich Zeit zu nehmen und auf die Einwände und Befürchtungen anderer zu hören.
- Wenn DREIER in Panik geraten oder unsicher sind, beschleunigen sie und versuchen, noch mehr zu bewältigen. Geben Sie ihnen zu verstehen, daß noch härteres oder schnelleres Arbeiten nicht immer zur gewünschten Lösung führt. Zeigen Sie ihnen, wie sie Abstand gewinnen, die Ursachen des Problems lokalisieren und die notwendigen Änderungen vornehmen können.
- Da sie immer darauf bedacht sind, dem Image des erfolgrei-

chen Mitarbeiters zu entsprechen, fällt es ihnen schwer, Fehler zuzugeben; es mag leichter sein, sich auf die nächste Aufgabe oder das nächste Projekt zu stürzen. Seien Sie ihnen behilflich, Fehler zu analysieren, verdeutlichen Sie ihnen den Wert jedes Lernprozesses. Achten Sie sie nicht nur für das, was sie leisten, sondern vor allem auch als Mensch.

- DREIER besitzen die Neigung, sich zu viel aufzuladen. Helfen Sie ihnen, zu einer realistischen Einschätzung ihrer Arbeitslast zu gelangen, um einer vorzeitigen Erschöpfung vorzubeugen.

Verhandlungsgespräche

Auch wenn eine DREIER-Verkaufsrepräsentantin ihren wichtigsten Kunden verloren hat, wird sie das als teilweisen Sieg verkaufen. »Klar, wir haben unseren größten Kunden verloren, aber sehen wir uns doch mal an, was wir daraus gelernt haben. Wir haben alle an einem Strang gezogen, um ihn bei uns zu halten. Jetzt sind wir fit für unsere nächste Präsentation.«

Es sollte nicht überraschen, daß DREIER am Verhandlungstisch bluffen. Sie strahlen enormes Selbstbewußtsein und verbindliches Entgegenkommen aus; zusammen mit ihrem Image lautet die Botschaft: »Ich kann Sie zum Sieg führen. Verlassen Sie sich auf mich.«

Anders als Zweier, die es auf persönliche Aufmerksamkeit abgesehen haben, wollen Dynamiker, daß andere ihre Resultate bewundern. Es spielt für sie keine Rolle, ob ihre Verhandlungspartner sie mögen; was zählt, ist der Respekt, den man ihrem Auftritt entgegenbringt. Ein DREIER, der für ein kalifornisches Telekommunikationsunternehmen Verträge mit dem Staat aushandelt, beschrieb dies unverhohlen folgendermaßen: »Das ist, als würde man den Geschworenen etwas vorspielen. Sie müssen mich nicht mögen, aber sie sollen mir das Angebot meines Klienten abkaufen.«

DREIER sind Meister der Strategie und können sehr schnell ihre Positionen ändern. Anders als perfektionistische Einser, die einer klar vorgegebenen Richtung folgen, und Achter (der Boß), die die Führung an sich reißen, können DREIER mitten im Satz ihren Kurs wechseln. »Lassen Sie mich unsere Option neu formulieren und gewisse Aspekte des Problems hervorheben. Ich denke, Sie haben mein Angebot falsch verstanden, eigentlich meinte ich etwas ganz anderes.«

Wie Schauspieler, die sich auf die Charakterzüge ihrer Rolle einlassen, sind sie – je nach Situation – überzeugend-energisch, abgehoben-theatralisch oder freundlich-zuvorkommend, alles im Interesse des Jobs. Wer mit DREIERN verhandelt, sollte immer beim Inhalt bleiben. Lassen Sie sich nicht von aufbereiteten Presseverlautbarungen oder anderem »Propagandamaterial« beeindrucken. Halten Sie sich an den Inhalt; je mehr DREIER zur Schauspielkunst Zuflucht nehmen müssen, um so leichter finden Sie die Schwachpunkte in ihrer Argumentation.

Aus- und Weiterbildung

DREIER lernen am liebsten für sich. Da ihre Aufmerksamkeit unverzüglich von der Idee zur Ausführung schreitet, ist ihre Aufnahmefähigkeit für abstrakte Theorien und differenzierte Lerninhalte begrenzt. Häufig entwickeln sie ihre Schlachtpläne spontan aus dem Augenblick heraus oder im Gespräch; für stundenlange Studien von Hintergrundmaterial, Analysen, Planungssitzungen und ähnlichem bringen sie wenig Verständnis auf.

DREIER bevorzugen praktische Probleme. Schulungsseminare haben für sie nur dann Sinn, wenn sie der folgenden Bedingung entsprechen: »Wenn das alles richtig läuft, habe ich nachher etwas gelernt, wodurch ich meine Aufgaben schneller und besser erledigen kann.« Ausbilder sollten den Lehrstoff in leichtverdauliche Stücke aufbereiten, die zu einem klar definierten Ziel führen. DREIER brauchen konkrete Anerkennung; jeder Lernabschnitt sollte daher mit einer öffentlichen Auszeichnung verbunden sein (wie zum Beispiel der Veröffentlichung der Absolventen im hauseigenen Mitteilungsorgan).

Dabei dürfen Ausbilder jedoch nicht vergessen, wie sehr DREIER auf Wettbewerb fixiert sind. Von Bewertungen während des Seminars ist daher abzuraten, da sich DREIER sonst nur darauf konzentrieren, besser als die anderen zu sein, und der eigentliche Lernerfolg in den Hintergrund tritt.

Im allgemeinen lernen DREIER durch Erfahrung. Sie lieben konkrete Ziele und entsprechende Werkzeuge und Methoden, mit denen praktische Ergebnisse zu erzielen sind. Verwenden Sie Wenn-dann-Formulierungen: »Wenn Fall A eintritt, dann tun Sie B.« Verzichten Sie auf abstrakte Analysen, betonen Sie jedoch, daß Lösung B auch auf andere Probleme zutreffen kann.

Ausbilder sollten ihre Präsentationstechniken beherrschen. DREIER sind voll und ganz auf das Image ihres Berufes festgelegt und schätzen Lehrer, die ihre Erwartungen hinsichtlich des beruflichen Erfolgs erfüllen.

Obwohl sie mit Eifer bei der Sache sind, sinkt ihre Lernleistung, wenn sie sich ihres Erfolgs nicht sicher sind. In schwierigen Phasen sollten sich Ausbilder mit Kritik zurückhalten und vergegenwärtigen, daß DREIER nur ungern negative Beurteilungen hören oder auf Kritik nicht ansprechen. Wollen Sie DREIER bei der Stange halten, dann stellen Sie mißlungene Aufgaben als Teilerfolge oder als erfolgreiche Zwischenschritte dar.

Wenn Sie bei Gruppenaufgaben vermeiden wollen, daß sich DREIER die Rolle des Chefs zuweisen, dann erklären Sie die gemeinsame Anstrengung und Kooperation zum Ziel der Übung. Ausbilder werden oft den Eindruck haben, DREIER seien der Klasse voraus; vergewissern Sie sich daher, daß Qualität nicht zugunsten der für DREIER typischen Effizienz geopfert wurde.

Der Fall der überforderten DREIER

Die DREIER-Unternehmerin hätte niemals gedacht, daß es soweit kommen würde.

Nachdem sie vor vier Jahren *Super Sales* gegründet hatte, entwickelte sich das Unternehmen schneller, als sie erwartet hatte. Nach drei Jahren hatte das Unternehmen einen Umsatz von fünf Millionen Dollar. Gut, es wirft noch immer keinen Profit ab, aber das, weiß sie, ist nur noch eine Frage der Zeit. Hin und wieder gönnt sie sich sogar einen Augenblick und stellt sich vor, welche Kleidung sie tragen soll, falls die Zeitschrift *Inc.* sie für das Titelfoto als »Unternehmerin des Jahres« ablichten will.

Diese angenehme Vorstellung wird urplötzlich zum Alptraum, als sie das Einschreiben auf ihrem Schreibtisch liest. Es ist vom Fünfer-Vorstandsvorsitzenden jenes Unternehmens unterschrieben, das neunzig Prozent der von ihr vertriebenen Waren produziert. Der maßgebliche Absatz springt förmlich heraus, als sei er mit fluoreszierender Tinte geschrieben.

> Super Sales *schuldet uns mittlerweile 1,3 Millionen Dollar, wobei das Fälligkeitsdatum für den Großteil des Betrags mehr als 120 Tage zurückliegt.*
>
> *Wir beabsichtigen die Gründung einer eigenen Verkaufsabteilung. Daher bieten wir Ihnen an, Ihr Unternehmen, nach Abzug*

aller Belastungen, für den von Ihnen geschuldeten Betrag von 1,3 Millionen Dollar zu erwerben und es in unsere geplante Verkaufsabteilung zu übernehmen.

Typische Verhaltensweisen

Als sie den Brief ein zweites Mal liest, ist sie voller Zorn und Panik. Sie zerknüllt den Brief, will ihn bereits wegwerfen, läßt ihn dann aber nach kurzem Nachdenken auf dem Tisch liegen. Sie hat ihr gesamtes Leben in *Super Sales* investiert. Ihren ersten Verkauf tätigte sie vom Telefon in ihrer Küche aus. Nun zieht sich die Schlinge zu.

Wahrscheinlich planen sie bereits seit über einem Jahr, einen eigenen Verkauf zu eröffnen, wird ihr nun bewußt, sonst hätten sie bereits sehr viel früher auf ihren Forderungen bestanden. Sie hält inne, dann läßt sie ihre Faust auf den Schreibtisch krachen. »Sie haben mir immer wieder Kredit gewährt, damit ich weiter ihre Produkte verkaufe. Im Grunde habe ich die gesamte Zeit für sie gearbeitet!«

Der Gedanke treibt ihr kalte Schauer über den Rücken, aber selbst jetzt denkt sie an ihren Terminplan. Alles, nur nicht stillstehen. Allerdings ist ihr nächster Anruf bedeutungslos geworden. Warum noch weitermachen, wenn nur andere davon profitieren? Ihr Körper zeigt erste Reaktionen; ihre Hände schwitzen, ihr Herz pocht, aber sie weiß noch immer nicht, welche Gefühle sich bei ihr einstellen. Sie war noch nie in einer Situation wie dieser. Fühlt sich so Versagen an?

Das Telefon klingelt. Während sie mechanisch nach dem Hörer greift und ihr vertrautes Lächeln aufsetzt, spürt sie, wie sie ihr Gleichgewicht wiedergewinnt. Augenblicklich, während sie die vertraute Stimme eines alten Kunden vernimmt, wird sie erneut

zur alten Dynamikerin. Und trotz des niederschmetternden Briefs auf ihrem Schreibtisch schließt sie unverständlicherweise eine Verkaufsorder über 50 000 Dollar ab. Dann holt die Realität sie ein: »Laß nicht los! Dieser Abschluß gehört mir. Sie bekommen es nicht! Ich werde *mein* Unternehmen nicht aufgeben.«
Zornig, aber auch voller Energie aufgrund des neuen Abschlusses wählt sie die Nummer des Vorstandsvorsitzenden der Herstellerfirma. Wie immer ist seine Sekretärin am Apparat; die DREIER-Unternehmerin muß sich bemühen, den scharfen Tonfall in ihrer Stimme zurückzuhalten. In der Vergangenheit mußte sie jedesmal warten, nun wird sie unverzüglich durchgestellt. Der Fünfer-Vorsitzende hofft, die Übernahme gehe glatt und reibungslos über die Bühne. Er übernimmt diffizile Verhandlungen wie diese, da er durch seine professionelle Neutralität am besten mit Emotionen umgehen kann. Außerdem, glaubt er, während er noch darauf wartet, daß seine Sekretärin den Anruf zu ihm durchstellt, sei die Akquisitionsentscheidung relativ leicht durchzuziehen.
Der Erwerb von *Super Sales* ist eine zweckmäßige, marktorientierte Maßnahme; die Vorteile der Unternehmensintegration liegen seit langem auf der Hand. Persönlich ist ihm die DREIER-Unternehmerin gleichgültig. Ihre bisherigen Kontakte waren sehr einseitig. Selbst am Telefon kann sie ihn in die Enge treiben; sie ist so schnell, daß ihm kaum Zeit zum Nachdenken bleibt. Aber es bereitet ihm ein behagliches Gefühl, daß sie ihn von nun an nicht mehr um eine Aussetzung der Schuldentilgung angehen wird.
In seinem distanzierten, gleichförmigen Tonfall kommt er sofort nach der Begrüßung auf das Thema zu sprechen. »Sie rufen wegen meines Briefes an?«

Am anderen Ende der Leitung gehen der kampfbereiten Unternehmerin strategische Gedanken durch den Kopf: »Worauf zielt diese Eröffnung ab? Ich habe soeben einen Fünfzigtausend-Dollar-Vertrag abgeschlossen, und er will mich rausschmeißen. Wahrscheinlich freut er sich sogar noch, daß ich unentgeltlich für sie arbeite!«

Aber der Fünfer-Beobachter freut sich nicht. Für ihn ist das alles nur eine geschäftliche Transaktion. Ihre gegenwärtige Geschäftsbasis ist nicht mehr tragbar, also muß eine neue Grundlage ausgearbeitet werden. Der Erwerb des Unternehmens ist eine vernünftige Lösung. Ihr Unternehmen schuldet seiner Firma schließlich mehr als eine Million Dollar, und er will in den Großhandel.

Die Stimme der DREIER zeugt hingegen weder von Kooperation noch von Einverständnis. Sie hat beschlossen, direkt vorzugehen. »Warum haben Sie mich so lange hängenlassen? Damit ich mir unnötige Hoffnungen mache? Ich habe dieses Unternehmen aufgebaut. Soeben habe ich einen Fünfzigtausend-Dollar-Vertrag abgeschlossen. Wie hoch wäre hier die Kommission, wenn ich für Sie tätig wäre?«

Als der Fünfer hört, daß sie sich über die ungerechten Geschäftspraktiken beschwert, meldet sich sein juristischer Sachverstand. Zum ersten Mal wird ihm bewußt, daß diese Übernahme komplizierter – und kostspieliger – werden könnte, als er gedacht hatte. In der Stimme der Dynamikerin schwingt Streitsucht mit. Er kennt die Zahlen, er weiß, daß ihr Nettowert negativ ist, aber sie läßt ihm eine Botschaft zukommen – wieviel Arbeit es sie gekostet hat, ihren Kundenstamm aufzubauen. Wie teuer ist der ideelle Wert ihrer Firma?

Die lange Pause des Fünfers bestärkt die Dynamikerin. Sie hat das Gefühl, ihr Argument sei auf fruchtbaren Boden gefallen.

Ihr nächster Kommentar zielt unmittelbar auf die Befürchtungen des Fünfers ab. »Ich muß über Ihren Brief erst nachdenken. Und ich brauche juristische Beratung.« Das beste ist, scheint ihr nun, ihn einfach hängenzulassen. »Ich melde mich wieder, wenn ich soweit bin.«

Der Fünfer-Beobachter weist seine Sekretärin an, keine Anrufe mehr weiterzuleiten. Er braucht Zeit, um die beunruhigenden Neuigkeiten zu verdauen und seine Verhandlungsposition zu überdenken. Plötzlich ist der gesamte Deal in Frage gestellt. Hat er etwas übersehen? Wieviel zahlt man für den ideellen Wert eines Unternehmens, wenn es im Grunde nicht solvent ist? Er bewegt sich hier auf unsicherem Terrain. Er glaubt, enttäuschte Hoffnung in ihrer Stimme herausgehört zu haben. Kann seine Firma dafür verklagt werden, daß sie sie haben weitermachen lassen? Kann sie dagegen juristisch vorgehen? Plötzlich sieht er sich, von Anwälten flankiert, bereits vor Gericht stehen, wo er seine Absichten detailliert begründen muß.

Das Blatt wendet sich

Der Vorstandsvorsitzende sieht sich emotional erpreßt, wenn er für Unwägbarkeiten wie ideelle Werte haftbar gemacht werden sollte. Er wünscht sich, die Unternehmerin würde ihre Gefühle aus dem Spiel lassen und mit dem Leben einfach fortfahren. Schließlich hat die Übernahme nichts mit persönlicher Antipathie zu tun.

Die Unternehmerin hingegen, noch immer voller Zorn, kann kaum erwarten, daß die Dinge ins Laufen kommen. Wenige Minuten später sind die Termine bei ihren Anwälten festgelegt. Sie will eine sofortige Lösung, um ihre berufliche Reputation zu retten, während der Fünfer vor der Konfrontation zurückscheut und nach einem Ausweg sucht.

Wenn es nichts weiter zu tun gibt, als zu warten, wendet sich die Dynamikerin ihren zur Verfügung stehenden Mitteln zu: »Könnte ich zur Konkurrenz gehen und meinen Ruf und meine Kundenliste als Verhandlungsgrundlage einbringen?« Könnte sie damit dem Vorstandsvorsitzenden drohen?

Sie liebt es, ein Unternehmen – *ihr* Unternehmen – zu leiten, und ist wütend, daß sie benutzt wurde und nun ausgebootet werden soll. Aber ist es die enorme Anstrengung wert, noch einmal von vorne zu beginnen? Verschwendet sie nicht ihre Energie, wenn sie sich erneut etwas beweisen will? Nur um den Vorstandsvorsitzenden bloßzustellen?

Sie ist stolz auf das, was sie erreicht hat; die Arbeit ist ihr ganzes Leben. Um ihre eigenen Bedürfnisse aber hat sie sich so gut wie nie gekümmert. Will sie wirklich weiterhin vierundzwanzig Stunden am Tag arbeiten, um ihr Unternehmen am Leben zu erhalten? Vor Jahren hatte sie dieser Gedanke angetrieben, aber jetzt ist sie sich dessen nicht mehr so sicher. Sie kann sich nicht erinnern, wann sie zum letzten Mal Urlaub hatte.

Auch die Gedanken des Fünfers drehen sich plötzlich um Prioritäten. Die Unternehmerin ist mit ihrer pragmatischen, offenen Art sehr erfolgreich. Besonders aufschlußreich war der Hinweis auf ihre langjährigen Kundenbeziehungen. Vor seinem geistigen Auge sieht er, wie sie ihre Kunden in Restaurants ausführt, stundenlang unterwegs ist und vom Autotelefon aus unermüdlich Gespräche führt. Obwohl er sie für zu aufdringlich hält, scheinen ihre Kunden positiv zu reagieren. Menschen wie sie sind die geborenen Verkäufer; sie besitzt die Energie, die ihm, wie er weiß, fehlt – und die einen Aktivposten darstellt.

Das Wort *Aktivposten* bleibt hängen. Sie hat ihre Persönlichkeit zu einem Vermögenswert für ihre Karriere ausgebaut.

Nun versteht er auch, warum sie mit einer Klage droht. Sie hat hart gearbeitet, um nun so wenig dafür zu erhalten? Er fragt sich, ob ihre Motivation leidet, wenn sie für jemand anderen arbeitet. Indem er über ihre Gefühle nachdenkt, löst sich seine innere Distanz zu ihr auf. Er kann es sich nicht leisten, ihren Einsatz zu ignorieren – und will es auch nicht mehr.
Im Bewußtsein, auf dem richtigen Weg zu sein, und vom möglichen Ausgang völlig ungerührt, schaltet er sein Diktaphon ein und skizziert eine schriftliche Mitteilung an sein Team, in der er empfiehlt, »als Teil der Übernahme eine Position für die bisherige Firmeneigentümerin in Betracht zu ziehen«.
Der Schlüsselsatz lautet: »Daß sie einen unschätzbaren Aktivposten darstellt, wird unterstrichen durch ihren Ruf und ihre Kundenbeziehungen, was sich am jährlichen Umsatzvolumen von fünf Millionen Dollar zeigt. Wir sollten uns bemühen, sie zu halten.«

Lösung

Die Dynamikerin stellt sich dem Hauptproblem der DREIER – Selbsttäuschung –, als sie beginnt, ehrlich über sich selbst nachzudenken. Durch die starke Identifizierung mit ihrem beruflichen Status ging sie ganz in ihrer Arbeit auf. Der Schock, den der Brief bei ihr auslöste, half ihr, zwischen ihren wahren Bedürfnissen und vorgeschobenen Notwendigkeiten zu unterscheiden; sie erkannte, daß sie zwar sehr gern ein Unternehmen leiten würde, darüber hinaus aber auch ein Leben neben ihrer Karriere haben möchte.
Die von ihrer Seite ausgesandte Botschaft zielt auf die Rechtfertigung ihrer Leistungen ab. Wahrscheinlich hätte sie mehr verdienen können, wenn sie all die Jahre über für andere auf Kom-

mission gearbeitet hätte; aber es fesselte ihren Unternehmergeist, sich selbst einen Namen zu machen.
Statt nun einen übereilten Rechtsstreit anzustrengen oder erneut von vorne zu beginnen, kann sie auf das verbesserte Angebot des Fünfers zurückgreifen. Dies hängt nur davon ab, inwieweit sie zwischen ihren eigenen, wahren Gefühlen und dem Bild von sich, das sie anderen vermittelt, unterscheiden kann.

Selbstbeobachtung
Der Dynamikerin würde es sehr helfen, wenn sie sich die Frage stellt: »Wofür arbeite ich? Für mich? Für das, woran ich glaube? Oder nur, um in den Augen anderer gut auszusehen?«
Wenn sie sich jeden Tag fragt, »was fühle ich?«, kann sie lernen, zwischen emotional erfüllter Arbeit und solcher zu unterscheiden, die sie nur erledigt, um einer bestimmter Rolle oder einem Image zu entsprechen.

Punkt Vier: Der tragische Romantiker

Entsprechende Bezeichnungen: die Muse, der Künstler, der Connaisseur, der besondere Mensch

Motto: Genug ist nie genug.

Vorstellung: Die Kirschen in Nachbars Garten sind immer süßer.

Wahrnehmungsperspektive: Irgend etwas fehlt.

Art der Informationsverarbeitung: Was man nicht haben kann, wird unbewußt verehrt; im Vergleich dazu erscheint das, was man hat, eher blaß.

Blinder Fleck: Befriedigung finden in dem, was da ist.

Entwicklungspotential: Das einfache Glück suchen.

Geistiger Weg: Auch das Gewöhnliche schätzen.

Leidenschaft: Neid – um glücklich zu sein, muß man haben, was auch andere haben.

Tugend: Gleichmut – Gleichgewicht zwischen emotionalen Tiefs und Hochs.

Inspiration durch: authentische Gefühle.

Führungsstil: Zeichnet sich durch ein gewisses Flair aus. Altbekanntes ist nicht wert, wiederholt zu werden. »Wir produzieren nicht nur einen neuen Computer, wir kreieren eine unheimlich tolle Maschine.« – »Es handelt sich hier nicht nur um eine Werbekampagne; diese Anzeigen werden die Gefühle der Leute verändern.«

Erscheinung auf andere: Reicht von geschmackvoll und außergewöhnlich bis zu extravagant und bizarr; niemals gewöhnlich.

Typische Konflikte: Die Gefühle anderer werden verletzt, weil

VIERER mißverstanden werden oder ihr außergewöhnlicher Beitrag nicht gewürdigt wird.

»Sofortmaßnahmen«: Vergessen Sie als VIERER nicht: Es ist völlig in Ordnung, einer unter vielen zu sein.

Die von VIERERN ausgesandten Signale

Positiv: VIERER verstehen andere und deren Gefühle. Sie stehen zu einem, auch wenn es hart auf hart kommt.

Negativ: Es ist nie genug. VIERER sind immer enttäuscht und verlangen ständig nach mehr.

Ambivalent: Andere erscheinen aus der Ferne immer interessant; je näher sie kommen, desto uninteressanter werden sie.

Sicherheitsreaktion an Punkt Eins: VIERER erlangen eine klare, präzise Sicht der Dinge, ohne sich von ihren Gefühlen überwältigen zu lassen.

Streß-/Risikoreaktion an Punkt Zwei: VIERER geben sich und ihre Interessen auf, um Zustimmung zu erlangen.

Arbeitet am besten in: Berufen, in denen Kreativität und Individualität gefragt sind – in der Werbebranche, im Produkt-Design, als Performance-Künstler.

Hat Probleme in: Positionen mit starren, unpersönlichen Strukturen und mechanischen Arbeitsabläufen: dem Militär, Versicherungen, Kaufhäusern. Sie arbeiten ungern mit besser bezahlten und beliebteren Mitarbeitern zusammen.

Wird in der Arbeitswelt vorzugsweise eingesetzt: auf der Bühne; bei Neuentwicklungen im Labor oder am Zeichenbrett; als Model in der Modebranche.

Sind Sie ein VIERER?

Sie bevorzugen eine Karriere, in der Sie Ihre Gefühle sinnvoll zum Ausdruck bringen können. Warum sollte man sich bei seiner Arbeit nicht selbst verwirklichen? Sie müssen die Welt nicht verändern, aber Sie brauchen eine emotionale Beziehung zu den Menschen in Ihrer Umgebung und dem, was Sie tun.

Dieses Bedürfnis nach menschlichem Kontakt läßt Sie auch erkennen, was Ihnen gerade fehlt. Sie haben keine Probleme, sich auf Konkurrenz und Wettbewerb einzulassen, und ernten den Lohn für Ihre Mühen: Gehalt, Status, Aufstieg in der Hierarchie. Aber wenn die Verlockungen des Erfolgs ihren Reiz verloren haben, erscheint Ihnen das alles als billiger Ausverkauf zugunsten eines oberflächlichen Wohlstands.

Ihre Kollegen mögen dies anders sehen. Sie nehmen Sie als dynamischen Mitarbeiter wahr, der sich äußerst anstrengt, wenn es etwas zu beweisen gilt; ist der Erfolg aber greifbar nahe, richten Sie Ihre Aufmerksamkeit auf andere Dinge und sabotieren deren Erwartungen.

Für Sie jedoch hat es den Anschein, als würden sich Ihre Kollegen mit sehr wenig zufriedengeben. Warum weiterhin auf ausgetretenen Pfaden wandeln? Warum nichts Neues machen, etwas noch nie Dagewesenes? Ja, es lohnt sich, Erfolge anzustreben, wenn sie fern und interessant sind; allerdings finden Sie nur die Jagd danach, die Anstrengungen attraktiv.

Jorge, ein angesehener, für seine eigentümlichen Ansichten bekannter Art-director, teilt die Perspektive des VIERERS. Seine Grafik-Design-Agentur wurde von der Öffentlichkeitsabteilung eines expandierenden Großkonzerns damit beauftragt, den Jahresbericht zu erstellen – und ihn so zu gestalten, daß er »die Konkurrenz vor Neid erblassen läßt«. Bereits früh wurde beschlossen, daß Jorges Team, die besten Grafik-Designer in der Stadt, den Bericht entwerfen sollte; die Abteilung hatte daraufhin mit der Unternehmensleitung einige Kämpfe auszufechten, bis schließlich die nicht unbeträchtlichen Mittel bewilligt wurden, um Jorge anwerben zu können. Die Vorverhandlungen waren bereits abgeschlossen; die Gespräche liefen wunderbar, als man sich daraufhin traf, um die letzten Einzelheiten zu klären. Der Art-director, soviel war bereits nach wenigen Augenblicken klar, hatte nichts gegen den Wunsch des Unternehmens einzuwenden, daß der Bericht dem Erscheinungsbild seiner High-Tech-Produkte entsprechen und darüber hinaus drei bis vier Features enthalten sollte, die ihn aus dem üblichen Einerlei herausheben.

»Großartig, dann stimmen wir ja in allem überein«, sagt der stellvertretende Leiter der Öffentlichkeitsabteilung. »Nur noch eines, Jorge. Der Bericht sollte nicht zu extravagant aussehen. Sie wissen, er soll nicht überspannt wirken.«

Wer nicht genau hinsah, bemerkte vielleicht überhaupt nicht, daß Jorge für einen kurzen Moment das Lächeln im Gesicht gefror, sofort aber wieder zurückkehrte, noch bevor der stellvertretende Abteilungsleiter das Wort »überspannt« ausgesprochen hatte.

»Ich verstehe vollkommen«, antwortet Jorge. »Ich denke, unsere jeweiligen Standpunkte sind klar.«

Er räumt seine Unterlagen zusammen.

Zu den Anwesenden gerichtet, sagt er: »Vielen Dank, daß Sie an unsere Agentur gedacht haben. Ich werde Ihnen in einigen Tagen ein formelles Angebot zufaxen.«

Zu sich selbst aber sagt er: »Um nichts auf der Welt werden wir für diese Clowns arbeiten. ›Überspannt ... zu extravagant.‹

Wenn sie meinen, sich einmischen zu können, dann sollen sie sich doch eine andere Agentur suchen.«
Ohne es zu wollen, sträubt Jorge sich, wenn seine Kreativität in Frage gestellt wird. Sein Leben ist der Eleganz, der Innovation gewidmet, und der Ruf seiner Agentur beruht auf seinen unverwechselbaren Entwürfen. Er glaubt, nur ein Idiot könne annehmen, daß er für Kunden seine Konzepte ändern würde. Aber wenn er so davon überzeugt ist, warum verhält er sich dann so defensiv?

Wie VIERER Informationen verarbeiten

In den spirituellen Traditionen, in denen unterschiedliche Persönlichkeitstypen Aspekte in der Entwicklung des Menschen zu höherem Bewußtsein darstellen, werden VIERER als »Mönche melancholischer Gesinnung« bezeichnet – nicht weil sie immer aufstöhnen und alles schwarzsehen, sondern weil sich ihre Aufmerksamkeit auf das richtet, was gerade abwesend ist, was fehlt.
Die einzige Auflage, die man ihm macht, schlägt Jorge so sehr in Bann, daß er von dem, was er eigentlich erreicht hat, vollkommen abgelenkt wird. Schließlich mußte die Öffentlichkeitsabteilung alle Hebel in Bewegung setzen, damit sie die Mittel bewilligt bekam, um ihn sich leisten zu können. Die meisten wären damit mehr als zufrieden.
In spiritueller Hinsicht sehnen sich melancholisch veranlagte Charaktere nach dem, was sie vermissen, dem scheinbar Unerreichbaren. Jorge selbst sieht sich nicht als einen von Neid erfüllten Menschen. Immerhin gehört er zu den Besten seines Fachs; wenn überhaupt, dann sind andere Designer auf ihn und seinen Erfolg neidisch.
Betrachtet man die Welt allerdings durch Jorges Augen, erschei-

nen die Vorteile, die andere genießen, in enormer Vergrößerung. Es hat den Anschein, als seien sie mit sich und der Welt zufrieden, während ihm dies – so sein Gefühl – ständig verweigert wird. Immer fehlt etwas zu seinem Glück; dadurch untergräbt er sein Selbstwertgefühl, kann es nicht genießen, wenn er eigentlich Grund zur Freude hätte, und reagiert hypersensibel auf Kritik. Das alles spielt sich in seinem Kopf ab. Das Unternehmen, das seine Dienste in Anspruch nehmen will, weiß nichts davon.

Fixiert auf die Diskrepanz zwischen der uneingeschränkten Unterstützung, die er von seinem Kunden erwartet hatte, und der geringfügigen Auflage, mit der man ihn schließlich konfrontierte, fiel er in sein übliches Verhaltensmuster – plötzlich interessiert ihn das Projekt nicht mehr, und er sorgt sich um die Zensur seiner künstlerischen Arbeit. Anders als dynamische Dreier, die glauben, die Welt belohne den Sieger, oder epikureische Siebener, die die Zukunft immer in rosaroten Farben sehen, nimmt Jorge exakt auf dem Höhepunkt des Erfolgs die Möglichkeit des Verlusts und des Scheiterns vorweg.

VIERER bei der Arbeit

VIERER glänzen in Berufen, in denen es auf Kreativität ankommt – was auf Jorge immer zutraf. Sein Wunsch, sich auf ungewöhnliche, einzigartige Weise zum Ausdruck zu bringen, wurzelt im Gefühl, anders zu sein als die übrigen Menschen. Er erinnert sich an Verlust- und Verlassenheitsängste in seiner Kindheit und war immer nur Außenstehender, wenn andere sich freuten. Vor diesem traurigen Hintergrund, erinnert er sich, trat seine Erleichterung ein, wenn er seine intensive Gefühlswelt anderen veranschaulichen und dadurch Verständnis wecken konnte.

Wie anderen VIERERN gelang es Jorge also, die Herzen der Menschen zu berühren. Anders als gebende Zweier, die sich anpassen, um ihre Umwelt zufriedenzustellen, oder dynamische Dreier, die durch ihre Leistung die Aufmerksamkeit anderer auf sich lenken, lernen VIERER durch ihre Kreativität ihre Umgebung zu fesseln – welche daraufhin emotional, aus dem Herzen heraus reagiert.

Jorge hat sicherlich bemerkt, daß viel Zeit und Energie aufgewendet wurde, um ihn zu engagieren. Er will als einzigartig gelten und sich von seinen Konkurrenten abheben, aber da er seine Gefühle in seine Arbeit investiert, kann er es nicht zulassen, daß ein kommerziell denkender Abteilungsleiter auf seinen Gefühlen herumtrampelt.

Als VIERER werden Sie sich zu emotional intensiven Tätigkeiten hingezogen fühlen. Sie wollen an den Schnittstellen des Lebens sitzen, dort, wo Menschen ihren wahren Gefühlen nahekommen. Und Sie sind sich schmerzlich der Diskrepanz zwischen Ihrer eigenen Emotionalität und der offiziellen Maske bewußt, die Sie während der Arbeit aufsetzen. Leidet Ihre Tätigkeit unter mechanischen Routinearbeiten, kommt es Ihnen sogar vor, als führten Sie ein Doppelleben – wie dieser Manager bei einer der größten Ölgesellschaften der Welt.

Ich liebe meine Arbeit voll und ganz, aber diese überaus nette und hübsch abgeschirmte Umgebung macht mich noch ganz verrückt. Nicht daß es mich zu irgendwelchen Katastrophen hinzieht, bei denen sich einem der Magen umdreht, aber ich warte darauf, daß endlich einer durch die Gänge läuft und lauthals herausbrüllt, »Hey, lest ihr nicht die Zeitung! Es gibt wirkliches Leid auf der Welt, und ich leide daran mit.«

Ich warte darauf, daß endlich einer authentisch ist – daß er

wirklich ausflippt, wirkliche Freude empfindet, irgend etwas, nur wirklich menschlich.
Warum spielen sie immer nur seichte Operetten, wenn ich doch die Oper liebe?

Um in seinem Job erfolgreich zu sein, hat er natürlich gelernt, sich wie ein dynamischer Dreier zu verhalten – so, wie es von allen Unternehmen geschätzt wird. Aber anders als Dynamiker, die sich von ihren Gefühlen distanzieren, um ihre Arbeit zu verrichten, finden VIERER Gefallen an Aufgabenbereichen, die ihre Gefühle produktiv kanalisieren.

Was Sie nicht vergessen sollten

VIERER mögen es nicht, wenn sie im Team gleichgeordnet mit anderen behandelt werden. Versuchen Sie daher nicht, sich mit Ihren Kollegen auf eine Stufe zu stellen, wenn Sie in einem Team arbeiten. Suchen Sie sich einen Bereich heraus, in dem Sie brillieren können, so daß Ihre Bemühungen für alle ersichtlich werden. Im Team kommen Sie am besten zur Geltung, wenn Sie die ästhetischen oder sinnvollen Aspekte eines Projekts übernehmen. Richten Sie Ihre Gefühle auf den positiven Ausgang der gemeinsamen Tätigkeit, und stellen Sie sich selbst Herausforderungen, versuchen Sie ungewöhnliche Ansätze für gewöhnliche Dinge zu finden. Von allen Persönlichkeitstypen sind VIERER dazu geschaffen, ihre Kollegen an höhere Werte zu erinnern oder das Team über den Durchschnitt hinauszuführen.

Begeisterung, Kultiviertheit und Leidenschaft – geben Sie sich mit weniger nicht zufrieden.

Seien Sie sich bewußt, daß Sie unter Kollegen als unbeständig und inkonsequent gelten, wenn Sie sich in Ihre Melancholie vergraben oder wegen kleinerer Nachlässigkeiten beleidigt sind. Ihr Vorgesetzter hat vielleicht nur vergessen, daß heute Ihr Firmenjubiläum ist und Sie eine Gehaltserhöhung bekommen sollten. Die Tatsache, daß Ihr Name auf dem Programm falsch geschrieben ist, hat wahrscheinlich mehr mit der Sekretärin zu tun als mit den Gefühlen, die Ihnen Ihre Firma entgegenbringt.

Versuchen Sie Ihre Gefühle gegenüber anderen Mitarbeitern von deren Qualifikationen zu trennen. Man kann effektiv in einem Team zusammenarbeiten, ohne Freunde sein zu müssen. Setzen Sie sich für den besten Vorschlag ein, ungeachtet, von wem er stammt. Wenn man Ihre Ideen in Frage stellt, heißt das noch lange nicht, daß man Sie als Person zurückweist.

Ihr geistiger Weg betrifft die Fähigkeit, auch das Gewöhnliche anzuerkennen – was Ihnen vielleicht als wahre Großtat erscheinen mag, wenn Sie ausschließlich von Mittelmäßigkeit umgeben sind. Anders als Neuner, die sich durch das System gestützt fühlen, oder Einser, denen es Spaß macht, es noch weiter zu verbessern, ersticken VIERER unter dem Einfachen und Gewöhnlichen.

Aber auch Sie können vom System profitieren. Ihre Gefühlswelt ist ständigen Veränderungen unterworfen, klare Richtlinien und konsequente, unabhängige Anerkennung können Ihre Stimmungsschwankungen jedoch ausgleichen. Lernen Sie Ihre Gefühle zu beobachten und zu benennen: »Das ist Traurigkeit; ich fühle mich jetzt traurig.« Versuchen Sie nicht, Ihre Trübsal zu verdrängen und sich zu zwingen, glücklich zu sein.

Ein abschließender Gedanke

VIERER haben im allgemeinen Probleme, zwischen produktiver Kreativität und ihrer Launenhaftigkeit zu unterscheiden. Haben Sie Ihren Assistenten eingestellt, weil Sie von seinen Qualifikationen überzeugt sind oder weil Sie an jenem Tag lediglich guter Stimmung waren? Schlägt das Projekt fehl, weil Sie schlechte Laune haben? Zweifellos drückt sich Kreativität durch Vorstellungskraft, Intuition und Gefühle aus – Visionen aber sollten durch praktische Dinge wie Aufmerksamkeit auf Details und Termine in der Realität verankert werden.

Ihr emotionales Wesen verleitet Sie zu der Annahme, visionäre Gedanken entsprängen dem Herzen. Aber erinnern Sie sich an Jorge, den gefragten Designer – er ist im Begriff, einen prestigeträchtigen Auftrag zu verlieren, der seine Agentur eine Stufe höher katapultieren könnte. Ihm ist nicht bewußt, daß seine emotionale Wahrnehmungsperspektive die Ereignisse in dem Unternehmen, das seine Dienste verpflichten möchte, verzerrt wiedergibt. Statt in sein vertrautes Verhaltensmuster zu fallen, könnte er sich selbst beobachten. Er tut gut daran, Aufträge zurückzuweisen, die sein kreatives Potential einschränken – aber stellen Sie sich vor, wie sein Talent sich entfalten könnte, wenn er sich bewußt wäre, wie sein Verstand funktioniert.

Es ist wichtig, konsequent zu sein. Konzentrieren Sie sich auf die Gegenwart und die aktuellen Aufgaben. Achten Sie darauf, wenn Sie sich nach den Dingen sehnen, die Ihnen fehlen, aber achten Sie ebenso auf jene Dinge, die Sie bereits besitzen. Erstellen Sie in Gedanken eine Liste all der kleinen, gewöhnlichen und dennoch wertvollen Dinge, die Sie nicht missen wollen.

Sicherheit und Streß

Dynamik der Veränderung für Punkt Vier

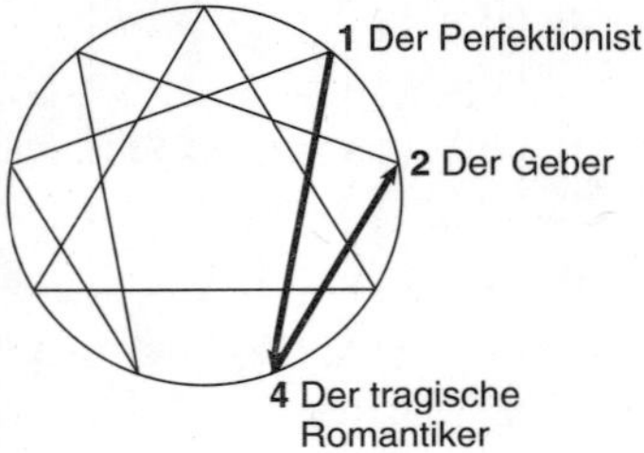

Sicherheitsreaktion an Punkt Eins

Aus Ihren kreativen Neigungen ergibt sich eine äußerst persönliche, emotionale und durch symbolisches Denken geprägte Beziehung zu Ihrer Arbeit. Nicht selten mündet das in chaotische Arbeitsabläufe. Die Erstellung von Konzepten gestaltet sich relativ einfach, ihre Umsetzung in die Praxis erfordert jedoch Organisation und klare Auswahl- und Handlungsvorgaben.

Wenn Sie sich die Perspektive des perfektionistischen Einsers zu eigen machen, taucht aus dem Chaos Ordnung auf, Prozesse werden vom Gesichtspunkt der Durchführbarkeit geleitet, Projekte werden vollendet, Konzepte sind vermarktbar – das alles geschieht, wenn Sie sich auf die Position des Perfektionisten einlassen und dessen kritische Präzision und dessen Denken übernehmen, das in den Kategorien »richtig« und »falsch« funktioniert.

Fühlen Sie sich an Ihrem Arbeitsplatz sicher, müssen Sie sich nicht mehr auf Ihre immerzu sich verändernde, von emotionalen Eindrücken bestimmte Innenwelt verlassen. Sie erkennen, daß es einen richtigen und einen falschen Weg gibt. Die Position des

Einsers befreit Sie von Ihren egozentrischen Emotionen und gestattet es, daß Sie sich ganz auf Ihre Arbeit konzentrieren können.
Allerdings ist es oft so, daß VIERER in Phasen, in denen es ihnen gutgeht, kritisch und wählerisch werden. Nun verfügen Sie über die Sicherheit, um Probleme anzugehen, die Sie bislang ignoriert haben. Geringfügige Meinungsverschiedenheiten werden dann plötzlich unerträglich, gewisse Details eines Projekts passen nicht. Wie kann ein sensibler Mensch das nur ertragen?
Da Sie so daran gewöhnt sind, daß Sie Ihr intensives Innenleben während der Arbeit nicht zum Ausdruck bringen können, sollten Sie die ruhigen, sicheren Phasen nutzen und lernen, Ihre Gefühle auf methodische Weise offenzulegen; damit erleichtern Sie es Ihren Kollegen, Ihren Standpunkt nachzuvollziehen. In diesen Phasen fließt Ihre Arbeit in ruhigen Bahnen dahin, Ihre Interessen und Ihre Emotionen befinden sich im Gleichgewicht.

Streß-/Risikoreaktion an Punkt Zwei

Bei den ersten Anzeichen von Streß schaltet sich Ihr VIERER-typischer Verteidigungsmechanismus ein; Sie leiden unter Gefühlen wie Schmerz, Trauer, unter Verlassenheitsängsten und stürzen in ein tiefes Loch. Da Sie aber in diesem Zustand nicht auf unbestimmte Zeit verweilen können, wenden Sie sich schließlich anderen Menschen zu – Sie begeben sich zur Position des gebenden Zweiers.
Hier können Sie bewußt Ihre Melancholie überwinden; Sie gehen auf andere zu, Ihr Interesse richtet sich auf Projekte und die Kollegen im Team. Da Sie sich von Ihrer Depression befreien wollen, besteht die Gefahr, daß Sie sich nun übernehmen und allzu freigebig mit Ihrer Zeit und Energie umgehen. Im besten

Fall gehen Sie die notwendigen Verbindungen ein, erhöhen Ihre Arbeitslast und genießen dann die Erfolge, die sich während dieser Phase erhöhter Aktivität ergeben.
Die negative Seite Ihrer Streßreaktion besteht darin, daß Sie zu hart arbeiten, weil Sie sich unter allen Umständen beschäftigen wollen. Es gibt nur allzuviel zu tun, überall fehlt es an Effizienz, nichts ist so, wie es sein sollte, und kann nur in letzter Minute zurechtgebogen werden.
Haben Sie das tiefe Loch Ihrer Schwermut überwunden, kann aus diesem Aktivitätsschub neue Produktivität entstehen. Ein Großteil des Chaos, das die Arbeitsweise eines VIERERS kennzeichnet, ergibt sich aus der Unaufmerksamkeit für praktische Dinge wie Zeit- und Kostenfaktoren oder Personalmanagement. Ihr Herz ist groß, und darauf berufen Sie sich, aber Sie müssen lernen, daß emotionale Neutralität Ihre Kreativität nicht zunichte macht.

Wie andere VIERER sehen

Kommunikation

VIERER strahlen intensive Gefühle aus. Wenn sie ein Seminar leiten, setzen sie sich zum Ziel, ihren Teilnehmern bislang ungeahnte Erfahrungen zu vermitteln – die sinnvolle Vorstellungen und Ideen bewirken und nicht einfach »nur ein weiteres Seminar« darstellen. Selbst bei technischen Präsentationen können sie ihr Publikum mitreißen; ihre Forschungsdaten sind dann das Sprungbrett für dramatische Heldentaten oder tragische Geschichten. Statt Fakten zu präsentieren, bohren sie unter die Oberfläche und holen Fakten und Zahlen hervor, die »die grundlegende Bedeutung« oder die »fundamentale Wichtigkeit« ihrer Daten untermauern. Sie selbst werden zu einer in eine Geschichte eingebundenen Figur, in der es um die unermüdliche Suche nach dem wesentlichen, fehlenden Bestandteil geht – wobei in diesem Menschheitsdrama das fehlende und natürlich schließlich gefundene Element nur eine untergeordnete Rolle spielt. Das Publikum bekommt beides zu hören – was VIERER über ihr Thema denken und welche Gefühle sie ihm entgegenbringen. Dabei handelt es sich immer um ein Mysterium, das es zu lösen gilt und worin der VIERER tief verstrickt ist, denn natürlich ist er es, der es löst. Das jeweilige Thema bildet nur die Bühne, auf der er seine Gefühle vorführen und zugleich bei seinem Publikum Gefühle wecken kann. Warum soll aus einer Grafik oder einer faszinierenden interaktiven Komponente kein Theaterstück gemacht werden? Warum ein langweiliges Seminar leiten, das schließlich jeder leiten könnte? Anders als Dreier, die Ziele und Ergebnisse vorlegen, spielen VIERER auf der Gefühlsklaviatur ihres Publikums und sprechen direkt zu jenen, die für emotionale Begegnungen offen sind.

Der Inhalt des Vortrags kann vorhersehbar, sogar langweilig sein, das leidenschaftliche Engagement der VIERER aber erzeugt eine Atmosphäre, in der alles als außergewöhnlicher Geistesblitz erscheint.

Die Wirkung auf das Publikum ist mitunter mitreißend. Tragische Romantiker sind dafür berühmt, daß sie höchst originelle Präsentationsformate entwerfen, die die Aufmerksamkeit auf sich ziehen; ihr Kommunikationsstil allerdings schwankt zwischen »das ist einmalig!« und unverhohlenem Ressentiment: »Können Sie denn die Einmaligkeit dieses Ansatzes nicht be-

greifen?« VIERER finden immer Möglichkeiten, sich selbst zum Diskussionsthema zu machen, da sie als die Seele gesehen werden wollen, die hinter den abstrakten, körperlosen Informationen steht. Ihr wahres Anliegen lautet also: »Nehmt *mich* wahr; was ich tue, ist nur äußerlicher Anstrich – seht zu mir her.«
Tragische Romantiker verfügen über das natürliche Talent, Produkte als einzigartig, einmalig, als etwas ganz Besonderes darzustellen. Ihr Wunsch nach dem Ungewöhnlichen verleitet sie aber auch zu Überreaktionen, falls sie nicht die ihnen angemessene Wertschätzung erfahren. Da sie sich von ihren Gefühlen leiten lassen, können dem Publikum Ihre Vorträge als egozentrisch erscheinen. Die Reaktionen sind somit gespalten; manche fühlen sich arrogant und von oben herab behandelt, andere erfahren inneren Auftrieb. Zuhörer fühlen sich erst angezogen, dann zurückgewiesen; sie werden durch den ansprechenden Präsentationsstil eingenommen und dann, wenn sie Fragen oder Einwände vorbringen, fallengelassen.
VIERER sollten sich davor in acht nehmen, sich selbst zu zerstören. Sie bereiten sich auf ein wichtiges Ereignis oder die Präsentation eines Produkts vor, das ihnen sehr am Herzen liegt, und verpatzen dann ein wichtiges – und einfaches – internes Vorgespräch, »weil das ja immer das gleiche ist«.

Nonverbale Kommunikation
Tragische Romantiker bevorzugen elegante Kleidung, wodurch sie zum Ausdruck bringen, daß sie anders und dem aktuellen Trend immer ein wenig voraus sind. Ihre Stimme birgt einen melancholischen Ton in sich, was, alles zusammengenommen, zu einem sehr theatralischen ersten Eindruck führen kann. Nicht *was* gesagt wird, sondern *wie* es gesagt wird, weist darauf hin,

daß es ihnen an etwas mangelt – daß sie sich nicht ganz begeistern, nicht ganz überzeugt sein können. »Wenn nur« ist ein häufig zu hörender Einwand. »Wenn nur die Werbekampagne ein wenig origineller wäre.« – »Wenn wir nur die Besten wären, und nicht die, die man am besten kennt.«

Werden jedoch Gefühle angesprochen, hat man sofort ihre Aufmerksamkeit. VIERER lehnen sich buchstäblich an jene an, die leidenschaftlich von ihrer Arbeit sprechen. Das Thema selbst muß sie überhaupt nicht interessieren; was wirklich zählt, sind die tiefen Gefühle, die andere dabei offenbaren.

Zuhörer fühlen sich vielleicht genötigt, auf die Launen der VIERER einzugehen, oder bekommen von ihnen vermittelt, sie seien ja weniger sensibel, weniger interessant und weniger tiefgründig als sie selbst. Es dürfte schwerfallen, VIERERN ehrliche Antworten zukommen zu lassen. Manche loben tragische Romantiker wegen ihrer emotionalen Tiefe, manche beschönigen ihre Kritik, aus Angst, ihre Gefühle zu verletzen, und einige entziehen sich ganz dem unausgesprochenen Anspruch, doch ebenfalls Gefühle zu zeigen.

Die Kommunikation mit VIERERN

- VIERER benötigen intellektuelle Zustimmung und persönliche, emotional geprägte Beziehungen. Geben Sie ihnen persönliche Unterstützung und Wärme.
- Die Aufmerksamkeit eines VIERERS kommt und geht. Konzentrieren Sie sich auf Ergebnisse und Arbeitseffizienz, weniger auf ihre emotionale Unbeständigkeit.
- Anerkennen Sie, daß ihnen persönliche Reaktionen und Gefühle wichtig sind, aber unterstützen Sie sie darin, zu den Fakten und der inneren Logik der Situation zurückzufinden. Er-

mutigen Sie sie, sich in ihren emotionalen Reaktionen einzuschränken.

- VIERER können Kritik mit persönlicher Zurückweisung verwechseln. Lassen Sie VIERERN als Person Ihre Unterstützung zuteil werden, unabhängig von ihrer Leistung. Helfen Sie ihnen, den Wert der Kritik zu erkennen.
- Bleiben Sie hart angesichts ihrer Gefühlsausbrüche oder ihres Zorns. Meist ist es am wirkungsvollsten, wenn Sie sie einfach ausreden lassen. Lassen Sie sich nicht auf allzu große Gefühlsäußerungen ein, und ändern Sie Ihre Meinung nicht. Vertrauen Sie darauf, daß sich ihre Emotionen wieder legen werden.
- Halten Sie an Ihren Prinzipien fest, wenn VIERER für innovative Ideen scheinbar alles aufs Spiel setzen wollen. Erkennen Sie ihren Enthusiasmus an, aber bestehen Sie darauf, daß die möglichen Folgen geprüft und die üblichen Verfahrenswege eingehalten werden.

Motivation

VIERER lassen sich durch besondere Aufmerksamkeit motivieren, besonders dann, wenn sie ihnen von Menschen entgegengebracht wird, die sie respektieren. Den größten Anreiz stellt die persönliche Kommunikation mit jemandem dar, der als herausragender Vertreter seines Gebiets gilt. VIERER können über längere Zeiträume hinweg allein arbeiten und kreative Ergebnisse vorlegen, wenn sie das Gefühl haben, sie tun es für einen Mentor, der ihnen unter die Arme greift.

Tragische Romantiker können Ideen, von denen sie überzeugt sind, in die Realität umsetzen, ohne die allgemeine Zustimmung auf ihrer Seite zu wissen. Lohnend ist in diesem Fall die Aufgabe selbst, nicht die oberflächliche Anerkennung, die das Publikum modischen Produkten entgegenbringt. Schwierig wird es nur, die Motivation aufrechtzuerhalten, wenn dieses Produkt plötzlich zum Trend wird und überall erhältlich ist.

Tragische Romantiker, die im Investment-Banking arbeiten, werden sich zum Beispiel zu Branchen hingezogen fühlen, die intensive Gefühle freisetzen: Inspirierend wirkt die Finanzierung eines neuen Unternehmens, das sich einer kühnen, kreativen Idee verschrieben hat. Im Vergleich dazu nehmen sich Routineabläufe, um zum Beispiel einer Gemeinde den Bau einer neuen Schule zu ermöglichen, öde und reizlos aus.

Ihre Originalität und ihre Hartnäckigkeit, Dinge anders zu machen, verleihen Entscheidungsabläufen oftmals bitter notwendigen Einfallsreichtum und ermutigen andere, selbst experimentelle Ideen zu entwickeln. Da sich VIERER durch die Überzeugung, über authentische Gefühlstiefe zu verfügen, motivieren lassen, sind sie häufig enttäuscht, wenn sich andere mit ihrem anscheinend seichten und trivialen Dasein abfinden.

Wird VIERERN die Anerkennung für ihre Sensibilität und ihre kreativen Bemühungen entzogen, kann ihr Verlangen nach sinnreichen Beziehungen zum Gefühl des Ausgebranntseins führen. Sie fühlen sich dann als die einzige authentische Stimme inmitten philisterhafter Krämerseelen. Und wird die Arbeit, die einst vor Intensität sprühte, zur Routine, dann reduziert sich der Lohn für ihre Bemühungen auf die Summe auf ihrem Gehaltszettel.

In diesem Zustand richtet sich ihre Aufmerksamkeit auf das oberflächliche Wesen anderer. Sie sind gefangen im Kreislauf zwischen ihrem Bedürfnis nach Kontakt und dem Gefühl der Distanz und fühlen sich hin und her gerissen, gehen auf andere zu und ziehen sich arrogant-distanzierend zurück. Motiviert

werden sie nur noch durch ihren Durchhaltewillen und die Überzeugung, besser zu sein als die anderen.
Ihre lähmende Erschöpfung kann aber auch zu Situationen führen, in denen sie erkennen, welches Maß an emotionaler Beziehung am Arbeitsplatz wirklich vonnöten ist. Dadurch sind sie in der Lage, kreative Ventile zu schaffen, und werden von neuem mit Energie erfüllt.
Wollen VIERER sich weiterentwickeln, sollten sie erkennen, wann Sinnverluste den wahren Wert ihrer Arbeit verdecken. Im größeren Zusammenhang heißt dies: Sie müssen dahin zurückkehren, wo sie bereits waren – zu jenen Augenblicken, in denen emotionale Befriedigung ihrer Arbeit Sinn verlieh. Ein erster Schritt besteht darin, die ersten Anzeichen heraufziehender Melancholie wahrzunehmen. VIERER sollten sich in diesem Fall ihre sinnreichen Beziehungen bewußtmachen und deswegen Dankbarkeit verspüren.

Um VIERER zu motivieren

- VIERER suchen nach Sinn und Authentizität. Ermutigen Sie sie dazu, ihre Aufgaben zu erfüllen, indem sie auf ihre Kreativität und Kenntnis zurückgreifen.
- Honorieren Sie ihre originellen Beiträge, lassen Sie aber die praktischen Ergebnisse nicht außer acht. Geben Sie ihnen Raum zur Entfaltung ihrer Individualität, aber pochen Sie auf Resultate.
- Bringen Sie zum Ausdruck, wie sehr Sie die künstlerische Gestaltung ihrer Berichte und Präsentationen schätzen.
- Lassen Sie VIERERN von Zeit zu Zeit Ihre besondere Aufmerksamkeit zuteil werden. Persönliche Beziehungen sind ungemein wichtig, um ihr Engagement aufrechtzuerhalten.

- Billigen Sie ihre empirische, auf persönlichen Interaktionen aufbauende Vorgehensweise bei der Arbeit.
- VIERER vereinen emotionale Intuition und intellektuelle Analyse. Ermutigen Sie sie, sich an Gesprächen zu beteiligen und ihre Ansichten zu äußern.

Zeitmanagement

VIERER leben in einer mythischen Zeit, in der gewaltige Geschehnisse purpurfarben aufleuchten, Termine, Fristen, nüchterne Tabellen oder Berichte aber keinen Platz finden.

VIERER achten auf die Zeit. Sie warten darauf, daß bei gewöhnlichen Geschäftstreffen tiefergehende Themen angeschnitten werden, daß aus dem Nichts heraus ein originelles Konzept entsteht, daß die Zeit für eine Idee gekommen ist. Tragische Romantiker wissen, daß sich das Schicksal durch zeitliche Zufälle kundtut; also fragen sie sich: »Warum sind genau bei dieser Sitzung speziell diese Leute zusammengekommen? Warum hier? Warum jetzt?«

Es bedarf der Zeit, um über bedeutende Dinge nachzudenken und sie unter verschiedenen Perspektiven zu betrachten. Die »Uhr-Zeit« ist für VIERER weniger wichtiger als der Lauf des Schicksals, der sich hinter konventionellem Zeitplänen offenbart.

In allen Berufen lassen sich die unterschiedlichen Persönlichkeitstypen finden, und jeder geht mit Zeit anders um. Für einen VIERER-Fabrikanten scheint die Zeit stehenzubleiben, wenn er sich der unangenehmen Aufgabe der Warenbestellung unterzieht und exakt bestimmen soll, was welche Firma auf Lager hat. Die Aufgabe ist für ihn erst erledigt, wenn die Kaufentscheidung getroffen ist. Das Abfassen des Berichts und die Begründung der

Orderzahlen scheinen ewig zu dauern. Derselbe VIERER aber schreitet bei einer Übernahmeschlacht triumphierend von Termin zu Termin. Er wankt nicht in angespannten Phasen oder bei Konfrontationen – wie etwa der lautstarken Auseinandersetzung mit dem Finanzleiter, der das Rechnungswesen aggressiver gestalten möchte, damit seine Zahlen besser erscheinen. Aber Tage, an denen nichts geschieht, an denen er nur am Computer sitzt und an der Tabellenkalkulation herumspielt, sind frustrierend. Erschöpfung tritt bei VIERERN dann auf, wenn sie Routinepflichten zu umgehen suchen. »Warum soll ich schon wieder eine Routinesuche nach weiteren Akquisitionen durchführen? Ich habe das doch schon einmal gemacht. Ich habe Besseres verdient.«

Tragische Romantiker müssen das Interesse an ihrem Verantwortungsbereich ständig erneuern. Ansonsten besteht die Gefahr, daß sie vom ermüdenden Fortgang zeitlicher Verpflichtungen hinweggespült werden. Dinge, die »ihre Zeit einfach nicht wert sind«, deprimieren sie.

Deswegen werden sie auch Opfer emotionaler Spannungen, die, von ihnen erzeugt, in theatralischer Erstarrung kulminieren können, oft mit folgenschweren Auswirkungen auf ihren Beruf. Zum Beispiel können Gefühle VIERER davon abhalten, wichtige Aufträge abzuschließen, auf die ihr Klient noch vor Ablauf einer bestimmten Frist angewiesen ist. Statt sich vor alltäglicher Fronarbeit zu drücken, haben erfolgreiche VIERER originelle Lösungen entwickelt, wie sie solche Arbeiten angehen können. Tragische Romantiker können ein außerordentlich feines Gespür für die tiefere Bedeutung einer Sache entwickeln; die Entfaltung ihres Talents hängt jedoch davon ab, wie sehr sie sich auf die Gegenwart konzentrieren können.

Wie Sie VIERERN helfen können, mit der Zeit umzugehen

- VIERER besitzen ein sehr subjektives Zeitgefühl. Erinnern Sie sie daran, daß es auch eine Uhrzeit, Termine und Fristen gibt.
- Helfen Sie VIERERN, bei der Sache zu bleiben, wenn sich ihre Stimmung ändert. Führen Sie sie wieder an die vorliegende Aufgabe heran, und betonen Sie den Wert ihres Beitrags.
- Erinnern Sie VIERER an die Bedeutung von festen Strukturen und Abläufen. Treffen Sie Vereinbarungen, verständigen Sie sich auf Konsequenzen, falls VIERER ihren Verpflichtungen nicht nachkommen.
- Bei alltäglichen Arbeiten verlieren VIERER schnell die Geduld. Helfen Sie ihnen, den hemmenden Kreislauf zu durchbrechen, finden Sie kreative Lösungen. Einigen Sie sich auf Konzessionen: »Wenn Sie das für mich tun, mache ich das für Sie.«
- Nehmen Sie sich Zeit, um VIERER unabhängig von ihrer Leistung als Person zu bestärken. Soziale Anerkennung ist ihnen äußerst wichtig.
- Sie können mit hohem Engagement rechnen, wenn Ziele in scheinbar unerreichbarer Ferne liegen und vom VIERER romantisiert werden; ihr Engagement aber wird sich abschwächen oder ganz zum Erliegen kommen, wenn sich die Aufgabe ihrem Abschluß nähert. Sie können dies kompensieren, indem Sie dem Projekt Ihre besondere Aufmerksamkeit schenken oder VIERERN Anerkennung zukommen lassen.

Verhandlungsgespräche

Tragische Romantiker treten am Verhandlungstisch wie Schauspieler in einem Theaterstück auf. Sie sind einfühlsame Darsteller von fast magnetischer Anziehungskraft. Aber nichts davon ist berechnend; es ist einfach ihre Art, ihre Meinung mitzuteilen. Man erwirbt ihren Respekt, wenn man sie, losgelöst von ihrer Rolle, als Individuen behandelt. Sie wissen, daß sie, obwohl sie etwas Besonderes sind, nur eine Rolle übernehmen, um eine bestimmte Aufgabe zu erfüllen; loben Sie daher ihre Fähigkeiten, auch wenn Sie ihren Argumenten nicht zustimmen können.
Nur so können Lösungen zustande kommen – denn VIERER wollen ihr Gesicht wahren und ihr öffentliches Image, etwas Besonderes zu sein, aufrechterhalten. Auch wenn Sie sehen, daß ihre Vorschläge völlig indiskutabel sind, kann es weiterhelfen, wenn Sie sagen: »Ich verstehe, warum Ihnen diese Position so wichtig ist. Ich verstehe, was Sie zu sagen versuchen.«
Wichtig ist, daß Sie während stürmischer Verhandlungen emotional ruhig bleiben. VIERER werden noch sehr viel emotionaler und aufbrausender reagieren, falls Sie Ihren Zorn oder Ihre Verletzung zum Ausdruck bringen. Auch sie fühlen sich verletzt und können sich viel wütender, ängstlicher oder freudiger präsentieren als Sie, wodurch sich die Diskussion vom eigentlichen Thema zu den Gefühlen der jeweiligen Anwesenden verschiebt.

Großmut und Lob sind die besten Verbündeten bei Unstimmigkeiten und Konflikten.

Wer sich als talentiert erweist, darf getrost bestätigt werden – »ich verstehe, warum Sie Ihre Fähigkeiten und Talente diesem

Punkt widmen« –, ohne daß man sich dem Vorwurf der Manipulation aussetzt. Ebenso können Verhandlungspartner wie Sieger behandelt werden, indem man ihnen gratuliert, unabhängig davon, wer die Verhandlungen wirklich in seinem Sinne entschieden hat. VIERERN fällt es schwer, sich auf Zusammenarbeit oder Kompromisse einzulassen, wenn ihnen keine persönliche Anerkennung zugesprochen wird. Wenn Sie daher Ihrer Wertschätzung Ausdruck verleihen, öffnet sich Ihnen die Tür für einen wirklichen kompromißbereiten Meinungsaustausch. VIERER sind erst in der Lage, sich auf Ihre Position einzulassen, wenn sie von Ihnen Anerkennung erhalten; dadurch umgehen Sie es, daß sich Verhandlungen aufgrund von persönlichen Konflikten festfahren.

Aus- und Weiterbildung

Ausbilder sollten sich bewußt sein, daß VIERER – mehr als andere Persönlichkeitstypen – die Atmosphäre in einem Raum in sich aufnehmen. Sie sind ihrer Umwelt gegenüber äußerst sensibel und winden sich förmlich, wenn sie nackte Seminarräume oder geschmacklos eingerichtete Konferenzzimmer in Hotels betreten müssen.

Wichtiger als die Inneneinrichtung ist jedoch das, was sich zwischen ihnen abspielt. VIERER werden sehr genau registrieren, ob Ausbilder wirklich mit den Anwesenden interagieren. Sie bevorzugen Ausbilder, die Schülern zuhören, und können sehr genau zwischen wirklichem Interesse und geheuchelten Phrasen unterscheiden. Und mehr als andere Persönlichkeitstypen müssen VIERER in die Gruppe eingebunden werden.

VIERER sind Menschen mit sehr hohen Ansprüchen. Sie wollen eine hervorragende, auf ihre individuellen Bedürfnisse zugeschnittene Ausbildung und werden viel Zeit, Geld und Energie investieren, damit sich ihnen einzigartige Perspektiven auftun. Sie unternehmen diese Anstrengungen, da sie sich von Originalität und Menschen inspirieren lassen, die vor innovativen Änderungen am Arbeitsplatz nicht zurückschrecken.

Schließlich wollen sie auch erfahren, welche Tätigkeiten nach Beendigung des Kurses auf sie warten. Gibt es eine persönliche Beziehung zwischen dem vermittelten Lehrstoff und den Gefühlen, die die Absolventen des Seminars ihrer Rolle am Arbeitsplatz entgegenbringen?

Ausbilder sollten sie als Individuen mit jeweils eigenen Lernfortschritten behandeln. Neben Leistungskontrollen sollten auch Fragen zu persönlichen Gefühlen gestellt werden (»Wie geht es Ihnen damit?«), falls Sie zu eruieren versuchen, wie die jeweiligen Teilnehmer auf die zu bewältigenden Aufgaben reagieren.

Zwei Punkte sollten Sie nicht vergessen: Üben Sie auf VIERER keinen Druck aus, falls sie irgendwo steckenbleiben, und bestehen Sie nicht darauf, daß sie sich unverzüglich und zielorientiert an die jeweiligen Aufgaben heranmachen. Termindruck ist eine sehr reale Gegebenheit, aber VIERER lernen am besten, wenn sie zu hören bekommen: »Verweilen Sie zunächst bei Ihren Gefühlen. Wir kommen darauf zurück, wenn Sie soweit sind.«

Und vergessen Sie auf keinen Fall: VIERER lassen sich nur äußerst ungern mit anderen vergleichen. Es ist für sie erniedrigend, wenn sie so sind wie die anderen, und geradezu vernichtend, falls sie noch unter ihnen stehen.

Der Fall der entlassenen VIERER

Schlimmer hätte es nicht kommen können. Kramer & Co., ein Milchkonzern mit einem Umsatz von 18 Millionen Dollar, wurde, wie es schien, aus dem Nichts heraus von einem seiner nationalen Konkurrenten aufgekauft.

Dies kommt für die 125 Angestellten wie aus heiterem Himmel. Viele unter ihnen arbeiten seit Jahrzehnten für den Sohn des Firmengründers, und plötzlich unterstehen sie dem stellvertretenden Finanzvorstand des Unternehmens, gegen das sie Tag für Tag, Jahr für Jahr auf dem Markt ins Feld gezogen sind – ohne daß sie mehr zu hören bekommen hätten als »die Zeiten ändern sich eben, und wir müssen uns den neuesten Trends anschließen«.

Der Finanzvorstand, ein Siebener, ist sich vage bewußt, daß die Beschäftigten unzufrieden sind. Aber das ist nicht seine größte Sorge. Schließlich kennt er die Situation. Er weiß, seine vorrangige Aufgabe wird es sein, den Betrieb soweit wie nötig zu durchforsten und das Rechnungswesen und einige andere Abläufe so umzustellen, daß sie auf den Mutterkonzern abgestimmt sind.

Er ist für diese Umstrukturierungsaufgaben wie geschaffen. Nicht zuletzt hat er sich durch Maßnahmen wie diese seinen Ruf erworben. Es handelt sich hier um ein relativ kleines Unternehmen, das gut geführt wurde und ihn vor keine besonderen Probleme stellen dürfte. Er sollte nicht länger als einen Monat, im höchsten Fall sechs Wochen damit beschäftigt sein.

Viele vom Personal, darunter eine VIERER-Buchhalterin, die zwölf Jahre für den Milchkonzern gearbeitet hatte, erhielten vom stellvertretenden Finanzvorstand persönlich die Nachricht, daß sie entlassen werden. Er sagt ihr, sie werde ausgestellt, nicht etwa weil ihre Arbeit zu wünschen übriglasse, sondern ihre Position angesichts des Zusammenschlusses nicht mehr benötigt werde. Im Unternehmen selbst werden nur noch die relevanten Daten in das Computersystem eingegeben, ihre bisherige Tätigkeit aber wird vom Mutterkonzern übernommen. Das fünfzehnminütige Gespräch, mehr ein Monolog, schließt er mit den Worten: »Mit Ihrer Erfahrung, Ihren Qualifikationen und dem Zeugnis, das wir Ihnen ausstellen, werden Sie sicherlich keine Probleme haben, eine neue Stelle zu finden.«

Die VIERER-Buchhalterin ist, als sie die Neuigkeiten vernimmt, wie vor den Kopf geschlagen; sie fühlt sich vernichtet und wertlos. Obwohl ihr die Gründe für die Entlassung durchaus einleuchten, empfindet sie es als einen herben Schlag, der ihr Selbstwertgefühl zutiefst verletzt.

Angesichts der nachvollziehbaren Gründe für ihre Kündigung findet sie kein Ventil, durch das sie ihre übermächtigen Gefühle loswerden könnte. Sie weiß, durch die Übernahme sind auch andere Mitarbeiter betroffen, deren Stellungen wie ihre überflüssig geworden sind; sie war also nicht als einzige ausgemustert worden. Dennoch lautet ihre spontane Reaktion: »Wie können sie mich nur entlassen? Ich habe mir hier wertvolle Freundschaften aufgebaut.« Sie fühlt sich von der Betroffenheit ihrer Kollegen geradezu überwältigt. Von ihren Gefühlen mitgerissen, erinnert sie sich an die schönsten Augenblicke in ihrem Beruf. Was ihre Wut nur steigert. Sie wußte nicht, wie sehr sie an ihrem Beruf hing, der ihr nun weggenommen wurde. Erst jetzt wird ihr auch das ganze Ausmaß der Übernahme und die Bestürzung ihrer Kollegen bewußt.

So ist sie nun in der Lage, sich mit der Situation wirklich auseinanderzusetzen; sie wird zur Sprecherin aller Entlassenen. Ihre Botschaft lautet: »Wie konnte die Situation nur so skrupellos, ohne die geringste Vorwarnung, gehandhabt werden? Das ist doch unmenschlich.«

Typische Verhaltensweisen

Angespornt von der Scham, entlassen worden zu sein, sichert sie sich die Unterstützung ihrer Kollegen für ein Treffen mit dem stellvertretenden Finanzvorstand. Sie erscheint, elegant gekleidet, ihre berechtigte Wut unter Kontrolle haltend, im Büro des Vorstands und bittet im Namen aller Entlassenen um ein formales Treffen. Unausgesprochen aber schwingt ganz klar die Aussage mit: »Wie konnten Sie nur? Sie müssen uns anhören. Das alles ist Ihre Schuld.«

Das Erscheinen der VIERER-Buchhalterin ist für den Siebener-Vorstand wie ein Schock. Ihre Entlassung war wie die der anderen ein notwendiger Schritt, der nichts mit Gefühlen zu tun hatte. Es gibt berechtigte finanzielle Gründe dafür. Schließlich gab er den Mitarbeitern keine Schuld, und lobte er nicht die Qualifikationen dieser Buchhalterin?

Die verwirrende Anwesenheit der Buchhalterin, die in seinem Büro steht, läßt ihn denken: »Kann das den Zeitplan für die Umstrukturierungsmaßnahmen gefährden? Ich bin doch nicht für ihre Gefühle verantwortlich. Ihre Reaktion ist übertrieben.«

Die tragische Romantikerin ihrerseits genießt den Augenblick und die Reaktion des Vorstands: Sie wird ernst genommen, und der Siebener fühlt sich offenbar überhaupt nicht wohl in seiner Haut. Da sie sich bewußt ist, daß sie seine Entscheidungen nicht rückgängig machen kann, zieht sie ernsthaft in Betracht, den Fall grundsätzlich vor Gericht zu bringen.

»Sind Ihnen die Auswirkungen dessen nicht bewußt?« fragt sie ihn. Sie will, daß er ihren Wert als Mensch und Individuum anerkennt.

Der nur ungern als Autoritätsfigur agierende Siebener sieht nicht die Tragweite seiner Handlungen. Er und auch die Frau auf der anderen Seite seines Schreibtisches wollen, daß die Sache möglichst schnell beendet wird, aber aus unterschiedlichen Gründen: Sie will das Gefühl haben, Anerkennung zu erhalten, wenn sie das Unternehmen verläßt, und er sucht einen schnellen Ausweg aus dieser Situation. Ohne daß sie es wollten, schufen beide für den anderen einen Moment der Wahrheit. Die tragische Romantikerin läßt sich von ihren Gefühlen hinreißen und strebt, um sich zu revanchieren, schon aus Prinzip ein Gerichtsverfahren an, während der Epikureer nur darauf bedacht ist, Schmerz zu vermeiden.

Das Blatt wendet sich

Da der Siebener-Vorstand auf die anstehende Umstrukturierung des Unternehmens fixiert war, entging ihm, wieviel Leid er den ehemaligen Mitarbeitern des Milchkonzerns zugefügt hat. Die Buchhalterin hat ihn gezwungen, dieses Problem wahrzunehmen. Sie weiß zwar, daß sie die Entscheidung des Vorstands nicht revidieren kann, fühlt sich jedoch nach wie vor als Opfer. Daß er den von ihm angerichteten Schaden nicht wahrnehmen will, rechtfertigt ihre Wut um so mehr. Mit der Entlassung würde sie zurechtkommen, nicht aber, daß sie ihres Selbstwertgefühls beraubt wurde. Der Epikureer sieht jetzt den blinden Fleck seines Denkens: Die Entlassungen könnten für einige Turbulenzen sorgen; er muß den noch übrigen Angestellten eine Mitteilung zukommen lassen, die ihr Vertrauen bestärkt.

»Ich werde die Personalabteilung des Mutterkonzerns bitten, daß alle Entlassenen in den Genuß eines Abfindungspakets kommen«, sagt er ihr. »Und ich werde eine Verlautbarung herausgeben, die darüber informiert, welch erstklassige Unterstützung wir dem entlassenen Personal zukommen lassen.«

Lösung

Die Buchhalterin ergreift die Initiative, als sie glaubt, durch die Entlassung werde ihr Selbstwertgefühl beeinträchtigt. VIERER, deren besonderer Beitrag in einem Atemzug mit dem anderer genannt wird, fühlen sich am Boden zerstört.

Tragische Romantiker neigen dazu, emotionale Krisen zu dramatisieren; die Buchhalterin sieht ihren Beitrag zur Firma in Form der emotionalen Beziehungen, der ihr wichtigen Freundschaften, die sie mit ihren Kollegen geschlossen hat. Wenn sie sich an ihre Firma erinnert, dann denkt sie vor allem an die Menschen, die sie vermissen wird, und nicht an ihre guten Leistungen in ihrem Beruf.

Da sie immer nach dem sucht, was gerade nicht verfügbar ist, richtet sich ihre Aufmerksamkeit in jenem Moment auf ihren Beruf, als er ihr genommen wird. Ihre Entlassung trifft die für VIERER typischen Verlustgefühle, was sie dazu veranlaßt, rechtliche Schritte zu überlegen.

Die Gleichgültigkeit des epikureischen Siebeners ist Resultat seiner Fixierung auf die kurzfristige Umstrukturierung des Unternehmens. Die tragische Romantikerin sieht er nicht; er sieht nur ihren Job, den er wegrationalisieren will. Die VIERER-Buchhalterin ist in seinem großen Plan lediglich ein kleiner Faktor, weshalb ihre Entlassung keine großen Folgen haben sollte. Er hat sich, glaubt er, ihr gegenüber fair verhalten, daher gelangt er zu der Schlußfolgerung: »Ihre Reaktion ist übertrieben, und ich bin nicht daran schuld.« Verlegen steht er dieser, wie er meint, Zuspitzung der Situation gegenüber.

Was er nicht sieht, ist, daß Gefühlsausbrüche – wie ihn die Buchhalterin gezeigt hat – unmittelbar dem Wunsch seines Persönlichkeitstyps zuwiderlaufen, Konfrontation und Schmerz zu

vermeiden. Er will nicht daran denken, daß er durch seine Entlassungen persönliches Leid verursachen könnte – schließlich waren seine Handlungen nicht von Emotionen geleitet; also sucht er nach einem sicheren Ausweg.
Falls aber der stellvertretende Finanzvorstand nicht auf die Enttäuschung der tragischen Romantikerin eingeht, wird sie den Einsatz dramatisch erhöhen und die unerfreuliche Situation noch weiter eskalieren lassen.
VIERER fühlen sich am Arbeitsplatz oft eingesperrt, da für Emotionen kein Platz zu sein scheint. Gefühle gehören jedoch ebenso zum Arbeitsleben wie rationales Denken. Der Siebener kann nun auf die Bedürfnisse der VIERER eingehen, wodurch sich ihm die Gelegenheit eröffnet, das »Richtige zu tun«. Das Ergebnis: Zwei Menschen können eine Situation meistern, in der sie möglicherweise beide nur verlieren konnten, und dabei etwas mitnehmen, das sie beide brauchen.

Selbstbeobachtung
In aufgewühlten Phasen sollten VIERER innehalten, sich selbst beobachten und sich fragen: »Was brauche ich wirklich? Was kann mich zufriedenstellen?«
Ein Gerichtsverfahren hätte die Buchhalterin nicht zufriedengestellt, da sie aus Mangel an Anklagepunkten nicht gewonnen hätte. Doch sie will angehört werden. Sie braucht jemanden, dem sie ihre Gefühle zeigen kann, um so das Wechselspiel ihrer Launen auszugleichen und ihre Entlassung akzeptieren zu können.

Punkt Fünf: Der Beobachter

Entsprechende Bezeichnungen: der Denker, der Philosoph, der Weise, der Zeuge, der Analytiker

Motto: Wissen ist Macht.

Vorstellung: Die Wirklichkeit läßt sich durch die reine Vernunft erfassen.

Wahrnehmungsperspektive: Wieviel Zeit und Energie muß ich aufwenden?

Art der Informationsverarbeitung: »Diskontinuierliches Denken«.

Blinder Fleck: FÜNFER sind sich ihres inneren Reichtums nicht bewußt.

Entwicklungspotential: Auf andere Menschen zuzugehen.

Geistiger Weg: Entwicklung emotionaler und körperbewußter Intelligenz.

Leidenschaft: Habsucht.

Tugend: Distanz.

Inspiration durch: Allwissenheit.

Führungsstil: Kontrolle aus der Distanz. Tritt oft im Gespann mit aggressiveren Persönlichkeitstypen wie dynamischen Dreiern auf. Erstellt eingehende Analysen.

Erscheinung auf andere: Inhaltsfixiert. Emotional leer. Hält sich schweigend am Rand der Menge auf.

Typische Konflikte: Kaum zugänglich. FÜNFER wirken auf Personen, die wie Zweier und Vierer auf emotionalen Kontakt angewiesen sind, frustrierend.

»Sofortmaßnahmen«: Gehen Sie sorgsam mit Ihrer Zeit und Energie um, indem Sie sich vorher bereits eingehend infor-

mieren, wie lange eine Konferenz dauern, wer anwesend sein wird und ob man erwartet, daß man nachher noch zusammensitzt.

Die von FÜNFERN ausgesandten Signale

Positiv: Ein Gelehrter, sachkundig und nachdenklich; leidenschaftslos und ruhig in Krisen.

Negativ: FÜNFER wollen ihre Privatsphäre, wodurch sich andere möglicherweise zurückgewiesen fühlen. Intellektuelle Überlegenheit und Arroganz.

Ambivalent: Andere wissen nie genau, ob sie willkommen sind oder in die Privatsphäre des FÜNFERS eindringen.

Sicherheitsreaktion an Punkt Acht: FÜNFER sind hier offen, direkt und konsequent; sie sagen ihre Meinung, statt sich zurückzuhalten.

Streß-/Risikoreaktion an Punkt Sieben: FÜNFER gehen auf andere zu – sie sind nach außen hin zwar freundlich, innerlich aber von Ängsten geplagt.

Arbeitet am besten in: Berufen, in denen Zeit zum Nachdenken ist: in der Forschung und Entwicklung, Bibliotheken, während der Nachtschicht im Computerlabor.

Hat Probleme in: Berufen mit großem Konkurrenzdruck oder direkter Konfrontation; Jobs mit einem hohen Anteil zwischenmenschlichen und emotionalen Kontakts: am Informationsstand in einem Kaufhaus, als Stewardeß, Tagesmutter, Kellner.

Wird in der Arbeitswelt vorzugsweise eingesetzt in: Berufen, die kontinuierliche Neuanalysen erfordern: als Universitätsprofessor, für langfristige Planungen, im Vorstand.

Sind Sie ein FÜNFER?

Beobachter glauben, daß durch objektive Analyse aus dem Chaos Ordnung erzeugt werden könne. Sie arbeiten gern und für lange Phasen allein, eine Angewohnheit, die für extrovertiert veranlagte Menschen etwas Einsames und fast Geheimniskrämerisches hat. Von Ihrem distanzierten Standpunkt aus gesehen aber erscheinen viele gesellschaftliche Aktivitäten als sinnlos. Warum wertvolle Zeit und Energie für Small talk verschwenden, wenn ganze Wissenswelten darauf warten, erkundet zu werden?

Da allerdings die meisten Menschen, mit denen Sie täglich zusammentreffen, die Welt anders sehen, haben Sie die Überlebensstrategie des Rückzugs entwickelt. John ist in dieser Hinsicht das perfekte Beispiel für einen FÜNFER.

Sein Büro kann als Metapher für die Eigenart seines Denkens gesehen werden. Er ist jemand, der sehr auf Privatsphäre achtet, und steht einem schnell wachsenden Headhunter-Unternehmen vor, das sich in einem der höchsten Bürohäuser der Stadt befindet. Von der Straße aus gesehen gleicht das hoch aufragende Gebäude einer uneinnehmbaren Festung mit verdunkelten, hermetisch abgeschlossenen Fenstern, die nicht zu öffnen sind.

Es gibt noch andere Barrieren zu überwinden, bevor man John zu Gesicht bekommt. Angestellte eines Sicherheitsdienstes achten in der Lobby darauf, daß Sie nicht ohne Besucherausweis zu den Aufzügen gelangen, und vergewissern sich telefonisch im Büro, zu dem Sie wollen. Johns Unternehmen nimmt die gesamte 63. Etage ein; eine Rezeptionistin läßt Sie eintreten, nachdem sie über Videomonitor Ihren Besucherausweis überprüft hat. Sie führt Sie durch einen Gang zu Johns Assistenten, der ein weiteres Mal nachfragt, ob der Boß verfügbar ist – alles Maßnahmen, um die von ihm hochgeschätzte Privatsphäre nicht zu verletzen.

John ist vom emotionalen Ballast, der viele Firmenchefs förmlich erdrückt, vollkommen isoliert. Die Kommunikation im Haus läuft über E-Mail, und Angestellte, die erst vor kurzem eingestellt wurden, haben den Boß wahrscheinlich noch kein einziges Mal zu Gesicht bekommen. Da ihn die Anwesenheit anderer leicht erschöpft, ist er bekannt dafür, daß er bis spät in die Nacht hinein arbeitet – dann, wenn das Gebäude leer ist und die hektische Unruhe in den Büros, die Intrigen und das Konkurrenzverhalten der anderen verebbt sind.

Nachdem Sie also am Spalier der Assistenten vorübergeschritten sind, erwarten Sie vermutlich, einem scheuen Einsiedler zu begegnen – und haben damit vollkommen recht. Aber John wird Sie herzlich begrüßen und sich selbst als jemanden präsentieren, der erfahren ist im Umgang mit anderen Menschen. Vor Ihnen steht der Mann, der – eigentlich typisch für Zweier – ein persönlichkeitsorientiertes Unternehmen leitet, das darauf spezialisiert ist, für die größten Konzerne des Landes Führungskräfte zu suchen. Sein Erfolg hängt von der Zufriedenheit der Kunden ab; daher hat er gelernt, jeden seiner Schritte sorgfältig einzustudieren.

Er hat sich auf die Stunde, die Sie bei ihm verbringen werden, gut vorbereitet und strahlt in dieser Zeit eine Vertraulichkeit aus, die Sie von jemandem, der mit äußerst privaten Daten umgeht, erwarten dürfen. Aber ohne daß Sie es bemerken, sind bei dem Treffen drei Personen beteiligt: Sie selbst, John und Johns Beobachter – der distanzierende Teil seines Verstands, der alle Interaktionen beobachtet, noch während sie stattfinden.

John ist darin geübt, sich hinter einer Pose zu verstecken, wenn er sein Anliegen mitteilt. Er spricht, gleichzeitig aber sieht er sich selbst die verschiedenen Phasen eines gut geplanten Kontakts durchlaufen. Während er sich mit Ihnen unterhält, ist er nach außen gerichtet und zuweilen sogar aggressiv. Sobald jedoch das Treffen beendet ist und er die Tür hinter sich schließt, zieht er sich wieder in sich zurück – wie hinter hermetisch versiegelte Fenster. Dann läßt er die Ereignisse vor seinem geistigen Auge vorüberziehen und macht sich bewußt, welche Gefühle die Begegnung bei ihm ausgelöst hat – denn solange er in der Öffentlichkeit ist, sind seine Gefühle »außer Dienst«.

Wie FÜNFER Informationen verarbeiten

Beobachter werden traditionell als »Mönche geiziger Gesinnung« bezeichnet – nicht weil sie Geld horten, sondern weil sie Distanz wahren, indem sie das zurückhalten, was ihnen am wertvollsten ist: Zeit, Energie, Privatsphäre und Autonomie. John würde sich selbst wahrscheinlich nicht als geizig bezeichnen. Schließlich führt er ein sehr einfaches Leben und rühmt sich, sehr wenig persönliche Zuwendung zu brauchen. Was ihm Kraft verleiht, sind seine Studien, und er geht mit seiner Zeit und Energie sehr verschwenderisch um, wenn er sich mit dem beschäftigt, was ihn interessiert. Die Verbindung zur Welt stellt er fast ausschließlich über seinen Verstand her, und genauso widmet er sich den privaten Nachforschungen und relevanten Informationen.

Da er immer auf der Suche nach Daten ist, die er für seinen Beruf benötigt und die er horten kann, gleicht die Struktur seines Denkens einer Sammlung von Karteikästen, wobei jedem Thema ein separater Kasten zugeordnet ist. Seine Akten sind voll mit von ihm kommentierten Informationen über Klienten. Er könnte Bände schreiben über Unternehmensstrukturen, über die Verantwortlichen an den Schalthebeln der Macht und über Verträge und ihre Klauseln; Informationen, die er von den Medien, von Nachrichtenagenturen, vom Hörensagen und von privaten Notizen bezieht.

Entsprechend besitzt er auch eine Akte über sein »Zuhause« und über jeden seiner Freunde. Diese müssen sich nicht unbedingt kennen noch über Johns Privatleben Bescheid wissen, denn die verschiedenen Fächer in seinem Denken überlappen sich nur selten. John ist jemand, dessen Denken als »diskontinuierlich« bezeichnet werden kann. Wie jemand, der eine Akte aufschlägt, konzentriert er sich immer nur auf ein Thema. Ist er damit fertig, wird sie weggepackt, und er geht zum nächsten Thema über. Es fällt ihm leicht, die vertraulichen Vereinbarungen mit seinen Kunden zu erfüllen; es gehört nicht nur zum guten Ton seines Geschäfts, sondern entspricht auch seinem Denken, das unterschiedliche Informationen in verschiedene Fächer ablegt.

Wie ein Geizhals, der seine Wertsachen an verschiedenen Orten versteckt – unter der Matratze, im Garten vergraben oder im Wandsafe hinter einem Bild –, sammelt John alle Informationen, die er über die unterschiedlichsten Aspekte einer Neueinstellung auftreiben kann. Sieht man die Welt aus seiner Wahrnehmungsperspektive, würde man Datenblöcke mit Informationen erkennen, die die Entscheidungen seiner Klienten beeinflussen. Es gehört zu seinen Aufgaben, die wichtigsten, entscheidenden Muster in diesen Blöcken zu entdecken. Der Erfolg seines Unternehmens basiert auf der Qualität dieser Daten; aus Johns Perspektive läßt sich daher sagen: Wissen ist Macht.

Anders als Sechser, die Problemen vorbeugen wollen, indem sie die schlimmsten Szenarien bereits vorwegnehmen, und anders als Siebener, die immer mit dem Positiven rechnen, häuft John, der FÜNFER, Informationen an, um aus ihnen das herauszufiltern, was für seine Kunden erfolgversprechend ist.

FÜNFER bei der Arbeit

FÜNFER glänzen, wenn es um abstrakte Analysen geht – was auf John immer zugetroffen hat. Sein Bedürfnis nach Abgeschiedenheit wurzelt in seiner Kindheit. Sie war von dem Versuch geprägt, sich aufdringlichen emotionalen Forderungen zu entziehen. Aber sein Verlangen nach Einsamkeit geht noch tiefer, als nur die Tür hinter sich zu schließen oder sich in Büchern zu vergraben. Er hat es gelernt, sich von seinen Gefühlen zu distanzieren, und zieht die Klarheit rationaler Analyse dem Chaos vor, mit dem die undurchschaubaren Gefühle behaftet sind.

Als FÜNFER können Sie sowohl Johns leidenschaftliches Interesse an Kenntnissen als auch das Gefühl nachvollziehen, von den Bedürfnissen anderer ausgelaugt zu werden. Warum die Zeit mit den Projekten anderer zubringen? Warum sich von Gefühlen aufreiben lassen? Warum das nicht einfach alles ignorieren?

Viele FÜNFER haben Probleme in einem Umfeld, das emotional ausgerichtet ist und auf Konfrontation basiert, wie dieser Vorstandsvorsitzende eines großen Unterhaltungskonzerns in San Francisco. In der Siebener-typischen Kultur der Musikindustrie fühlt er sich wie ein Fisch auf dem Trockenen:

> *Hier will jeder ein Künstler sein, aber meine Aufgabe ist eben die eines Treuhänders. Ich werde bezahlt, um einen Etat auf die Beine zu stellen und darauf zu achten, daß sich die Manager auch daran halten. Ich soll vorausdenken, nicht Händchen halten und in Clubs herumhängen oder irgendein Instrument spielen – und sicherlich nicht jedem sein Lieblings-Musikprojekt finanzieren. In diesem Geschäft geht es darum, Geld zu verdienen. Nicht um irgendwelche exzentrischen Künstler-Egos.*

Das Enneagramm lieferte dem Vorstandsvorsitzenden ein Modell, um die extrovertierten und emotionalen Menschen in seiner Umgebung zu verstehen. Er erkannte, daß er als FÜNFER darauf bedacht war, finanzielle Ordnung in das Chaos zu bringen. Sein Manager-Team allerdings hatte andere Vorstellungen. Wo er delegieren wollte, wollten sie nur ihre Dollars ausgeben. Unmittelbar nachdem er den neuen Etat erstellt hatte, ging er in Urlaub und entzog sich somit dem dadurch ausgelösten lauten Gezeter – ein für FÜNFER typischer Schritt.

Als FÜNFER in einem Team werden Sie wahrscheinlich das Bedürfnis haben, sich den Auseinandersetzungen der verschiedenen Gruppierungen, ihren persönlichen Feindseligkeiten und ihrer Cliquenwirtschaft zu entziehen. Statt wegzulaufen, sollten Sie versuchen, Ihre Gedanken kundzutun; warten Sie nicht ab, bis Sie wissen, welche Meinung die anderen vertreten. Äußern Sie Ihre Ansichten vorab, und unterwerfen Sie sich nicht einer selbstauferlegten Zensur. Es ist sehr viel einfacher, sich zurückzulehnen, zu beobachten und auf die Fragen zu warten, die sich lediglich mit Ihrer Rolle befassen. Versuchen Sie, Ihr Wissen zu verallgemeinern und auf andere Bereiche des Projekts zu übertragen. Es ist wichtig, daß Ihre Mitarbeiter erfahren, was Sie denken und wie Sie an Probleme herangehen; dadurch können sie Ihre Denkweise nachvollziehen und letztendlich auch anerkennen.

Was Sie nicht vergessen sollten

Ihr geistiger Weg handelt von Ihren Gefühlen und der Freude im Zusammensein mit anderen Menschen, zu denen Sie sich erneut Zugang verschaffen sollten. Rationales Denken hat seine Berechtigung, ist aber bei weitem nicht alles. Sie neigen dazu, über Ihre Gefühle nachzudenken, statt sie auszuleben. Im Unterschied zu VIERERN, die ihren Gefühlen folgen, und Zweiern, die auf andere zugehen, verlassen Sie sich vor allem auf die Logik und den rationalen Verstand.

Ihre Gefühle, die Sie anderen Menschen entgegenbringen und die alles andere als irrational sind, können Ihnen aufschlußreiche Erkenntnisse liefern. Einer meiner FÜNFER-Klienten war ein überaus distanzierter Immobilienmakler, dem das »Glück« widerfuhr, beim Zusammenbruch eines Projekts eine Menge Geld zu verlieren. Als er mich konsultierte, befand er sich in einer Art Schockzustand – nicht wegen der finanziellen Verluste, die zum größten Teil durch Versicherungen abgedeckt waren, sondern wegen der unerwarteten Anteilnahme seiner Kollegen. Als FÜNFER erwartete er, daß sie sich über seine Inkompetenz und seinen finanziellen Mißerfolg mokierten. Viele aber sprachen ihm ihr Mitgefühl aus und boten sogar an, ihn bei anderen Projekten zu unterstützen.

Mein Klient war auf einen Bereich gestoßen, den er bislang nicht wahrgenommen hatte. Er erkannte, daß »emotionale« Entscheidungen mehr waren als nur vorübergehende Launen. Seine Kollegen sprachen in ihren Briefen von seiner Geduld, seiner Freundlichkeit, seinen beharrlichen Bemühungen – Qualitäten, die in seinem Denken bislang keinen Platz gefunden hatten. Als FÜNFER wollte er einfach nur ein guter Geschäftsmann sein, der den Markt analysieren kann. Erst die anderen mußten ihn auf Eigenschaften aufmerksam machen, die wesentlich zu seinem Erfolg beitrugen.

Ein abschließender Gedanke

Die emotionale Leere, die FÜNFER nach außen hin zeigen, verleitet andere zu vorschnellen Schlußfolgerungen. Ihre scheinbare Gleichgültigkeit kann leicht für Zustimmung gehalten werden. Ohne Resonanz stellt sich schnell der Gedanke ein: »Was ich vorgeschlagen habe, scheint ihr zu gefallen, soweit ich das zu sagen vermag.« Oder: »Er scheint nicht daran interessiert zu sein; vielleicht sollten wir die ganze Sache vergessen.«

Leider verstärken solche Projektionen bei FÜNFERN das Gefühl der Entfremdung. Wenn Ihre Absichten ständig mißdeutet werden, warum sollten Sie sich dann überhaupt noch die Mühe machen, Ihre Umgebung darüber aufzuklären?

FÜNFER wirken manchmal gleichgültig und wenig mitfühlend. Stellen Sie sich vor, wie andere sich fühlen, wenn ein undurchschaubarer Beobachter plötzlich einen Entschluß verkündet, den er anscheinend ohne Mitsprache der davon betroffenen Personen gefaßt hat. Um Konfrontationen zu vermeiden, fällen Sie für sich die Entscheidung, die Sie dann lediglich verkünden. Mehr nicht. Das war's dann. Keine weiteren Erklärungen. Aber während Sie hoffen, dadurch Konflikte vermeiden zu können, wittern die Betroffenen dahinter nur vorsätzliche Gewissenlosigkeit.

Versuchen Sie aus sich herauszugehen, statt alles, was Sie zu sagen haben, einer inneren Zensur zu unterziehen.

Beobachtende FÜNFER sollten lernen, umgehend und offen von sich zu erzählen. Vertrauen Sie diesem Prozeß, und Sie werden erkennen, daß Sie nicht immer vorbereitet sein müssen. Jeder Versuch, sich anderen zu zeigen, wiegt den schwerwiegenden Fehler auf, sich anderen vorzuenthalten.

Denken Sie dabei an John, den erfolgreichen Headhunter, der sich hinter einer Wand aus Assistenten verschanzt. Indem er sich zurückzieht, bewahrt er seine Energie, seine Mitarbeiter aber finden seine Distanz unweigerlich beängstigend.

Sicherheit und Streß

Dynamik der Veränderung für Punkt Fünf

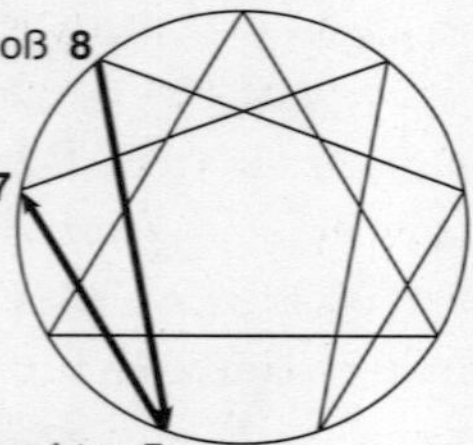

Sicherheitsreaktion an Punkt Acht

Entspannte und sich sicher fühlende FÜNFER sind am Arbeitsplatz wertvolle Kollegen, da sie ihre Meinung äußern. Sie verbinden die distanzierte Klarheit des FÜNFERS mit dem direkten und konsequenten Durchsetzungsvermögen des Bosses – sehr zur Erleichterung der Mitarbeiter, die nicht erraten müssen, was Sie denken. Am Punkt Acht erlangen Sie unumstößliche Präsenz, Sie werden zu einer Person, die die Dinge selbst in die Hand nimmt und nicht immer nur am Rand steht.

Wenn Sie sich Ihrer Sache sicher sind, formulieren Sie in Gedanken ein kristallklares Bild der notwendigen Aufgaben und sind in der Lage, sie anderen zu vermitteln, die Ihre Vorstellungen dann aufnehmen und realisieren können. Bei der Umsetzung von Konzepten stellen FÜNFER gewöhnlich ihre Energiereserven in Frage. Getragen von der Tatkraft des Achters, finden Sie jedoch die Energie, die Ihnen ermöglicht, Projekte auch zum Abschluß zu bringen.

Die negative Seite Ihrer Sicherheitsposition läßt Sie manchmal als Tyrann erscheinen. Sie versammeln alle um sich, geben Ihre

Anweisungen und verschwinden dann. Ihrer Meinung nach gehört es nicht zu Ihren Aufgaben, andere zu kontrollieren. Daher regt sich in Ihnen Zorn, wenn Sie wertvolle Zeit aufbringen müssen, um andere zu ermutigen oder zu unterstützen. Sie haben gelernt, alles aus der Entfernung zu beobachten, bis sich Krisen einstellen. Dann betreten Sie die Bühne, vollführen entschlossen brillante Rettungstaten und ziehen sich sofort wieder zurück, um der emotionalen Bredouille zu entgehen. Mitarbeiter können sich auf die Situationsanalysen und klaren Handlungsvorgaben ihrer FÜNFER verlassen, müssen aber lernen, mit den unvermeidlichen Pannen selbst zurechtzukommen.

Streß-/Risikoreaktion an Punkt Sieben

Betriebseigene Volleyballmannschaften oder Kaffeeküchen sind für FÜNFER Alpträume, mit dem Streß der Entscheidungsfindung aber können sie gut umgehen. Sie werden daher von eher emotional veranlagten Menschen gern als kühle, distanzierte Denker eingesetzt, auf die sie sich verlassen können.
Bei den ersten Anzeichen von Streß wollen Sie sich sofort zurückziehen und die Lage überdenken. Wie alle Beobachter wollen Sie sich von äußeren Eindrücken, die an Sie herangetragen werden, nicht überwältigen lassen; Sie schalten lieber das Telefon ab und isolieren sich. Leider fällt dieser Rückzug oft mit Phasen zusammen, in denen Ihre Anwesenheit besonders benötigt wird. Fragen zu der sich verschlechternden Arbeitsatmosphäre und zu Ihrer Rolle in der Gruppendynamik mögen in Ihrem Wahrnehmungsfeld nicht auftauchen, aber Ihr Rückzug kann zur weiteren Zuspitzung des Problems führen.

Wie andere FÜNFER sehen

Kommunikation

Der Kommunikationsstil von FÜNFERN läßt sich am besten mit »zugeknöpft« beschreiben; fast alles, was ihnen durch den Kopf geht, behalten sie für sich. Sie sind rational, objektiv, ohne Emotionen und verschlossen. Nicht selten kommt es vor, daß Kollegen, mit denen sie seit Jahren zusammenarbeiten, nicht wissen, ob sie Kinder haben oder wie lange ihr Weg zur Arbeit dauert. Dementsprechend wissen ihre Nachbarn nicht, wo sie arbeiten.

Es kann daher nicht überraschen, daß FÜNFER Kommunikation so stark wie möglich zu strukturieren versuchen. Jede Verabredung hat einem gewissen Zeitrahmen und einem genauen Plan zu folgen. Kollegen haben gelernt zu sagen: »Das Abteilungstreffen wird eine Stunde dauern.« Und wenn sie klug sind, kündigen sie es so frühzeitig wie möglich an. Sie wissen, FÜNFER sind am glücklichsten, wenn es bei solchen Sitzungen zu keinen Überraschungen kommt und man sie nicht mit Banalitäten belästigt. Spontane Kommunikation empfinden FÜNFER als Anstrengung, Small talk ist für sie eine Form der Folter.

FÜNFER konzentrieren sich immer nur auf eine Sache und erweisen sich auf abgelegenen Gebieten oft als wahre Experten. Sie sind berühmt für ihre obskuren intellektuellen Steckenpferde. Ein FÜNFER-Börsenmakler weiß vielleicht alles über ehemalige Börsenplätze oder über die Kursänderungen des britischen Pfunds in den letzten Jahrzehnten.

FÜNFER antworten exakt auf die gestellten Fragen, vermeiden Verallgemeinerungen und Ungenauigkeiten. So bekommen Mitarbeiter oft zu hören: »Bitte seien Sie etwas präziser«, oder: »Ich weiß nicht recht, worauf Sie hinauswollen; wollen Sie es noch einmal versuchen?«

Ihr Kommunikationsmodell liefert ihnen Informationsblöcke, die als separate Einheiten wahrgenommen werden, die nichts miteinander zu tun haben. Um sich ein zusammenhängendes Bild von einer Sache zu machen, müssen FÜNFER Muster ausfindig machen, wodurch die unterschiedlichen Informationseinheiten verbunden werden.

Das Internet illustriert am besten die Kommunikationsweise von FÜNFERN. Im Netz wird die reine Information ausgetauscht, ohne daß die Notwendigkeit besteht, sich von Angesicht zu Angesicht zu treffen.

In Gesprächen konzentrieren sich FÜNFER auf Fakten. Fakten sind sicher, neutral und enthalten keine unausgesprochenen Erwartungen. Emotionale Aussagen hingegen werden als nötigend empfunden und lösen innere Fragen aus wie »Wieviel Zeit und Energie wird mich das noch kosten?« oder »Was wird denn noch von mir erwartet?«.

Je mehr Sie FÜNFER drängen, Ihnen persönliche Aufmerksamkeit entgegenzubringen, um so mehr wollen sie sich zurückziehen.

Darauf fixiert, daß die Fakten stimmen, achten FÜNFER wenig darauf, wie ihre Anliegen aufgenommen werden. Sie vermitteln ihre Fakten ohne gestalterische Zugaben, oft in Memo-Form oder als winzige, handgeschriebene Zettel. Positive wie negative Nachrichten sind sauber und emotionslos notiert. Ihre Mitteilungen sind sachlich und frei von jeglichem persönlichen Ton.

Selbst Entscheidungen zu Neueinstellungen oder Entlassungen werden von FÜNFERN oft indirekt übermittelt, wodurch sie den

Eindruck kalten Desinteresses erzeugen. Die negativen Folgen unpersönlicher Kommunikation werden FÜNFERN manchmal überhaupt nicht auffallen. Abhilfe ist zu schaffen, indem man sie mit Persönlichkeitstypen zusammenbringt, die zu einer interaktiven Arbeitsweise neigen.

Die Umgebung empfindet die zurückgezogene Art der FÜNFER als negativ. Der Eindruck entsteht, als wäre ihnen alles, was andere tun oder sagen, gleichgültig. FÜNFER sehen ihre Distanz jedoch als Ausdruck des tiefen Respekts, den sie vertraulichen Daten und den persönlichen Grenzen anderer entgegenbringen. Durch ihre emotionale Distanz gelten sie in Gesprächen als intellektuelle Beobachter, weniger als aktive Teilnehmer. Wenn sie sich in sich selbst zurückziehen, wirken sie nach außen hin als teilnahmslos und geben anderen das Gefühl, sie würden beobachtet werden. In Gesprächen kann es zu langen Pausen kommen, was andere häufig dazu veranlaßt, diese mit improvisierten Monologen zu füllen.

Daß FÜNFER Distanz wahren, liegt zum Teil in ihrer Angst begründet, angreifbar zu werden, wenn sie sich aus der Deckung wagen. Es fällt ihnen außerordentlich schwer, mit der eigenen Arbeit an die Öffentlichkeit zu treten. Aber wenn sie es tun, sind ihre Präsentationen hervorragend organisiert, gut dokumentiert und wahrscheinlich so gut einstudiert, daß sie sich innerlich zurücklehnen und sich selbst dabei zusehen können, wie sie ihren Vortrag halten.

Distanz heißt, die eigenen Gedanken von den durch Gefühle und Sinneseindrücke hervorgerufenen Reaktionen zu trennen. In ih-

rer eingeübten Rolle können sich FÜNFER daher als witzig präsentieren, als fundiert oder was sonst in der jeweiligen Situation gefordert wird – und sich währenddessen selbst dabei beobachten.
Wirkliche Kommunikation aber beginnt erst, wenn FÜNFER nicht nur ihre Schlußfolgerungen, sondern auch ihre Gedankengänge und Vorstellungen mitteilen.

Nonverbale Kommunikation
FÜNFER können lange reglos verharren. Ihre Körpersprache und ihre Mimik geben nur wenig Aufschluß über ihre innere Verfassung. Sie scheinen von ihren eigenen Gedanken völlig in Anspruch genommen zu sein, ohne äußerliche Regungen, die gedeutet werden könnten. Tatsächlich können sie sich so weit in sich zurückziehen, daß sie vollständig aus der Umgebung zu verschwinden scheinen.
Ihre Teilnahmslosigkeit fordert zu Mutmaßungen und Deutungen heraus: Es fällt anderen leicht, Zustimmung oder Ablehnung auf die unbewegliche Maske zu projizieren.
Erwarten Sie nicht, daß Sie von FÜNFERN eindeutige mimische Hinweise erhalten. Ein zustimmender Blick spricht Bände; ebenso ein skeptisches Schulterzucken.

FÜNFER bringen ihre Herzlichkeit in kleinen, sorgfältig gewählten Gesten zum Ausdruck.

Starke nonverbale Zeichen ergeben sich aus unscheinbaren Handlungen. FÜNFER lassen sich dort nieder, wo sie sich schnell wieder zurückziehen können, und tauchen erst auf, wenn ihr

Interesse geweckt ist. Einfache soziale Gesten – sich auf einen bestimmten Stuhl setzen, sich in die Kaffeeküche begeben, wenn sich darin eine bestimmte Person aufhält, jemandem eine E-Mail zukommen lassen – sind aus der Perspektive des Beobachters starke, aussagekräftige Signale.

Geht ein FÜNFER mit jemandem einer gemeinsamen Tätigkeit nach, ist dies als nonverbale Bitte um Kontakt zu verstehen. Die Kommunikation fällt wesentlich leichter, wenn die gemeinsame Tätigkeit den persönlichen Kontakt, den FÜNFER zu vermeiden suchen, abmildert. Wichtige Geschäfte können besprochen werden, während zwischen den Schlägen der Golfplatz abgeschritten wird, da durch das Spiel die Aufmerksamkeit vom FÜNFER abgelenkt wird.

Die Kommunikation mit FÜNFERN

- FÜNFER reagieren äußerst sensibel auf jede Form von Aufdringlichkeit. Respektieren Sie ihre Grenzen. Informieren Sie sie im voraus, daß Sie ihnen einen Besuch abstatten wollen; platzen Sie nicht einfach hinein. Erwarten Sie nicht, von ihnen Persönliches zu hören.
- FÜNFER tun sich schwer, spontan zu reagieren. Geben Sie ihnen Zeit zum Nachdenken, damit sie ihre Antwort vorbereiten können. Vermeiden Sie Überraschungen.
- Suchen Sie nach gemeinsamen intellektuellen Interessen, mit denen Sie sie in Gespräche verwickeln können. Abstrakte Ideen sind sicheres Terrain für sie. Drängen Sie nicht auf Gefühlsäußerungen.
- Gehen Sie davon aus, daß sich FÜNFER nach wichtigen Gesprächen für eine Weile zurückziehen. Interpretieren Sie dies nicht als Feindseligkeit oder Desinteresse. Organisieren Sie

regelmäßige Sitzungen, in denen der jeweilige Kenntnisstand ausgetauscht wird.

- Vereinbaren Sie, wer für Sitzungen die Termine festlegt, wer bestimmte Telefongespräche führt etc. Ansonsten wird der aktive Part ausnahmslos Ihnen zufallen.
- Halten Sie sich mit Annahmen zurück, was FÜNFER denken oder fühlen. Ihre scheinbare Teilnahmslosigkeit lädt zur Projektion ein. Überprüfen Sie Ihre Mutmaßungen an der Realität, indem Sie um Stellungnahmen bitten (mit der Option, daß sie Ihnen auch später geliefert werden könnten).
- Konflikte oder intensive Gefühlsäußerungen stellen für FÜNFER unangenehme Situationen dar. Achten Sie darauf, daß sie nur von kurzer Dauer sind, und schaffen Sie Strukturen, die deren Auswirkungen abfedern.

Motivation

FÜNFER sammeln Informationen und nützliche Daten. Dahinter steht der Glaube, Realität lasse sich durch einen kompetenten Verstand erkennen, gestalten und vorhersagen. Da Wissen für sie gleichbedeutend ist mit wahrem Reichtum, hält sie ihr Geiz dazu an, ihre intellektuellen Kostbarkeiten zu schützen. FÜNFER lassen ihre Unterlagen oft nur einem begrenzten Kreis von Kollegen zukommen, die aber wiederum ihre Zeit damit verbringen, Experten auf gewissen Fachgebieten aufzuspüren, obskure Quellenangaben nachzuschlagen oder Konzepte zu verfeinern. Da FÜNFER auf den Schutzfaktor präziser Vorhersagen angewiesen sind, ist es für sie ungemein befriedigend, wenn schwierige Probleme durch sorgfältige Analysen gelöst werden können. Von ihren Gefühlen distanziert, verlassen sich Beobachter nicht auf sinnliche oder emotionale Eindrücke, sondern durchdenken eine Sache.

FÜNFER fühlen sich ausgelaugt, wenn ihr Bedürfnis nach Privatsphäre aufgrund beruflicher Anforderungen und gesellschaftlicher Verpflichtungen nicht erfüllt wird. Haben sie keine Zeit, um nachdenken zu können, keinen Raum, in dem sie allein sein können, stürmen Gefühle über ihre intellektuellen Barrieren herein, wächst in ihnen der Impuls, sich zurückzuziehen.
Erschöpfung ist für FÜNFER gleichbedeutend mit emotionaler Überwältigung; ihre Aufmerksamkeit konzentriert sich dann auf die Kontrolle ihrer privaten Zeit und ihrer Privatsphäre. Kontakte mit anderen werden auf das Nötigste beschränkt. Für die Umgebung gleicht ein zurückgezogener FÜNFER einem von der Außenwelt abgeschnittenen Überlebenden, der ewig in diesem Zustand verharren könnte. Im schlimmsten Fall sind sie hin und her gerissen zwischen dem Bedürfnis, sich zurückzuziehen, und der unumgänglichen Tatsache, ihren Lebensunterhalt verdienen zu müssen. Dann werden sie aus purer Notwendigkeit und dem Gefühl motiviert, jenen überlegen zu sein, die anscheinend von ihren Emotionen angetrieben werden.

Ein erster Schritt für FÜNFER im Umgang mit körperlicher und geistiger Erschöpfung besteht darin, darauf zu achten, wann sich die Neigung zum Rückzug einstellt. Statt diesem Bedürfnis nachzugeben, sollten sie sich ihm stellen, sich ihre Verhaltensweise bewußtmachen und zugestehen, daß sich ihre Gefühle äußern können.

Beobachter können wie erfahrene Schauspieler auf Kommando die entsprechenden Gesten und die entsprechende Mimik zur Schau stellen – eine soziale Betroffenheitsmaske aufsetzen –, während sie innerlich völlig distanziert sind. Die Sicherheit ihrer Privatsphäre geht jedoch schließlich in Einsamkeit und intellektuelle Verarmung über. Jeder Mensch braucht Gesellschaft, damit der Verstand angeregt wird, und selbst bei einem überaus unabhängigen FÜNFER wird schließlich der Wunsch nach Kontakt erwachen.

Durch Rückzug können aber auch die ureigenen Beweggründe motiviert werden – die Faszination, die FÜNFER dem Wissen, Informationen und den Geisteskräften entgegenbringen. Ihr Entwicklungspotential aber liegt im emotionalen Aus-sich-Herausgehen. FÜNFER wissen, daß sie sich weiterentwickeln, wenn sie erkennen, daß vollkommenes Verständnis nur in der Einheit von Körper, Geist und Herz möglich ist.

Um FÜNFER zu motivieren

- FÜNFER wollen für ihre intellektuellen Leistungen anerkannt werden. Legen Sie bestimmte Zeiten fest, zu denen sie ihre Ideen, Konzepte und Analysen präsentieren können. Sie lieben es, die Rolle des Experten einzunehmen.
- Gestehen Sie ihnen zu, daß sie anfangs in der Rolle des Beobachters agieren. Erwarten Sie nicht, daß sie sich von Beginn an auf die Materie stürzen und an allem teilnehmen.
- Geben Sie FÜNFERN Gelegenheit, auf ihrem Gebiet Erfahrung und Kenntnisse zu sammeln. Ist ihr Interesse geweckt, sind sie hochmotiviert und bereit, sich Neues anzueignen.
- FÜNFER kommentieren gern die Arbeit ihrer Kollegen sowie das gesamte Arbeitsumfeld. Bitten Sie sie um ihre Meinung. FÜNFER können Situationen sehr gut einschätzen, allerdings fällt es ihnen schwer, es von sich heraus zu äußern oder in Sitzungen oder bei Präsentationen den Ton anzugeben.

- Geben Sie FÜNFERN genügend Spielraum für selbständiges Arbeiten. Flexible Arbeitszeiten und ein eigenes Büro sind für sie große Anreize.
- Machen Sie ihnen klar, welche Auswirkungen ihr distanziertes Verhalten auf andere hat. Bringen Sie sie mit Kollegen zusammen, denen die Kontaktaufnahme leichtfällt.

Zeitmanagement

FÜNFER leben in ihrer privaten Zeit. Die Zeit, die sie mit sich allein verbringen, in der sie nachdenken, ihre Gedanken sammeln, ist für sie lebenswichtig. Zeit in Gesellschaft mit anderen ist voller Ablenkungen, die ihnen die Lebenskraft rauben. Außerdem ist es ärgerlich, in die Zeit anderer einzudringen.

FÜNFER finden es unerträglich, sich gesellschaftlich zu engagieren, wenn Konversation nichts als Zeitverschwendung ist. Sie wollen über ihre eigene Zeit verfügen – für sie die wichtigste Voraussetzung für den von ihnen erwünschten unabhängigen Lebensstil.

FÜNFER organisieren ihren Tagesablauf als Abfolge von in sich geschlossenen Ereignissen, wobei jede Aktivität als Einheit für sich steht. Beobachter gehen, je nach den jeweiligen Erfordernissen, für eine bestimmte Zeit an die Öffentlichkeit, ziehen sich dann wieder zurück, bis das nächste Ereignis ihre öffentliche Präsenz verlangt.

Zeit wird wie eine Währung behandelt. Sie wird angespart, ausgegeben und sorgfältig gegen andere, gleichwertige Güter eingetauscht. Gebeten, an einem bestimmten Ereignis teilzunehmen, lautet der erste Gedanke eines FÜNFERS: »Ich habe dafür nicht genug Zeit. Ich werde die Zeit nicht mehr hereinholen können.« FÜNFER gehen mit der Zeit wie geschickte Banker um, als

handle es sich dabei um eine geschäftliche Transaktion. »Wird sich meine Zeitinvestition auszahlen? Was bekomme ich für meine Zeit?«
Eine FÜNFER-Wissenschaftlerin wird die Zeit, die sie für ihre Forschungen aufwendet, als gute Anlage betrachten. Sie liebt es, sich durch Bibliothekskataloge zu wühlen, Quellen nachzuschlagen und die notwendigen Informationen aufzuspüren. Wenn sie nun aber ein Thesenpapier verfaßt, kann sie angesichts des bevorstehenden Abgabetermins leicht in Zeitnöte kommen. Wissen ist für sie Macht, also zögert sie, von ihrem angesammelten Wissen Abstriche zu machen. Ein weiteres Problem ergibt sich aus folgendem: Manchmal unterscheiden FÜNFER nicht zwischen der Zeit, die bestimmte Vorgänge in ihrer Vorstellung und in der Wirklichkeit benötigen – ihre konzeptionellen Abstraktionen sind so ökonomisch, so unumstößlich angelegt, daß sie den Anschein erwecken, sie ließen sich trügerisch leicht in die Wirklichkeit umsetzen. FÜNFER können sich so in ihre Gedanken vertiefen, daß die Zeit stillzustehen scheint. Dann erstellen sie in letzter Minute, kurz vor dem Abgabetermin, eine kleine, exquisite Zusammenfassung. Und FÜNFER rücken mit ihrer Meinung häufig erst ganz zum Schluß heraus; sie rekapitulieren die Ansichten anderer, ohne ihre eigenen Gedanken zu offenbaren.

FÜNFER sind ständig damit beschäftigt, den besten Zeitpunkt zu finden, an dem sie aus sich herausgehen oder sich zurückziehen, an dem sie reden oder schweigen sollen. Sagen ihnen Kollegen, daß sie etwas zu verbergen scheinen, sind sie oft aufrichtig überrascht.

Wie Sie FÜNFERN helfen können, mit der Zeit umzugehen

- Vergessen Sie nicht: FÜNFER brauchen Zeit für sich – Zeit ist für sie wie die Luft zum Atmen. Lange Phasen zwischenmenschlichen Kontakts wie Sitzungen oder Präsentationen können sie auslaugen. Gestatten Sie ihnen, sich zwischen solchen Verpflichtungen zurückzuziehen.
- FÜNFER treffen keine spontanen Entscheidungen, sondern brauchen Zeit, um die Dinge zu überdenken. Sie können Entscheidungsprozesse beschleunigen, wenn Sie bereits vor den jeweiligen Sitzungen Fakten, Zahlen und Memos verteilen.
- FÜNFER neigen dazu, sich auf geistige Abwege zu begeben und diese über weite Strecken zu verfolgen. Es fällt ihnen schwer, flexibel auf andere Themen umzuschalten oder mehrere Termine gleichzeitig zu beachten. Es kommt ihnen zugute, wenn Projekte in separate Einheiten aufgeteilt werden, die unabhängig voneinander vollendet werden können.
- FÜNFER setzen Denken oftmals mit Handeln gleich. Überprüfen Sie regelmäßig die Fortschritte ihrer Arbeit, bieten Sie Vorschläge und Gegenargumente an. Unterstützen Sie FÜNFER darin, das Ziel nicht aus den Augen zu verlieren.
- FÜNFER können viel Zeit für die »Recherchephase« aufbringen, was dazu führt, daß andere Teammitglieder währenddessen auf dem trockenen sitzen oder auf eigene Faust mit dem Projekt beginnen. Bitten Sie FÜNFER, in regelmäßigen Abständen (am besten schriftliche) Berichte zu erstellen.
- Es kann leicht geschehen, daß FÜNFER bei der Suche nach Daten und Strukturen sich im Meer der Informationen verlieren. Setzen Sie ihnen für Recherchen ein klares Zeitlimit, und formulieren Sie ausdrücklich, was Sie von ihnen erwarten.

Verhandlungsgespräche

FÜNFER bedienen sich der klassischen japanischen Verhandlungsmethode – sie geben sich so leidenschaftslos und unbeteiligt, daß ihre Verhandlungspartner oft nicht wissen, woran sie mit ihnen sind. Sie zeigen kaum emotionale Signale und sind für Diskussionen scheinbar wenig aufgeschlossen. Für einen Außenstehenden mag es sogar den Anschein haben, als interessiere sie das alles nicht.

Der Grund dafür liegt in der Strategie des Beobachters: Er will erst Informationen sammeln, wartet daher zunächst ab, gibt nichts von sich preis und zwingt seinen Verhandlungspartner, den Anfang zu machen. Indem FÜNFER ihre Positionen durch scheinbares Desinteresse vor fremdem Zugriff schützen, versuchen sie, ihr Gegenüber aus der Reserve zu locken. Verhandlungen lassen sich beschleunigen, wenn Sie als erster die Fakten darstellen und dem Beobachter gestatten zu reagieren, so daß er nicht die Initiative ergreifen muß. Halten Sie sich ebenfalls bedeckt, werden sich schließlich zwei Pokerspieler gegenübersitzen, die sich mit regloser Miene weigern, ihre Karten auf den Tisch zu legen. Wollen Sie bestimmte Aussagen erzwingen, erhalten Sie wahrscheinlich nur sehr dürftige Auskünfte oder werden mit Forderungen konfrontiert, die nicht verhandlungsfähig sind. Entweder, so scheint es, kommen Sie ihnen in allen Punkten entgegen, oder sie brechen die Verhandlungen ab.

Für Persönlichkeitstypen, die auf Resonanz von ihren Mitarbeitern angewiesen sind, kann es sehr irritierend sein, wenn FÜNFER das Tempo kontrollieren und Informationen zurückhalten. Sie sind sich der Auswirkungen ihres Verhaltens jedoch sehr wohl bewußt, und Ihre Bemühungen, darauf einzugehen, betrachten sie als Kontrollverlust.

Welche Positionen FÜNFER wirklich einnehmen, zeigt sich an den Unterpunkten; durch sie lenken sie die Aufmerksamkeit vom Gesamtbild weg, in dem alle Informationseinheiten zusammenlaufen. Beobachter kontrollieren das Bühnengeschehen, indem sie jeden Punkt auf der Liste einzeln behandeln, damit die Verhandlungsfortschritte verlangsamen und das Gespräch seiner Energie berauben.

Am besten sind Sie für Verhandlungen mit FÜNFERN gerüstet, wenn Sie vorbereitet und emotional zurückhaltend sind. Beobachter lassen sich von Nötigungen und Drohungen wenig beeindrucken, sprechen allerdings auf eine strukturierte Auflistung aller zur Verhandlung stehenden Punkte an. Sie können die Fortschritte beschleunigen, wenn Sie jedes Element als separate Einheit betrachten und das Ganze zunächst außer acht lassen. FÜNFER ziehen es vor, sich mit den kleineren Aspekten zu beschäftigen – nicht weil sie das Gesamtbild nicht sehen, sondern weil sie hier beobachten können, wie Sie mit kleineren Dingen umgehen, und somit zu Voraussagen über Ihre Gesamtstrategie gelangen.

Aus- und Weiterbildung

FÜNFER sind auf Inhalte fixiert. Sie wollen eine exakte Definition des Lernziels mit einer linearen Abfolge der zu diesem Ziel hinführenden Einzelschritte. Sie vergegenwärtigen sich die einzelnen Ausbildungsschritte und wollen sie später im Job getreu wiederholen können. FÜNFER sind kognitiv Lernende; erst wenn sie den Lehrstoff vollkommen verstehen, sind sie in der Lage, sich an Diskussionen zu beteiligen. Sie wollen rechtzeitig erfahren, was von ihnen erwartet wird, und genügend Zeit haben, um sich vorbereiten und bestimmte Aufgaben im Anschluß daran

wiederholen zu können. Es fällt ihnen schwer, den Stoff nebenbei, im Vorbeilaufen aufzunehmen und sich und ihre Gefühle spontan auszudrücken. Im allgemeinen zensieren sich FÜNFER; die Forderung nach spontaner Teilnahme am Unterrichtsgeschehen hemmt sie mehr, als daß sie den Lernerfolg fördert.
Ausbilder sollten Informationen nicht zurückhalten und auf andere Produkte oder konkurrierende Theorien hinweisen. FÜNFER geben sich mit einer Ansicht und einer Meinung nicht zufrieden, sondern wollen jeden Standpunkt und den Wert aller Produkte kennenlernen. Bevor sie sich der Auffassung des Ausbilders anschließen, informieren sie sich über andere Autoren, andere Theorien und andere Sichtweisen, um sich selbst ein Bild machen zu können. FÜNFER schätzen Ausbilder, die die gesamte Bandbreite an Veröffentlichungen zum in Frage kommenden Thema vorstellen und ihnen somit zeitraubende private Recherchen ersparen.
Um sich den Respekt eines FÜNFERS zu erwerben, sollten Ausbilder ihren Lehrstoff intellektuell meistern. FÜNFER wollen genau wissen, was geprüft wird, wie lang die Antworten ausfallen sollten und wie der Bewertungsschlüssel aussieht. Zwischenmenschliche Beziehungen spielen eine geringere Rolle als bei emotional veranlagten Persönlichkeitstypen wie Zweiern oder Vierern. Vermeiden Sie, ihre sozialen oder zwischenmenschlichen Kompetenzen und ihre Popularität zu bewerten. Wenn Sie ihr Bedürfnis nach Privatsphäre nicht verletzen wollen, hängen Sie Noten nicht öffentlich aus und sehen Sie davon ab, sie öffentlich eventueller Inkompetenz zu bezichtigen.
Der Lernerfolg von FÜNFERN ist am größten, wenn die Ausbildung mit engumgrenzten, spezifischen Themen beginnt und sich allmählich allgemeinen Aussagen annähert. In Seminaren, die

vom allgemeinen Gesamtbild ausgehen, dürften sich FÜNFER eher verloren fühlen. »Allgemeine Fragen« sind für sie schwer zu beantworten, da FÜNFER Informationen in separaten Ordnern ablegen und in diesem Fall nicht wissen, welchen sie für die Antwort aufschlagen sollen. »Wie würden Sie eine bestimmte Art von Brücke über einen ganz bestimmten Fluß in China bauen?« wäre zum Beispiel eine bessere Frage als »erzählen Sie mir von der Konstruktionsweise von Hängebrücken«.

Der Fall des FÜNFER-Trainees und seines Achter-Ausbilders

Das Unternehmen übernimmt Hochschulabgänger mit abgeschlossenem Studium und unterzieht sie einem sechsmonatigen Ausbildungsprogramm, in dem sie in Verkaufstechniken und Produktkunde geschult werden.

Während der Ausbildungszeit erhalten die Trainees ein relativ geringes Gehalt, ihre Ausbilder sind mit einer kleinen Kommission an den von ihnen getätigten Abschlüssen beteiligt und entscheiden am Ende der sechs Monate, ob die Auszubildenden fest übernommen werden.

Einer der Trainees, ein beobachtender FÜNFER, steht genau auf der Kippe. Er kennt die Produkte und kann sie gut vertreten, der Ausbilder jedoch, ein Achter-Boß, meint, er habe bereits zuviel Zeit damit zugebracht, ihn zu unterstützen.

Er neigt dazu, den Trainee zu entlassen. Er hat alles versucht. Kraft seiner Autorität und seiner Ausstrahlung – »ich kann alles erreichen, wenn ich nur will« – hat er versucht, den FÜNFER aus sich herauszulocken. Kein Zweifel, dieser hoch aufgeschossene, schlaksige Junge ist intelligent – aber steckt in ihm auch ein Verkäufer?

Es überrascht den Achter jedesmal, wenn der Junge sich erhebt und sich plötzlich zu seiner vollen Größe von ein Meter achtzig aufrichtet. Wenn er an seiner Telefonstation sitzt, erscheint er sehr viel kleiner.

Die blassen Verkaufsgespräche des Trainees werden am anderen Ende der Leitung meist mit betretenem Schweigen beantwortet, und vom FÜNFER kommen keinerlei Versuche, die Aufmerksamkeit der Kunden zu fesseln oder sie festzunageln. Der Ausbilder ist frustriert. Er ist seit langem im Geschäft. Warum kann der Junge nicht einfach seinem Beispiel folgen? Anrufe benötigen einen besonderen »Touch«, wenn sie erfolgreich sein wollen. Er hat bislang alles erlebt, er kennt alles, und es macht ihm Spaß, sein Wissen weiterzugeben – aber warum stellt der Junge keine Fragen, warum rührt er sich nicht, warum läßt er es an Enthusiasmus mangeln?

Der Achter-Ausbilder ermutigt seine Trainees, über die Interessen ihrer Kunden zu reden. »Jeder plaudert gern über das, was ihn interessiert«, erklärt er. »Politik, den Lieblingsfußballverein oder über sich selbst.« Kunden reagieren auf den Enthusiasmus, den der Verkäufer seinem Produkt entgegenbringt, aber dieser Junge will weder plaudern, noch will er sich engagieren.

»Vielleicht ist er aufsässig«, denkt der Achter. Dennoch, er hatte im Lauf der Jahre immer wieder schwache Kandidaten, und die meisten von ihnen hatte er durchgezogen. Entschlossenheit heißt das Schlüsselwort, glaubt er. Ein dynamischer Typ, der entschlossen ist, kann gar nichts falsch machen, aber der hier scheint sich noch nicht einmal anzustrengen.

»Der Junge will einfach nicht«, denkt der Ausbilder. »Er ist entweder unfähig oder hat nicht den Mumm dafür.«

Damit hat er, wie er glaubt, das Problem umrissen, sein Ziel jedoch vollkommen verfehlt. Er hat seine eigene Einstellung auf den ruhigen, nüchternen Beobachter übertragen. Bestärkt von seiner guten Absicht, läßt er ihm die Botschaft zukommen: »Mach es so, wie ich es dir sage, und es wird klappen« – aber damit beschreitet er den für den FÜNFER völlig falschen Weg.

Typische Verhaltensweisen

Der FÜNFER-Trainee sieht alles aus einer ganz anderen Perspektive. Er nimmt sehr wohl die unausgesprochene Mitteilung des Achters wahr: »Mach es so, wie ich es dir sage, und du wirst den Job bekommen.« Diese Erwartungshaltung bedingungslosen Gehorsams bestimmt sein Verhältnis zum Ausbilder und führt nur dazu, daß sich der FÜNFER so weit wie möglich zurückzieht.

Er will seine Verkaufsgespräche nicht so führen wie der Ausbilder – er fühlt sich extrem unbehaglich, wenn er vorgeben muß, jemand zu sein, der er nicht ist. Also versucht er abzuwarten und die Angelegenheit auszusitzen, in der Hoffnung, die Energie des Achters lasse sich durch ein kommunikatives Vakuum neutralisieren. Natürlich ist er sich bewußt, daß sein Ausbilder sich wünscht, er möge sich mehr engagieren; statt dessen aber distanziert er sich noch mehr und redet sich ein, die Meinung seines Ausbilders sei unwichtig. »Ich werde meine Verkaufstechnik später verfeinern, wenn ich selbständig bin.« Er weigert sich hartnäckig, sich den Kriterien seines Ausbilders zu unterwerfen, und fühlt sich unter dem Zwang zur Kommunikation ausgelaugt. Als Ergebnis zieht er sich weiter und weiter in sich zurück.

Es folgt Schweigen, in dem der Trainee überlegt: »Bei jedem Verkaufsgespräch folge ich genau den Punkten, die im Lehrbuch aufgelistet sind – warum reicht das nicht? Was wollen sie noch von mir?«

Da der FÜNFER seine blasse Präsenz, sein farbloses Auftreten unterschätzt, denkt er: »Ich bin froh, daß ich die Kunden nicht unter Druck setze. Ich kann es nicht ausstehen, wie mein Boß die Leute herumscheucht.« Seine Aversion gegenüber dem energischen Auftreten seines Ausbilders hängt damit zusammen, daß er diese Eigenschaften in sich unterdrückt.

Statt sich über seinen Ausbilder aufzuregen, sollte sich der Beobachter mit sich selbst und seinem Wunsch nach Rückzug beschäftigen. Erwartungen von Autoritätsfiguren wecken nur seinen Zorn, so daß er sich, typisch für FÜNFER, immer weiter zurückzieht, statt sich mit seinen Gefühlen auseinanderzusetzen.

Ohne die nötige Selbsterkenntnis beginnt nun ein »Tanz der Autoritäten«. Der Achter drängt, und der FÜNFER läßt sich zurückfallen. Läßt der Achter los, engagiert sich der FÜNFER wieder. Jeder ist in seiner typischen Verhaltensweise gefangen; eine Situation, in der niemand gewinnen kann.

Der Ausbilder interpretiert die fehlende soziale Initiative des Trainees als Faulheit oder Feigheit. Er versucht, bei ihm den Funken des Wettbewerbs zu entfachen. Immer wieder fragt er sich: »Wie soll ich mit dem Jungen nur umgehen? Wie bringe ich ihn auf Touren?«

An diesem Punkt der Entscheidung, ob der Auszubildende in eine feste Anstellung übernommen werden sollte, glaubt jeder seiner Version des Geschehens. Der Achter-Ausbilder sieht vor sich einen Trainee, der ständig angeschoben werden muß, um die Quote zu erfüllen, während der Beobachter denkt: »Die Kunden wollen nicht so behandelt werden, wie ich seiner Meinung nach Verkaufsgespräche führen soll.«

Das Blatt wendet sich

Als der Trainee erfährt, daß er nicht angestellt wird, reagiert er mit einer Mischung aus Enttäuschung und Erleichterung: Enttäuschung, da ihm bewußt wird, daß seine übliche Verhaltensweise – sich zurückzuziehen – die Entscheidung beeinflußt hat; und Erleichterung, da er nun nicht in einem Job arbeiten muß, der seinem Persönlichkeitstyp nicht entspricht. Er sieht seinen Anteil an der vorausgegangenen Entwicklung und vollzieht damit, ob bewußt oder unbewußt, einen wichtigen Schritt zur Selbsterkenntnis. Obwohl ihm der Rückzug in seiner Lage als vernünftige Vorgehensweise erschienen ist, weiß er, daß er sich damit seiner Energie beraubte, die er für seinen Job hätte aufwenden sollen.

FÜNFER distanzieren sich von anderen, um äußeren Zwängen zu entgehen. Oft stellt sich bei ihnen dadurch aber das Gefühl der Isolation ein.

Der Ausbilder mißinterpretiert die emotionale Distanz des Beobachters als rebellisches Verhalten, mit dem er sich seiner aggressiven Verkaufsstrategie entzieht. Da er sich und sein Engagement unterminiert sieht und sich hilflos fühlt, beschließt er, die Schuld auf den FÜNFER zu schieben und ihn zu feuern – statt sich selbst zu fragen, warum er sich so verletzt fühlt, wenn jemand sich nicht ebenso engagiert wie er. Die Wahrnehmungsperspektive des Achters ist auf Kontrolle durch Konfrontation

gerichtet; damit entsteht ein blinder Fleck für andere Formen der Einflußnahme und Machtausübung.
Hätte der Achter den FÜNFER ermutigt, offen Fragen zu stellen, hätte er ihm die Möglichkeit gegeben, seinen eigenen Verkaufsstil zu entwickeln und Fehler zu begehen, ohne daß dies zu ernsten Konsequenzen geführt hätte, wäre der Trainee mit seiner Zeit, Energie und Kooperationsbereitschaft weit weniger zurückhaltend umgegangen.

Lösung

Der Beobachter zieht sich unter Druck zurück, glaubt aber, als Verkäufer durchaus erfolgreich arbeiten zu können, wenn er es auf seine Art tun kann. Er erscheint zwar jeden Tag an seinem Arbeitsplatz, ist emotional aber so distanziert, daß der frustrierte Achter daran zweifelt, »ob er überhaupt anwesend ist«.
Entschlossen, alle Übergriffe auf seine Person abzuwehren, ist der Trainee nicht in der Lage, den ihm fremden Arbeitsstil anzuerkennen. Er weigert sich, anderen zu Gefallen zu sein, und zieht sich damit noch mehr vom Ausbilder und seinen guten Absichten zurück.
Es hätte für beide ganz anders laufen können. Wenn der FÜNFER erkennt, daß er vor den Avancen seines Ausbilders die Flucht ergreift, hätte er seinen Standpunkt behaupten und vielleicht seinen Intellekt gebrauchen sollen, um eine Art Kompromiß vorzuschlagen: »Ich verstehe Sie, aber ich denke, ich persönlich könnte effektiver arbeiten, wenn ich meinen eigenen Ansatz verfolgen kann. Können Sie mir erklären, warum Ihr Ansatz bei Ihnen funktioniert? Vielleicht kann ich ihn meinem Arbeitsstil anpassen. Kann ich ein- oder zweimal meinen Ansatz ausprobieren, nur um zu sehen, ob er funktioniert?«

Selbstbeobachtung

FÜNFER sollten darauf achten, wann sich in ihnen der Wunsch nach Rückzug äußert. Statt dann abseits zu stehen und zu beobachten, hilft es, wenn sie sich mit unauffälligen Tätigkeiten beschäftigen. Sich am Computer zu schaffen machen, eine neue Datei anlegen, den Terminplan überprüfen – all das kann dazu dienen, das Engagement aufrechtzuerhalten.

Wird der Wunsch nach Rückzug auf diese Weise abgelenkt, sollte sich der Trainee die Frage stellen: »Wo stehe ich?« Indem er sich verdeutlicht, ob er bei sich und seinen Gefühlen ist oder sich distanziert, kann er eine Position einnehmen, die es ihm ermöglicht, zu seinen Gefühlen zurückzukehren – statt sie zu intellektualisieren.

Punkt Sechs: Der Advokat des Teufels

Entsprechende Bezeichnungen: der Wächter, der Hüter, der Leibgardist

Motto: Autorität ist grundsätzlich in Frage zu stellen.
Vorstellung: Die Welt ist gefährlich; man stelle sich nur vor, was alles geschehen kann!
Wahrnehmungsperspektive: Ist auf Widersprüche fixiert.
Art der Informationsverarbeitung: Stellt sich fortlaufend die Fragen »Was wäre, wenn …?«, »Stimmt das auch?«, »Hat die andere Seite nicht auch recht?«.
Blinder Fleck: Überschätzt die Macht der Autorität.
Entwicklungspotential: Muß lernen, sich selbst und anderen zu vertrauen.
Geistiger Weg: Entwicklung eigener innerer Sicherheit und Gewißheit.
Leidenschaft: Angst, Zweifel.
Tugend: Mut.
Inspiration durch: Glaube.
Führungsstil: Räumt Hindernisse und Probleme aus dem Weg. Immer darauf bedacht, Gewißheit zu erlangen und Zweifel zu beseitigen. Vorbild an Standhaftigkeit in schwierigen Situationen. Hervorragend geeignet für tiefgreifende Umstrukturierungen, aber übervorsichtig, wenn es gut läuft.
Erscheinung auf andere: Verantwortungsbewußt, besorgt, auf Gefahren und Risiken fixiert. Flucht oder Kampf: Äußert entweder seine Angst oder plustert sich aggressiv auf – »ich bin stark, ich habe keine Angst«.
Typische Konflikte: In Expansionsphasen kann das ständige

Hinterfragen der SECHSER wie eine kalte Dusche wirken; wirkt auf Persönlichkeitstypen wie SIEBENER, die nur in positiven Kategorien denken, und Dreier, die sich ein gewinnbringendes Image verleihen, frustrierend.

»Sofortmaßnahmen«: Erkundigen Sie sich nach den grundlegenden Spielregeln. Achten Sie darauf, gravierende Einwände abzumildern, und konfrontieren Sie SECHSER mit positiven Alternativen.

Die von SECHSERN ausgesandten Signale

Positiv: Loyal gegenüber jenen, denen er vertrauen kann. Glaubt an diejenigen, die ihn unterstützen. Dankbar gegenüber den Verbündeten, stellt sich schützend vor sein Team.

Negativ: Setzt anderen die Pistole auf die Brust. Andere fühlen sich einem Kreuzverhör ausgesetzt: Ihre Motive werden in Frage gestellt, ihre Absichten angezweifelt.

Ambivalent: Unausgesprochene Zweifel senden mehrdeutige Signale aus. Sind SECHSER von Zweifeln geplagt, ändert sich plötzlich die gesamte Situation.

Sicherheitsreaktion an Punkt Neun: SECHSER sind hier bereit, Lob anzunehmen, an positive Ergebnisse zu glauben und Pläne zu verändern, ohne sie hinterfragen zu müssen.

Streß-/Risikoreaktion an Punkt Drei: SECHSER konzentrieren sich auf die zu erledigenden Aufgaben, sind aber innerlich wie erstarrt und voller Angst.

Arbeitet am besten in: Umgebungen mit klaren Autoritätsstrukturen und engumrissenen Problemfeldern; in Berufen, in denen Ehrlichkeit und kritische Fragen geschätzt werden: an der Universität, als Rechnungsprüfer, in Berufen, in denen Nachforschungen angestellt werden.

Hat Probleme in: Umgebungen mit nicht eindeutigen Richtlinien, mit einem inneren Zirkel von Eingeweihten und Vorgängen, die nicht einsehbar sind.

Wird in der Arbeitswelt vorzugsweise eingesetzt: als Staatsanwalt am Gericht, als Leiter der Finanzabteilung, Vorstand der Planungsabteilung, in Oberaufsichtsbehörden.

Sind Sie ein SECHSER?

Advokaten des Teufels stellen viele Fragen. Diese gehen jedoch weit über das übliche Maß hinaus, wie man es sonst bei Untersuchungen, Recherchen und Analysen gewohnt ist. Sie können nicht unbesehen akzeptieren, was man Ihnen sagt, weshalb Sie alles hinterfragen.

Sie glauben, ein Großteil der widersprüchlichen Aussagen werde von der Allgemeinheit der Bevölkerung nicht wahrgenommen. Wie können Menschen nur auf billige Reklame, aufgeplusterte Anzeigen, die Spektakel der Medien hereinfallen? Da Sie es gewohnt sind, tiefgründige Fragen zu stellen und allem nachzugehen, lassen Sie sich nur schwer manipulieren.

Viele Ihrer Mitarbeiter scheinen nie von Zweifeln geplagt zu sein, dennoch erwarten Sie insgeheim, daß man Sie ständig mit Fragen löchert. Sie sind daher immer auf der Hut und immer gründlich vorbereitet, um eventuelle Prüfungen bestehen zu können.

Betsy, eine Computersoftware-Verkäuferin, ist ein gutes Beispiel dafür. Sie befindet sich in ihrem Büro am Tag vor der wichtigsten Präsentation ihrer Karriere. Morgen wird sie mit einem potentiellen Kunden ein Verkaufsgespräch führen, der durch ein einziges Wort – »einverstanden« – ihr momentanes Jahreseinkommen mit einem Schlag verdoppeln könnte.

Obwohl sie bereits unzählige Präsentationen hinter sich hat, ist sie ungeheuer aufgeregt. Statt sich nun die wichtigen Schritte einzuprägen oder sich vergangene Erfolge ins Gedächtnis zu rufen, bereitet sie sich auf ihre Weise auf den bevorstehenden Auftritt vor. Sie beginnt in ihrem Büro auf und ab zu gehen, ist bald tief in Gedanken versunken und stellt sich vor, wie ihr Auftritt durch die Einwände des Kunden zunichte gemacht werden könnte.

Betsy ist sich ihrer positiven Ausstrahlung nicht wirklich bewußt. Obwohl sie weiß, daß vieles für den erfolgreichen Abschluß der Verkaufsverhandlung spricht, dringen die meisten ermutigenden Signale nicht in ihr Wahrnehmungsfeld.

Sie ist sich vage bewußt, daß ihre Kollegen und Kolleginnen die noch verbleibende Zeit nützen würden, um sich ein neues Outfit zuzulegen, sich zu vergewissern, daß die Schuhe geputzt sind und das notwendige Material zur Verfügung steht. Diese Dinge interessieren Betsy nur am Rande; welche Kleidung sie trägt oder wie professionell sie ihre Bildschirmshow betätigt, ist für sie von zweitrangiger Bedeutung. Anders als Dreier sucht sie nicht den Erfolg kraft ihrer Überredungskünste; und sie wird sich auch nicht wie ein Zweier präsentieren, der auf der Suche nach einem neuen Freund ist. Das ist nicht ihr Stil.

Betsy konzentriert sich auf die Dinge, die den Kunden Sorgen bereiten könnten: Ist das wirklich das beste Paket auf dem Markt? Ist es zum günstigsten Preis erhältlich? Was geschieht, wenn etwas schiefläuft? Betsy vergewissert sich, daß sie jede einzelne dieser und anderer Fragen in Betracht gezogen hat und darauf vorbereitet ist.

Während sie sich also selbst ins Kreuzverhör nimmt, wächst ihr Selbstvertrauen. Sie läßt sich auch nicht entmutigen, wenn sie auf potentielle Lücken stößt. Ihr Interesse verstärkt sich noch, wenn es gilt, möglichen Einwänden entgegenzutreten und die Lücken zu schließen.

Von sich selbst überzeugt, wird sie sich morgen kaum mit einleitenden Vorreden aufhalten, sondern sofort zur Sache kommen. Dabei kann es durchaus geschehen, daß sie die suggestiven Einflußkriterien – Überredungskünste, ein angenehmes Äußeres – vernachlässigt, die der Positionierung des von ihr verkauften Software-Pakets förderlich wären. Aber am Ende ihrer Präsentation wird der Kunde alles wissen, was es zur Leistungsfähigkeit der Software zu sagen gibt. Die emotionale Verbindung zum Produkt mag fehlen, aber er wird das Gefühl haben, eine vernünftige Entscheidung zu treffen, wenn er Betsys Rat folgt.

Wie SECHSER Informationen verarbeiten

In den spirituellen Traditionen, in denen unterschiedliche Persönlichkeitstypen Aspekte in der Entwicklung des Menschen zu höherem Bewußtsein darstellen, werden SECHSER »Mönche zweifelnder Gesinnung« genannt – nicht weil sie vorwiegend negativ handeln, sondern ständig ihre Meinungen und Auffassungen hinterfragen. Als SECHSER schaffen Sie sich Sicherheit, indem Sie den äußeren Anschein in Frage stellen, Argumente auf ihren wahren Inhalt abklopfen und nach dem verborgenen Kern suchen. Immer auf der Hut vor den Absichten der anderen, versuchen Sie sich vorzustellen, was eintreten kann, um dann dagegen gewappnet zu sein.

Betsy wird sich selbst jedoch wahrscheinlich kaum als zweifelnd oder vorsichtig sehen. Ihren Ansatz würde sie als geschickte Problemlösungsstrategie bezeichnen – sie versucht im voraus, alle Schwachstellen in ihrer Präsentation zu tilgen, damit sie auf alle Fragen des Kunden vorbereitet ist. Sie studiert alles, sogar die Aussagen konkurrierender Software-Hersteller zu ihren Produkten, um sicherzugehen, daß sie auf alles eine Antwort parat hat.

Da sie sich Gewißheit verschaffen will, fragt sie sich sogar: »Kann die Konkurrenz mit irgendwelchen Vorteilen aufwarten?« Eine gute Frage, aber Betsy kann damit auch ihre eigene Sache schwächen, wenn sie die potentielle Überlegenheit möglicher Konkurrenten ins Zentrum ihres eigenen Denkens stellt.

In Betsys Wahrnehmungsperspektive erscheinen die Behauptungen der Konkurrenz groß und übermächtig. Da sie überzeugt ist, der Kunde werde davon beeinflußt, muß sie ihr Produkt gegen diese Behauptungen verteidigen. Statt enthusiastisch die Vorzüge ihres Software-Pakets anzupreisen, richtet sie ihre Aufmerksamkeit – sie will Schaden abwehren – auf die Konkurrenz und die Einwände, die diese gegen ihr Produkt vorbringen würde.

Automatisch stellt sie sich selbst in Frage. Durch diesen Ansatz kann sie sich über ihre Position Gewißheit verschaffen. Und ist sie erst von sich überzeugt, wird sie zu großer Form auflaufen – aber das benötigt Zeit. Von allen Persönlichkeitstypen des Enneagramms sind SECHSER diejenigen, die am schwersten zu überzeugen sind.

SECHSER bei der Arbeit

Betsy ist jemand, der immer auf der Suche nach Schwachstellen, Defekten und Fehlern ist – was immer eine ihrer Stärken war. Bereits als Kind versuchte sie sich vorzustellen, was ihre Eltern oder Lehrer dachten und wie sie sich infolgedessen zu benehmen hatte. Sie mußte achtgeben, denn die Autorität, über die die Erwachsenen verfügten, setzten sie nicht immer überlegt ein. Also lernte sie, auf Widersprüche und Inkonsequenzen zu achten; eine Fähigkeit, die sie niemals verloren hat.

Gleichgültig, wie freundlich und entgegenkommend sich andere verhalten, SECHSER finden immer einen Grund, an fremden Absichten zu zweifeln.

Als SECHSER werden Sie nachvollziehen können, daß sich Betsy erst den schlimmsten Fall ausmalen muß, bevor sie sich engagiert ans Werk machen kann. Warum sich von Komplimenten verführen lassen? Warum nicht davon ausgehen, daß alle Menschen zuerst an sich denken? Ist es nicht vernünftig, noch nachzuhaken, um sich ein vollständiges Bild machen zu können?
Da Advokaten des Teufels immer den äußeren Anschein in Frage stellen, haben sie Probleme in Bereichen, in denen es auf suggestive Überredung ankommt – wie der Universitätsstudent, der für einige Zeit einen Telemarketing-Job annahm und mit den Verkaufserwartungen der Dreier-dominierten Marketingindustrie sehr schnell auf Kriegsfuß stand.

Was ich absolut nicht nachvollziehen kann: Wie kann mein Chef nur denken, wir böten eine Dienstleistung an, wenn es sich doch dabei um die größte Bauernfängerei handelt, die ich jemals gesehen habe. Die Telefonisten übergehen Kundenfragen einfach und spinnen Erfolgsgeschichten zusammen, die wahrscheinlich alle erfunden sind. Und mein Chef spricht davon, wie sozial wichtig das alles sei. Er überredet die Kunden zu Ausbildungsprogrammen und erzählt ihnen, daß sie danach jeden Job bekommen könnten, von dem sie immer schon geträumt haben. Für mich spielt er nur mit der Leichtgläubigkeit der Menschen und erwartet, daß wir, die Telefonisten, dasselbe tun.

Der junge Student, ein SECHSER, bringt den Intentionen seines Chefs große Skepsis entgegen. Automatisch versucht er seine Überzeugung – manche Menschen seien von Natur aus skrupellos – zu untermauern. Er glaubt, das Unternehmen mache sich die Hoffnungen und Träume der Menschen zunutze. Sein Chef aber nimmt eine andere Position ein; er ermuntert die Mitarbeiter zu Freundlichkeit und lehrt sie, auf die Wünsche der Kunden einzugehen, ihnen interessante und befriedigende Lösungen anzubieten.

Die unterschiedlichen Wahrnehmungen derselben Tätigkeit könnten nicht weiter auseinanderliegen. Was für den Chef eine überzeugende Verkaufsleistung darstellt, ist für den jungen Advokaten des Teufels ausgemachter Betrug. Das und die Tatsache, daß es ihm als SECHSER schwerfällt, sich ausschließlich auf die positiven Aspekte des Programms zu konzentrieren, ließen ihn in diesem Beruf extrem unglücklich werden.

Was Sie nicht vergessen sollten

Wenn Sie als SECHSER im Team arbeiten, besteht die Gefahr, daß Sie sich von der Gruppendynamik zu sehr vereinnahmen lassen. Konzentrieren Sie sich auf Ihre Aufgabe, statt sich immer zu fragen, was die anderen denken. Vergewissern Sie sich im Gespräch mit Kollegen, denen Sie trauen, ob Ihre Befürchtungen angebracht sind. Der Großteil Ihrer Zweifel wird verschwinden, wenn Sie Gewißheit erlangen; oft reicht es bereits aus, Ihre Beobachtungen zur Sprache zu bringen, und Ihre Zweifel werden sich zerstreuen.

Sie besitzen die Neigung, sich entweder zum Kampf zu stellen oder zu fliehen – gegen den Status quo anzugehen, um herauszufinden, auf welcher Seite die anderen stehen, oder Konfrontationen auszuweichen, indem Sie sich herzlich und pflichtbewußt geben.

Die von Ihnen aufgewandte Zeit und Energie können – hinsichtlich der Vorhersage, wie Ihre Teammitglieder denken, reagieren und Entscheidungen treffen – sehr produktiv sein; dennoch lassen sich Arbeitsvorgänge wesentlich beschleunigen, wenn Sie effektive Möglichkeiten finden, um auf jene Fragen Antworten zu finden, die Ihnen Kopfschmerzen bereiten. Führen Sie einen runden Tisch ein, an dem alle Mitglieder ihre Sorgen und Zweifel ausschütten können. Stellen Sie fest, was sie wirklich vorhaben, statt immer nur das Schlimmste anzunehmen.

Vergessen Sie nicht: Glaube ist das traditionelle Heilmittel gegen Zweifel. Ihr geistiger Weg richtet sich daher auf das Vertrauen, das Sie sich selbst und anderen entgegenbringen sollten. Vertrauen bedeutet nicht, daß Sie auf Analysen verzichten oder »im blinden Glauben« Widersprüchliches ignorieren.

Jeder Geschäftszweig ist bestimmten Risiken unterworfen. Dulden Sie jedoch nicht, daß Ihr gesamtes Wahrnehmungsfeld von den objektiven Gefahren ausgefüllt wird. Im spirituellen Sinn bedeutet Glaube, unerschütterlich bei der Sache zu bleiben, ohne in Zweifel zu verfallen.

Ein abschließender Gedanke

Durch Ihr ständiges Zweifeln können Sie konstruktive Lösungen finden, aber auch eine Atmosphäre des Mißtrauens erzeugen. Natürlich ist es wichtig, althergebrachte Vorstellungen im Licht neuer Fakten zu revidieren, aber lernen Sie, ein Gleichgewicht zwischen Zweifel und Optimismus zu schaffen. Welche positiven Tatsachen haben Sie nicht in Betracht gezogen? Wie sieht das Gegenteil, das bestmögliche Szenario aus?

Am wichtigsten aber ist: Lernen Sie am Ball zu bleiben. Schwerwiegend ist es, wenn Sie jegliche Aktivitäten einstellen, nur weil sich Zweifel ergeben – die vielleicht plausibel sind, aber nicht unbedingt richtig.

Handeln Sie unter der Prämisse des »als ob«: *als ob* sich alles zum Guten wenden würde, *als ob* Sie nicht die geringsten Zweifel hätten. Wurde eine Entscheidung getroffen, ist es wichtig, sie ohne zu zögern in die Tat umzusetzen, *als ob* nur das günstigste Ergebnis eintreffen könnte.

Erinnern Sie sich an Betsy, die Software-Verkäuferin. Sie ist prädestiniert dazu, das ehrliche Interesse ihres Kunden an ihrem Software-Paket falsch zu interpretieren. Da sie, geübt in der Kunst der Verteidigung, ihr Augenmerk hauptsächlich darauf richtet, schwierige Fragen vorwegzunehmen, vergißt sie darüber, die wahren Vorzüge ihres Produkts anzupreisen.

Wäre sie sich des Interesses ihres Kunden sicher, könnte sie sich entspannt zurücklehnen, sich weniger auf mögliche Probleme konzentrieren und ihre analytischen Fähigkeiten auf die wirklichen Fragen des Kunden richten.

Sicherheit und Streß

Dynamik der Veränderung für Punkt Sechs

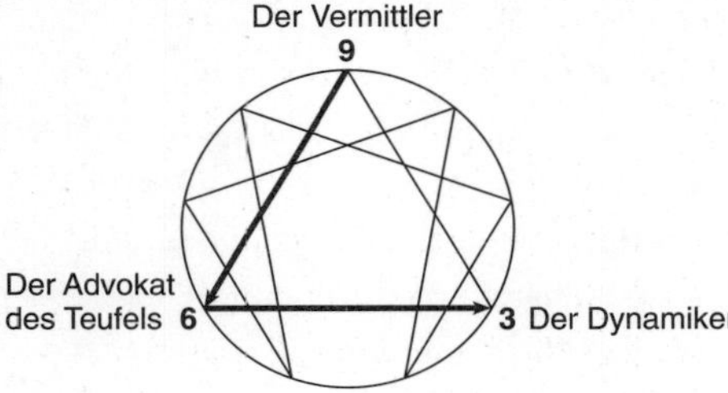

Sicherheitsreaktion an Punkt Neun

In Phasen der Entspannung haben SECHSER häufig das Gefühl, sie würden ihre Prägnanz und Schärfe verlieren; Sie fragen sich, ob Sie nicht Ihre Geisteskraft und Intelligenz eingebüßt haben und »weich« werden. Der Gedanke treibt Sie um, Sie könnten Wichtiges vergessen oder sich den Rücken nicht freihalten. In sicheren Zeiten verfügen Sie über weniger Antrieb, Sie zeigen weniger Initiative. Nach außen hin wirken Sie nachgiebig, Ihr Tatendrang ist eingeschränkt, so daß Sie selbst das Gefühl haben, als würde nichts vorangehen.

Die Reaktionen aber, die Sie in Phasen wie diesen erhalten, sind ausnahmslos positiv. Ihre Kollegen mögen Sie, wenn Sie einen Gang zurückschalten und Sympathie ausstrahlen. Sie hören nun Worte wie »schön, daß Sie da sind« oder »scheint, als kämen wir uns langsam näher«. Für jemanden, der gewöhnlich seine gesamte Aufmerksamkeit Problembereichen widmet, sind das erfreuliche Neuigkeiten.

In diesem sicheren Zustand passen Sie sich automatisch dem Tempo der anderen an und vertrauen wunderbarerweise darauf,

daß die anstehenden Aufgaben bewältigt werden. Theoretisch mag Ihnen immer klar gewesen sein, daß Ihre Mitarbeiter fähige Kollegen sind, nun aber können Sie bewußt wahrnehmen, daß sie ihre Arbeit erledigen.
Ihre Aufmerksamkeit richtet sich nun auf positive Ergebnisse, und Sie haben keine Angst, Dinge in Angriff zu nehmen.

Streß-/Risikoreaktion an Punkt Drei
Bei den ersten Anzeichen von Streß wirken Sie beunruhigt und voller Zweifel. Es fällt Ihnen schwer, Neues anzupacken. Alles sieht kompliziert aus, und Sie ertappen sich bei Sätzen wie »ich kann nicht tun, was ich eigentlich tun sollte – und selbst wenn ich es könnte, wüßte ich nicht, ob es das Richtige ist«.
Dieses lähmende Gefühl wird meist dann durchbrochen, wenn Termine anstehen oder Mitarbeiter Sie zu einem ersten Schritt drängen. Fallen Ihre Zweifel erst einmal von Ihnen ab, geraten Sie in Fahrt und sind unglaublich froh, auf ein vernünftiges Ziel zusteuern zu können.
Der Übergang zur Position des Dreiers kann Ihnen Energie verleihen oder Ängste auslösen; entweder stürzen Sie sich in energischen Aktionismus oder verfallen einer furchtbaren Ängstlichkeit.
Im ersten Fall sollten Sie sich auf die bevorstehenden Aufgaben konzentrieren und Ihre freigesetzte Energie einem konstruktiven Ziel zuführen. Sie werden das Gefühl haben, es gebe Welten zu erobern und Herausforderungen anzunehmen. Führt Ihr Adrenalinausstoß jedoch in Richtung Pessimismus, werden Sie unter wirklichem Streß leiden. Dann handeln Sie, als befänden Sie sich im Angesicht des Todes, und bewegen sich mit Höchstgeschwindigkeit auf Ihr sicheres Ende zu. Instinktiv neigen Sie

dazu, sich zu verkrampfen, gegen Ihre Energien anzukämpfen, und verlieren jede Konzentration. Die Lösung lautet: Lernen Sie, sich trotz dieser hyperaktiven Phase zu entspannen. Die Energie ist da, und wenn Sie auf Ihre Aufgabe konzentriert bleiben, wird sie sich in positive Bewegung umwandeln. Entspannen und sammeln Sie sich, und lassen Sie Ihre Energie durch Ihren Körper fließen.

Wie andere SECHSER sehen

Kommunikation

SECHSER sind vorsichtige Menschen. Andere bekommen von ihnen oft zu hören: »Ja, aber ...« – »Ja, aber damit taucht eine andere Frage auf.« – »Ja, aber man kann das auch so sehen.«
Sie äußern zunächst großes Interesse an einem Projekt, aber sehr schnell folgen diesem Enthusiasmus erste Zweifel, die zu einem unentschlossenen Zaudern führen. Das Ergebnis: SECHSER bekunden anfänglich ihre Zustimmung, die sie letztendlich von Bedingungen und Vorbehalten abhängig machen.

Ihre Kollegen wissen jedoch, daß jemand, der alles hinterfragt, einen guten Analytiker abgibt. Da SECHSER bereit sind, unangenehme Fragen zu stellen – sie wollen immer absolut sichergehen –, werden sie gern für Aufgaben eingesetzt, in denen es darum geht, Schwachstellen, Irrtümer und Verfehlungen ausfindig zu machen.

Aber allen ist klar, daß es äußerst schwierig ist, SECHSER zu überzeugen oder ihnen gar etwas zu verkaufen. Sie sind skeptisch. Sie sehen die versteckten Schwierigkeiten – ein großer Vorteil, wenn es zu ihrem Verantwortungsbereich gehört, alles hieb- und stichfest abzusichern.

Aber chronisches Infragestellen kann auch zu Untätigkeit füh-

ren. Es besteht die Gefahr, daß sie sich im Bestreben, immer weiter zu bohren, festfahren.
Seltsamerweise erscheint ihnen dieser erstarrte Zustand als Aktivität: »Ich denke nach, ich bin noch zu keinem Ergebnis gelangt – aber ich arbeite daran.« Wird diese Unsicherheit (und alles, was noch falsch laufen könnte) anderen mitgeteilt, überträgt sich ihre innere Anspannung auf die Kollegen.
Advokaten des Teufels konzentrieren sich nicht auf Bereiche, in denen Übereinstimmung herrscht, sondern auf die Schlupflöcher eines Arguments. Da sie immer Widerstand erwarten, schnallen sie sich ein geistiges Radargerät um, mit dem sie unablässig den Horizont nach Gegenargumenten, Widersprüchen und versteckten Motiven absuchen.
SECHSER äußern Zweifel, weil sie sich selbst überzeugen und andere alarmieren wollen. Sie sind bestrebt, Risiken zu vermeiden, aber falls sie nicht entsprechende positive Argumente vorbringen, werden ihre unbestreitbaren analytischen Fähigkeiten als Schwarzmalerei abgetan.

Von SECHSERN erstellte Arbeiten sind meist hellsichtige, scharfsinnige Analysen; die fortwährende Mahnung zur Vorsicht wirkt jedoch sehr schnell wie eine kalte Dusche, besonders in Zeiten der Unternehmensexpansion oder eines optimistischen Konjunkturverlaufs.

SECHSER aber stellen auch sich selbst und ihre Tätigkeit in Frage. Spricht man mit ihnen über ihre Arbeit, legen sie eine fast skrupellose Objektivität an den Tag, die durch die Lupe ihrer forschenden Logik noch weiter fokussiert wird. Durch ihre

Zweifel entstehen mitunter in sich widersprüchliche Äußerungen – als wollten sie zunächst etwas verkünden, das sie sofort wieder zurückziehen, was die Zuhörer in eine unausgesprochene Alarmbereitschaft versetzt. Zum Beispiel: »Ich bin von unserem neuen Produkt sehr beeindruckt, aber ich glaube kaum, daß ich es sehr gut erklären kann.« Oder: »Ich denke, Sie können froh sein, daß Sie sich für unser Produkt entschieden haben, auch wenn ich sein schärfster Kritiker bin.«

Fühlen sich SECHSER unsicher, nehmen sie einen resignierenden, fast beleidigten Tonfall an: »Ich sage das trotzdem, auch wenn ich daran zweifle, daß Sie mir glauben.«

Wenn Sie sich jedoch sicher fühlen, wird ihr Tonfall herzlich und freundschaftlich. Sieht die Zukunft düster aus, sind SECHSER diejenigen, um die man sich schart. Ihr Talent, schwierige Situationen zu meistern, wirkt oft Wunder bei grundlegenden Einschnitten in die Unternehmensstruktur und wirtschaftlichen Tiefphasen. Stehen sie darüber hinaus auf der Seite von Außenseitern und wissen genau, gegen wen sie anzutreten haben, verlieren sich alle Zweifel.

Öffentliche Auftritte fallen ihnen nicht leicht. Aus ihrer Sicht bringen Erfolg und Popularität nur Feindseligkeiten mit sich. Sie müssen allen Mut aufbringen, um sich auf ihren Auftritt und nicht auf das Publikum zu konzentrieren, das als potentiell kritisch oder desinteressiert wahrgenommen wird.

SECHSER konzentrieren sich auf Inhalte und nicht auf die suggestive Macht ihrer Worte. Tatsächlich sind sie an ihrem Publikum nicht sonderlich interessiert. Wichtig ist für sie nur, daß sie von ihrem Produkt, ihrer Idee oder ihrer Dienstleistung überzeugt sein müssen, bevor sie sich anderen gegenüber dafür einsetzen.

Advokaten des Teufels sind klassische Lampenfieber-Kandidaten. Sie suchen nach freundlichen Gesichtern und überprüfen die Reaktion des Publikums, indem sie die Frage stellen: »Verstehen Sie, was ich Ihnen sage?« Vertreten sie jedoch eine Sache, an die sie glauben, können sie mitreißende Redner sein; allerdings kommt es nur selten vor, daß sie ihrem Publikum griffige, eingängige Rezepte verkaufen oder mit seinen Gefühlen spielen.

Es läßt sich bei Präsentationen wunderbar beobachten, wie die Zweifel der SECHSER kontinuierlich abnehmen, je mehr sie von ihrem Produkt überzeugt sind. Zu Beginn ihrer Ausführungen mögen sie noch unkonzentriert wirken – »ich werde versuchen, meine eigenen Zweifel auszuschalten, und führe zu diesem Zweck alle theoretischen Möglichkeiten und technischen Details auf«. Ihre Angst ist förmlich zu spüren, wenn sie in der Menge nach einem freundlichen Gesicht Ausschau halten.

Am Ende der Präsentation aber sind sie so auf ihre Ideen und die Logik ihrer Argumente fixiert, daß sie völlig in dem nun vom Publikum als brillant wahrgenommenen Vortrag aufzugehen scheinen. Der nachfolgende Applaus überrascht sie, die Konzentration auf das Thema bricht in sich zusammen, was für sie das Zeichen ist, die Bühne zu verlassen.

Trotz Erfahrung und Routine wird es für SECHSER nicht leichter, öffentlich aufzutreten. Gleichgültig, wie viele Reden sie gehalten haben, wie stark der Applaus beim letzten Mal war, SECHSER werden beim nächsten Mal erneut das Gefühl verspüren, als müßten sie sich einer Übermacht an Feinden stellen.

Nonverbale Kommunikation

Im Rampenlicht wirken SECHSER angespannt und steif, ähnlich einem Kaninchen, das vom Scheinwerferkegel geblendet wird. Selbst erfahrene Vortragsredner verfallen hinsichtlich ihrer vergangenen Auftritte gelegentlich der Amnesie. »Hab' ich das wirklich schon mal gemacht?« – »Was ist, wenn mich jemand kritisiert und ich einen Blackout erleide?«

SECHSER sind immer auf der Hut vor möglichen Feinden. Ihre Wachsamkeit äußert sich manchmal als Arroganz oder als Unbeholfenheit, kann aber auch als unausgesprochene Sicherheitsstrategie angesehen werden.

Das klingt nicht nur widersprüchlich, das ist es auch. SECHSER geben, verbal wie körperlich, ständig ambivalente Signale von sich. Sie stellen sich und ihre Umgebung in Frage, was sich an ihrer Haltung und ihrem Gesichtsausdruck ablesen läßt, die zwischen ja und nein, heiß und kalt zu changieren scheinen. Deshalb sind andere sich niemals sicher, ob Advokaten des Teufels sie mögen. Gespräche über objektive Fakten oder Geschäftsentscheidungen sind dabei weniger von Widersprüchen gekennzeichnet als zwischenmenschliche Beziehungen und können sogar zu einer erkennbaren Entspannung des SECHSERS führen.

Die Kommunikation mit SECHSERN

- SECHSER brauchen Gewißheit, bevor sie zur Tat schreiten. Halten Sie an Ihren positiven Ideen fest, während Sie auf Probleme oder mögliche Gefahren hinweisen. Seien Sie ehrlich: »Dieser Teil ist relativ problemlos, dort aber müssen wir mit Schwierigkeiten rechnen.«
- Unterstützen Sie SECHSER, einen Schritt nach dem anderen zu tun. Sie neigen dazu, sich über hypothetische Folgen zu sor-

gen. Helfen Sie ihnen, sich Grenzen zu setzen, zeichnen Sie dabei aber kein unrealistisches, allzu rosiges Bild: »Wir werden uns um dieses Problem kümmern, falls es eintreten sollte.«

- Ändern Sie nicht willkürlich Regeln oder Pläne, auf die man sich geeinigt hatte. Erklären Sie frühzeitig die Gründe für eventuelle Änderungen. Geben Sie SECHSERN Zeit, um sich anzupassen, und rechnen Sie damit, daß sie sich beschweren oder Widerstand leisten, bevor sie bereit sind, sich darauf einzulassen.
- SECHSER hegen gegen andere Ängste und Verdächtigungen, wenn sie nicht wissen, was vor sich geht. Ermuntern Sie sie, auf andere zuzugehen, sie zu fragen oder sich mit ihnen zu unterhalten.
- Erwarten Sie kein allzu großes soziales Engagement, aber geben Sie SECHSERN zu verstehen, wie wichtig persönliche Kontakte sind. Freundlichkeit und Aufgeschlossenheit fördern die Teamarbeit.
- SECHSER sprechen ihrem Chef oder anderen Autoritätsfiguren zuviel Macht zu und werden dann willfährig oder rebellisch. Helfen Sie ihnen, ein Mittelmaß zu wahren und sich der eigenen Autorität bewußt zu werden.

Motivation

SECHSER treten in zwei verschiedenen Formen auf – jene, die vor Gefahren zurückschrecken, und solche, die ihre Ängste im Zuge der Selbstbeherrschung aggressiv angehen. Die aggressiven Vertreter finden ihre Antworten, indem sie – wie Achter oder Einser – Autoritäten offen herausfordern, während die scheuen SECHSER den strategischen Rückzug antreten – und damit dem typischen Verhalten der Fünfer entsprechen. Beide werden jedoch durch dieselbe Frage motiviert: »Wem kann ich trauen?«

Advokaten des Teufels suchen unerschütterliche Gewißheit und scharen sich daher um Autoritäten, die ihnen Schutz und Sicherheit verheißen. Das mag aus ihrer Sicht sinnvoll sein, erzeugt aber auch eine klassische sogenannte Double-bind-Situation: Durch die Liaison mit Autoritätsfiguren kann man sich zwar zeitweilige Sicherheit erkaufen, der daraus resultierende Verlust eigener Macht und Stärke aber vergrößert die Zweifel um so mehr.

Ihre Besorgnis läßt SECHSER wie ein Pendel zwischen Unterwerfung und Rebellion hin und her schwingen und liefert den Kollegen ständige Ja-Nein-Aussagen. Durch ihre Suche nach Gewißheit und ihr ständiges Infragestellen wollen sie lediglich herausfinden, ob sie dem äußeren Anschein ihres Arbeitsplatzes trauen können, ob die Autoritäten fest installiert sind und keine verborgenen Machenschaften betrieben werden.

Advokaten des Teufels besitzen ein feines Gespür für Veränderungen in der Machtstruktur. In einer Restaurantkette wird zum Beispiel der SECHSER-Oberkellner, der die Bedeutung seiner Stellung andauernd unterschätzt, der Geschäftsführerin übertriebene Autorität zuweisen. Ohne die geringsten Hinweise wird er die Sicherheit seines Arbeitsplatzes in Frage stellen, besonders, wenn Gerüchte über Veränderungen im Management im Umlauf sind.

SECHSER sind einer Sache treu ergeben, wenn sie sich davon Sicherheit versprechen. Sie schließen sich begeistert der Gewerkschaft an oder werden mit demselben Enthusiasmus die Unternehmensführung gegen die Gewerkschaft verteidigen – je nachdem, wo sie glauben, Sicherheit finden zu können.

SECHSER, die sich für Außenseiter einsetzen, werden Berufe ergreifen, in denen ihre Loyalität gegenüber Benachteiligten zum Ausdruck kommt. In der Schule identifizieren sie sich mit jenen Kindern, deren Lernerfolge den Erwartungen nicht entsprechen, und unterstützen die Schulleitung, die sich für die Verbesserung ihrer Arbeitsbedingungen einsetzt. Scheint sie aber bei den »autoritären« Behörden kein Gehör zu finden, kann ihre Loyalität, der sie sich aus vollem Herzen und mit ganzer Kraft widmen, zur völligen geistigen und körperlichen Erschöpfung führen.

Es kommt zu massiven Zweifeln, und ihre Aufmerksamkeit richtet sich auf die Frage, warum Menschen tun, was sie tun. Liegt es an der mangelnden, schlechten Ausbildung, an den sozialen Verhältnissen, oder stehen dahinter einfach nur blinde, eigensüchtige Interessen? Sie leiden, weil sie sich unfähig fühlen, dem Mißbrauch Einhalt zu gebieten; sie wollen fliehen und müssen gleichzeitig ausharren und kämpfen.

In Phasen, die sich durch verstärkten Streß auszeichnen, ziehen Advokaten des Teufels ihre Motivation aus ihren gewohnheitsmäßigen Fragen, die darauf abzielen, die Absichten der Machthaber zu entlarven. SECHSER müssen wissen, mit wem sie es zu tun haben, gegen wen sie antreten, auch wenn sie mit diesen Informationen nichts anfangen können.

Ihre Erschöpfung aber erzeugt auch Bedingungen, unter denen sie ihre eigenen Motivationen wieder entdecken können – was für SECHSER heißt, daß sie den Glauben finden, selbst aktiv zu werden.

Neue Möglichkeiten stehen ihnen offen, wenn sie den Mut haben, ihre eigenen Überzeugungen zu vertreten, und nicht an ihrer eigenen Stärke zweifeln. Ihr Ziel muß lauten, den Mut zur freien Meinungsäußerung zu finden, ohne Angst vor möglichen Konsequenzen.

Ein erster Schritt dorthin ist die Infragestellung ihrer Gewohnheit, immer alles in Frage zu stellen. Es hilft, wenn das Phänomen benannt wird: »Das sind jetzt Zweifel. Das ist eine Gewohnheit. Das, von dem ich glaube, daß es eintritt, entspricht vielleicht nicht ganz der Wirklichkeit.«
Es ist förderlich, wenn sie ihre Zweifel laut aussprechen *und* in Frage stellen: »Ist das wirklich schon einmal eingetreten? Wird es jetzt eintreten?« Letztendlich hilft nur, die Befürchtungen anhand der Realität zu überprüfen – also eine objektive Klarstellung aus verläßlicher Quelle anzustreben.

Um SECHSER zu motivieren

- SECHSER lassen sich am besten durch gute Vorbilder motivieren. Ihrer Neigung, alles in Frage zu stellen, können Sie durch Konsequenz und unprätentiöses Management entgegentreten. Versuchen Sie, was Sie sagen oder vermitteln wollen, auch selbst zu verkörpern; so erwerben Sie sich ihre Loyalität.
- SECHSER sind an Inhalten interessiert und neigen dazu, alles gründlich zu analysieren. Lassen Sie ihnen Zeit, alles zu verstehen, bevor sie zur Tat schreiten. Loben Sie ihren analytischen Verstand und ihre Wahrnehmungsfähigkeit.
- Um das Vertrauen von SECHSERN zu gewinnen, sollten Sie von Beginn an Ihren Standpunkt klarlegen. Weisen Sie auf Alternativen und Ihre Grenzen hin. SECHSER wollen die Schwächen und potentiellen Probleme kennen. Spielen Sie, wenn es um Ihre eigenen Vorschläge geht, selbst den Advokaten des Teufels.
- Bleiben Sie freundlich. SECHSER stellen unbequeme Fragen, die den Anschein erwecken können, als würden sie nicht für die Ziele des Unternehmens eintreten. Aber erst dadurch wird

es ihnen möglich, sich mit den gemeinsamen Zielen zu identifizieren. Wertschätzen Sie SECHSER als Krisenmanager.

- Unterstützen Sie SECHSER, wenn sie sich ein berechenbares, »sicheres« Arbeitsumfeld mit klaren Autoritätsstrukturen schaffen wollen, in dem sie ihre Meinung sagen können, ohne Angst haben zu müssen, daß sie dann Angriffen ausgesetzt sind. Fördern Sie widerstreitende Meinungen.
- Anerkennen Sie die Loyalität und das Engagement von SECHSERN, die sich trotz ihrer Zweifel für ihre Arbeit einsetzen.

Zeitmanagement

SECHSER sind zeitlich immer auf dem laufenden. Die Welt ist voller Gefahren, weshalb sie viel Zeit aufwenden, um sich einen sicheren Unterstand zu bauen. Ihr gegenwärtiges Handeln ist immer auf zukünftige Sicherheit gerichtet, dann, »wenn harte Zeiten kommen« oder »die Zeit knapp wird«.

Zeit ist ein objektiver Faktor, dem man sich entweder widersetzt – »wer sagt, daß es dafür nun an der Zeit ist?« – oder dem man gehorcht – »natürlich werde ich rechtzeitig dasein«. Termine bekommen etwas Zwanghaftes, wenn nicht genügend Zeit bleibt, um die relevanten Angelegenheiten gründlich zu analysieren oder sich kritische Fragen zurechtzulegen. Für Menschen aber, denen sie sich loyal verbunden fühlen, wenden sie viel Zeit auf. Es fällt ihnen leicht, sich für eine lohnende Sache einzusetzen, da der Erfolg mit anderen geteilt wird.

Paradoxerweise haben Advokaten des Teufels manchmal Probleme, sich für die eigene Sache zu engagieren. Wenn ihnen der Erfolg in den Schoß zu fallen scheint, beginnen sie häufig ihre Position zu überdenken, stellen jegliche Aktivität ein und überlegen erneut, bevor sie wieder zur Tat schreiten. Erfolg und die damit verbundene exponierte Stellung erzeugen, aus ihrer Perspektive gesehen, nur Neid und Feindseligkeit. Dann kann es leicht geschehen, daß sie in der Überlegung steckenbleiben, »was wäre, wenn …?« – ein sehr zeitaufwendiges Unterfangen.

Ein SECHSER-Architekt zum Beispiel kann sein Termine organisieren wie ein Soldat, der in die Schlacht zieht. Getrieben von ungeduldigen Bauherren und der Aussicht, seine Kunden zu verärgern, wird es für ihn zu einer Frage des Überlebens, seine Arbeit termingerecht abzuliefern.

In scheinbar aussichtsloser Situation alle Kräfte zu mobilisieren wirkt auf SECHSER beflügelnd und verleiht ihnen Energie – wer sich nahe am Abgrund befindet, hat keine Zeit mehr zum Überlegen. Erst in Krisensituationen kommen ihre Fähigkeiten zur Geltung; dann wird Adrenalin ausgeschüttet, und Zweifel und Erschöpfung werden überwunden.

Wie Sie SECHSERN helfen können, mit der Zeit umzugehen

- Zwei Zeitpunkte eines Projekts bedürfen der besonderen Aufmerksamkeit: der Anfang und kurz vor Fertigstellung. Ermutigen Sie sie, wenn es nötig ist, und achten Sie gegen Ende des Projekts auf Verzögerungen.
- Unterstützen Sie SECHSER, ihre Fragen und Zweifel öffentlich zu äußern. Wenn Sie eigene Fehler zugeben, sparen Sie unter Umständen viel Zeit.
- SECHSER leiden unter Zweideutigkeiten. Helfen Sie ihnen, sich Klarheit zu verschaffen. Bitten Sie sie, sich an der Ausarbeitung von Richtlinien für Beschwerden, Verantwortungsbereiche und Arbeitskontrollen zu beteiligen.
- Planen Sie mit ein, daß SECHSER Projekte zunächst in Angriff nehmen und sie dann aufschieben. Haben sie erst einmal Ver-

trauen gefaßt, übernehmen sie auch die Verantwortung für die termingerechte Fertigstellung.

- SECHSER tendieren dazu, eine Sache, von der sie überzeugt sind, durchzuziehen, verlieren aber jeglichen Schwung, wenn sie zu ihrem Vorteil ist oder der Druck wegfällt. Helfen Sie ihnen, die gesamte Zeit über am Ball zu bleiben; appellieren Sie an ihre Loyalität und ihre Verantwortung.
- Unterstützen Sie SECHSER, sich neben ihren beruflichen Pflichten auch anderen Dingen zu widmen. Sie neigen dazu, ihre Freizeit einzuschränken oder die Hilfe anderer in den Wind zu schlagen.

Verhandlungsgespräche

Die Überlebensstrategie der SECHSER stützt sich darauf, Negatives vorherzusehen und für die Zukunft Vorsorge zu treffen. Da sie mit einer lebhaften Phantasie gesegnet und zugleich geschlagen sind, erlangen potentielle Streitpunkte katastrophische Dimensionen. Verhandlungsgespräche können ihrer Meinung nach kaum einen positiven Abschluß finden; deswegen sind sie nur äußerst widerwillig bereit, sich überhaupt an den Verhandlungstisch zu setzen.

Da Advokaten des Teufels die Stärke, Verschlagenheit und die feindlichen Absichten der gegnerischen Seite überschätzen, zeigen sie sich bei Verhandlungen oft extrem inflexibel. Aus Angst, übervorteilt zu werden, wagen sie es nicht, von ihrer Position abzuweichen, und tun sich sehr schwer, versöhnliche Gesten überhaupt wahrzunehmen. Statt Risiken auf sich zu nehmen, graben sie sich ein – und sind dann bereit, entweder anzugreifen oder zu fliehen. Flucht äußert sich in Form von Hinhaltemanövern, der Bitte, die Gespräche zu vertagen, oder in der völligen Aufgabe jeglicher Verhandlungsbereitschaft. Angriff andererseits nimmt die Form bedingungsloser Konfrontation an, wie sie typisch für Achter ist – ein Manöver, das darauf abzielt, dem anderen an die Kehle zu gehen und ihm Mißmanagement, bewußte Falschinformation und Machtmißbrauch vorzuwerfen.

Sie können viel Zeit und Energie sparen, wenn Sie Ihren Verhandlungen ein menschliches Antlitz verleihen und sich Advokaten des Teufels gegenüber als freundlich erweisen. Drohungen bestätigen sie nur in ihrem Mißtrauen und erhöhen ihre Inflexibilität, freundliche Gesten hingegen können sie entwaffnen. Lassen Sie, falls dies möglich sein sollte, »Überlebende« vergangener Verhandlungen und vertrauenswürdige Zwischenhändler teilnehmen. Ihre Position wird sehr viel einleuchtender erscheinen, wenn sie von jemandem, der das Vertrauen des SECHSERS besitzt, vorgetragen wird.

Vergessen Sie nicht: SECHSER registrieren aufmerksam jede Diskrepanz zwischen dem, was jemand sagt, und wie er sich verhält. Sie gehen immer davon aus, daß andere ihre wahren Absichten verbergen – seien Sie daher so offen wie möglich. Die beste Taktik besteht darin, sich mit jemandem zu verbünden, der von SECHSERN bereits respektiert wird, die Karten offen auf den Tisch zu legen und zu seinem Wort zu stehen.

Aus- und Weiterbildung

SECHSER wollen wissen, worauf sie sich einlassen. Sie wollen über den Lehrstoff, über die Form der Leistungskontrolle und andere Seminarteilnehmer vollständig informiert werden. Gewöhnlich benötigen sie eine lange Orientierungsphase, in der sie nur zuhören, ohne sich am Unterricht oder an Diskussionen zu beteiligen. Damit verschaffen sie sich Zeit, um ihre Mitschüler und den Ausbilder auszuforschen. Wie Fünfer, die sich oft an den Rand einer Gruppe zurückziehen, halten sich SECHSER zurück, bis sie sich sicher genug fühlen, um hervorzutreten.

Der erste Eindruck, den der Ausbilder hinterläßt, ist entscheidend; SECHSER kommen sehr schnell zu einem Urteil, ob sie der Autorität eines anderen vertrauen können. Da sie glauben, sie könnten das Image und die Fassade anderer durchschauen, neigen sie dazu, Gruppenzwänge und energisches Anpreisen des Lehrstoffs durch den Ausbilder für Heuchelei zu halten. Es zahlt sich aus, wenn sich Ausbilder nicht hinter einer professionellen Rolle verschanzen, sondern von sich selbst etwas preisgeben. Einfache Aussagen wie »ich mag diesen Teil des Programms nicht, weil ...« lassen ihn sehr viel menschlicher erscheinen. Auf SECHSER wirkt jede Autorität voreingenommen und dogmatisch.

Um Vertrauen zu erwerben, sollten Ausbilder ihren eigenen Hintergrund, die Quellen, auf die sie ihren Unterricht stützen, und ihre theoretischen Ansätze erwähnen. Dadurch erfährt der SECHSER, worauf er sich einläßt.

Vor allem aber sollten sich Ausbilder darauf gefaßt machen, daß sie auf die Probe gestellt werden. SECHSER (wie Achter, der Boß, und perfektionistische Einser) wollen feststellen, wie Autoritäten unter Druck reagieren. Und SECHSER achten darauf, ob zwischen Worten und Taten eine Kluft zu erkennen ist.

Der Fall des SECHSER-Software-Ingenieurs

Der Software-Ingenieur hatte vor sechs Monaten seinen Job angetreten und steht nun vor seiner ersten Leistungsbeurteilung. Seine Zweier-Vorgesetzte ist von der Beurteilung wenig erbaut. Sie mag den jungen Mann. Sie hatte ihn eingestellt und ihn eingearbeitet. Dann zog sie sich zurück, um ihm seinen Freiraum zu lassen. In den letzten Wochen allerdings hatte sie mehrere Mitteilungen erhalten, in denen man sich beschwerte, daß die von ihm gelieferten technischen Dokumentationen zum Software-Paket zwar exakt seien, oft aber zu spät kamen und nicht spezifisch genug auf die wichtigsten Änderungen hinwiesen. Wie wird er auf die negative Beurteilung reagieren? Er muß akzeptieren, daß dies ein Problem darstellt. Dann kann sie über Möglichkeiten nachdenken, um den mißlichen Tatbestand abzustellen.

Typische Verhaltensweisen

Die Zweier-Vorgesetzte denkt: »Wenn er mir nur nicht so sympathisch wäre. Als ich ihn einstellte, vermittelte er einen so vielversprechenden Eindruck – er war freundlich, intelligent und besaß hervorragende Zeugnisse.« Sie hatte das Gefühl, er wäre eine wirkliche Verstärkung und kooperiere während der Einarbeitungsphase hervorragend.

Sie kommen wirklich gut miteinander zurecht, nun aber ist sie mit einem Stapel Beschwerden konfrontiert, die sich in der Akte in ihrem Hängeschrank befinden. Was ist geschehen? Sie hat an ihn geglaubt. Es verletzt ihren Stolz, wenn sie seinetwegen vor dem gesamten Büro schlecht dasteht; ein Gefühl, das ihrem Bedürfnis, mit allen gut auszukommen, stark zuwiderläuft.

Die Gedanken an den SECHSER-Ingenieur wecken in ihr die Erinnerung an seine nervöse Unsicherheit, ein Gefühl, das er ständig mit sich herumzutragen scheint. Seine Neigungen, zu allem »ja, aber« zu sagen und Projekte anzufangen, dann aber plötzlich alles wieder zu überdenken, sind enervierend.

Die Neuigkeiten also sind schlecht. Wie soll sie es ihm mitteilen, ohne daß er in Panik ausbricht? Nachsichtig? Oder eher doch mit fester Stimme? Welcher Tonfall ist der richtige? Die Zweier will einen positiven Ton anschlagen. Welche ihrer unterschiedlichen beruflichen Rollen ist hier am besten und vermittelt ihm ein besseres Selbstwertgefühl?

Daß ihr das alles unangenehm ist, versucht sie zu verbergen; es geht ihr einfach besser, wenn sie daran denken kann, daß er sie braucht.

Sobald jedoch der Software-Ingenieur ihr Büro betritt, wird sie daran erinnert, wie nett er eigentlich ist. Sie ist hin und her gerissen; einerseits will und muß sie ihm die wenig schmeichelhaften Beurteilungen zeigen, andererseits die Situation für ihn aber nicht unangenehm gestalten.

Was der junge Software-Ingenieur in diesem Moment zu Gesicht bekommt, läßt ihn allerdings nervös werden. Auf ihrem Schreibtisch liegt eine geschlossene Akte mit seinem Namen auf dem Deckel; und ihr Lächeln wirkt gezwungen.

Er registriert ihre doppeldeutige Botschaft, und sofort, noch während er das Bild, das sich ihm darbietet, einzuschätzen versucht, macht sich seine für ihn typische antiautoritäre Haltung bemerkbar: »Sie ist nett, aber das gehört zu ihrem Beruf. Steht sie auf meiner Seite oder nicht? Werde ich manipuliert? Wahrscheinlich weiß sie nicht, wie viele Überstunden ich machen mußte, um diese Dokumentationen fertigzustellen.« Er haßt es, sich der Leistungsbeurteilung zu unterziehen.

Letzte Nacht hatte er sich zu entspannen versucht und war ins Kino gegangen, während des gesamten Films aber hatte er nur an die Beurteilung denken können. Während der Einarbeitungsphase hatte sie ihn so sehr und so umfassend unterstützt, daß er niemals ganz sicher war, welche Projekte nun Priorität besaßen und welche weniger wichtig waren. Er macht sich Sorgen.

Wenn er sich unsicher fühlt, ist er wie blockiert. Nun wünscht er sich, er hätte mehr Fragen gestellt, hätte sich genauer erkundigt, wie die einzelnen Prioritäten verteilt waren. »Sie kann leicht einen Grund finden, mich zu feuern, und ich habe keine Möglichkeit, ihre Beurteilung anzufechten«, denkt er sich, während er vor ihrem Schreibtisch steht.

Ohne daß er sich dessen bewußt ist, kreisen seine Gedanken erst um seine Unsicherheit und dann um den schlimmsten Fall, der eintreten kann. Wo soll er hin, wenn er seinen Job verliert? Könnte er zurück an die Universität? Was wird seine Familie sagen? Er versucht ihr vom Gesicht abzulesen, was er zu erwarten hat. »Worauf wartet sie noch? Warum spricht sie nicht freiheraus?«

Eine Interaktion unterschiedlicher Persönlichkeitstypen findet statt, ohne daß ein Wort fällt. Die Zweier denkt: »Ich kann ihm helfen, wenn er zugibt, daß es ihm schwerfällt, feste Termine einzuhalten. Wie soll ich ihm diese Mitteilungen bloß zeigen? Wird er nicht völlig am Boden zerstört sein?«

Ihre freundliche Fassade scheint sein wachsendes Mißtrauen nur zu bestätigen. Sie überbrücken zunächst mit Small talk die Zeit und sind sich beide des braunen Umschlags auf dem Schreibtisch bewußt. Die Zweier hat ihn noch nicht geöffnet; beide schrecken zurück, das Gespräch auf das wirkliche Thema zu bringen. Und je mehr sie redet, um so weiter zieht er sich in seine düstere Vorstellungswelt zurück. Jeder sieht die Welt ausschließlich aus seiner Perspektive. Der Advokat des Teufels denkt, er werde nun gefeuert, und wünscht sich, sie würde es endlich hinter sich bringen, während die Zweier damit beschäftigt ist, sein Vertrauen zu gewinnen, damit sie ein plausibles Sicherheitsnetz aufbauen kann.

Endlich öffnet sie den Umschlag und liest ihm die erste Mitteilung vor. Als er die Beschwerde hört, seine Dokumentationen seien nicht termingerecht abgeliefert worden und hätten wichtige Änderungen nicht gebührend berücksichtigt, erreicht die Paranoia des SECHSERS ihren Höhepunkt. »Wer hat das geschrieben? Habe ich jemanden zum Feind?« fragt er sich sofort. »Wie viele andere Mitteilungen sind da noch drin?« Sein auf Katastrophen fixiertes Denken gewinnt endgültig die Oberhand: »Warum soll ich mir das alles überhaupt anhören? Sie hat doch längst ihre Entscheidung getroffen.« Er denkt daran, welche Sorgen er sich während des Films gemacht hatte, und sagt sich, daß seine Intuition ihn nicht getrogen habe.

Sein eisiger Blick, mit dem er den negativen Kommentar aufnimmt, bestätigt ihre Befürchtungen. Die Zweier fühlt sich bloßgestellt und weiß, daß sie die Beurteilung verkorkst hat. Wären die Mitteilungen besser ausgefallen, würde der Software-Ingenieur sie noch mögen.

Das Blatt wendet sich

Zweier wollen es allen Parteien recht machen. Welchen Sinn hat es, seine Aufgaben zufriedenstellend zu erledigen, wenn sich die Menschen dabei entfremden? Zu ihrem Erstaunen aber sieht sie, wie sein eisiger Blick auftaut, nachdem er den ersten Schock überwunden hat. Gleichzeitig beginnt ihre Unsicherheit nachzulassen. Er sieht nicht mehr aus wie ein feindseliger Fremder, sondern wie der naive Junge, den sie sechs Monate zuvor eingestellt hatte.

Erleichtert stellt sie fest, daß sie ihm wirklich geholfen hat, als sie ihm die wenig schmeichelhaften Neuigkeiten mitteilte. Die harte Realität des Berichts half ihm, mit seinen Ängsten zurechtzukommen.

Der junge Software-Ingenieur verspürt Erleichterung, als er

endlich erfährt, womit er es zu tun hat. Plötzlich wirkt sein Gegenüber nicht mehr so bedrohlich; sie scheint ehrlicher und weniger mächtig zu sein.
Er würde noch immer gerne erfahren, wer das von ihr vorgelesene Schreiben und alle übrigen verfaßt hat, damit er sich mit ihnen darüber auseinandersetzen kann. Das schlimmste für ihn aber war, nicht zu wissen, womit er es zu tun hat. Nun ist er bereit, die Vertraulichkeit der Informationen zu respektieren. Und er sieht, daß sie ihn noch immer mag, was ihn zu der Frage ermutigt: »Und was soll ich jetzt tun?«

Lösung

Die negativen Beurteilungen waren für die gebende Zweier demütigend, da *sie* ihn angestellt hat: *Sie* hatte an ihn geglaubt. Daß sie durch ihn in ein schlechtes Licht gerückt wurde, verletzte ihren Stolz – ein Gefühl, das aus ihrem Bedürfnis erwuchs, allen unentbehrlich zu sein.
Daneben fürchtete sie, der junge Software-Ingenieur könne sie nicht mehr mögen, wenn sie ihm schlechte Neuigkeiten übermittelt. Sie ist zwar seine Vorgesetzte, hegt aber dennoch den starken Wunsch, von allen sympathisch gefunden zu werden.
Geber, immer auf Akzeptanz bedacht, passen sich an, um die Bedürfnisse anderer zu erfüllen. Sie glaubte, sie hätte sein Vertrauen gewonnen, als sie ihn während der Einarbeitungszeit unterstützte. Und sie versteckt – typisch für Zweier – ihre Unsicherheit unter dem Mantel des Mitgefühls.
Ihre sich daraus ergebende Anspannung führte dazu, daß beim Advokaten des Teufels alle Warnlichter angingen; er dachte, sie wolle ihn manipulieren, indem sie vorgibt, ihn zu mögen, aber Informationen zurückhält und ihn eigentlich feuern will.

Sobald er wußte, womit er es zu tun hat, konnte er auf die Situation reagieren. Sie mag ihn noch immer, sie wollte ihn nicht hinters Licht führen, und er kann sie völlig problemlos um Hilfe bitten. Das Blatt wendete sich, als die offenen Fragen beantwortet wurden. Als sie ihre Karten auf den Tisch legt, erscheint sie in seinen Augen nicht mehr vorsichtig und berechnend; er fühlt sich besser. Die Zweier brachte beinahe ihre eigene Position in Gefahr, als sie weder ihre Meinung noch ihre Informationen preisgab; sie vergaß, sich daran zu erinnern, daß SECHSER eine offene Aussprache benötigen. Ihr eigenes Bedürfnis, von allen gemocht zu werden, ist in dieser Situation nur von sekundärer Bedeutung.

Selbstbeobachtung

SECHSER sollten sich bewußtmachen, wann sich ihre Ängste melden. Der SECHSER-Ingenieur sollte sich fragen: »Was motiviert andere, mich zu manipulieren?« Ein großer Teil seiner Befürchtungen würde sich einfach in Luft auflösen, wenn er die Realität betrachtet. Er hätte die Zweier nach ihrer eigenen Meinung fragen sollen, bevor er sich seinen pessimistischen Gedanken überließ.

Punkt Sieben: Der Epikureer

Entsprechende Bezeichnungen: der Gourmet, der Planer, der Optimist, der Entertainer

Motto: Morgen sieht die Welt schon ganz anders aus.

Vorstellung: Die Welt hält eine Menge Möglichkeiten und Chancen bereit.

Wahrnehmungsperspektive: Immer nur das Günstigste.

Art der Informationsverarbeitung: Vielversprechende Pläne werden miteinander verbunden.

Blinder Fleck: Tatsächliche Grenzen erkennen.

Entwicklungspotential: Zu lernen, sich konsequent einer Sache zu widmen.

Geistiger Weg: Konzentration, Bescheidenheit, Verpflichtung.

Leidenschaft: Unersättlichkeit – Gier nach Ideen und Erfahrungen.

Tugend: Nüchternheit – sich nur einer Sache widmen.

Inspiration durch: den Erwerb von Sachkenntnis auf einem Gebiet, statt einiges über viele Bereiche zu wissen.

Führungsstil: Entwicklung von Plänen und Delegieren der anfallenden Aufgaben. SIEBENER sind Menschen voller Ideen, denen es schwerfällt, an einer Sache zu bleiben. Ihre Stärken sind die Arbeit in vernetzten Strukturen, Motivation und das Entwickeln positiver, »großer« Konzepte.

Erscheinung auf andere: Schwungvoll, optimistisch und höchst unterhaltsam – oder zerfahren und wenig verantwortungsbewußt.

Typische Konflikte: Übertriebene Erwartungen und Versprechungen, die zu unbesonnenen Aktionen führen.

»Sofortmaßnahmen«: Denken Sie daran, Ihr gegenwärtiges Projekt abzuschließen, bevor Sie sich an das nächste machen.

Die von SIEBENERN ausgesandten Signale

Positiv: Das Gewöhnliche erhält den Anschein des Außergewöhnlichen. Verspielt, optimistisch, phantasievoll, erfindungsreich.

Negativ: Sind dem eigenen Vergnügen und den eigenen Interessen verpflichtet, wodurch sie als sorglos und unzuverlässig erscheinen.

Ambivalent: Das schnelle, hastige Ausführen von Plänen gibt anderen das Gefühl, SIEBENER befänden sich in einer Übergangsphase. Diese Aufgabe scheint nur eine von vielen zu sein, die der große Zukunftsplan bereithält.

Sicherheitsreaktion an Punkt Fünf: SIEBENER ziehen sich hier in die Einsamkeit zurück, um auszuruhen und neue Kräfte zu sammeln. Von äußeren Reizen abgeschottet, finden sie hier Zeit, um sich nach innen zu wenden.

Streß-/Risikoreaktion an Punkt Eins: Hier äußern SIEBENER Verärgerung und Widerwillen, wenn sie einige ihrer Optionen aufgeben müssen.

Arbeitet am besten in: Berufen, die vom Geist des Abenteuers, der kühnen Eroberung neuer Welten beseelt sind; Arbeitsumgebungen mit sich schnell verändernden Sachlagen. SIEBENER sind Theoretiker und Futuristen, die an mehreren Projekten gleichzeitig arbeiten.

Hat Probleme in: Berufen mit klar vorgezeichneten, festen Karriereaussichten; bei langweiligen, monotonen Tätigkeiten, denen äußere Anreize fehlen: als Labortechniker, Vorstandsvorsitzender eines bürokratisch organisierten Unternehmens, Schalterangestellter, Fließbandarbeiter.

Wird in der Arbeitswelt vorzugsweise eingesetzt in: der Konzeptions- und Planungsphase interessanter Projekte; auf Positionen, bei denen es darauf ankommt, verschiedene Interessenfelder zusammenzuführen; interdisziplinäre Studien an der Universität; vernetztes Arbeiten, Propagieren komplexer Ideen – in der Politik, als Produktionsleiter in den Medien, in der Öffentlichkeitsarbeit, als Animator für die vor Gesundheit strotzenden ewig Junggebliebenen, als Starreporter, Sportartikelverkäufer, in Gesundheits- und Fitneßcentern.

Sind Sie ein Siebener?

Sie haben es auf eine Karriere abgesehen, bei der Sie sich eine Vielzahl von Möglichkeiten offenhalten können. Das Leben hält unzählige Chancen bereit; um sie zu ergreifen, braucht man nur Visionen und kreatives Denken.

Dieser optimistische Glaube wird durch die Funktionsweise Ihres Verstands verstärkt. Sie tragen immer mehrere Ideen und vielversprechende Pläne mit sich herum, die in Ihrem Denken miteinander verknüpft sind. Wenn A ungewiß erscheint, kann man zu B ausweichen. Und wenn B nicht finanziert werden sollte, gibt es immer noch C. Wird C zur Routine und läßt sich B nicht wiederbeleben, kann man zu A zurückgehen, woraus sich vielleicht D entwickeln läßt. Die Pläne A bis D sind in Ihren Gedanken eng aufeinander bezogen; wenn sich also einer von ihnen als erfolgreich herausstellen sollte, aktivieren Sie auch die anderen. Warum sollte man sich in seinen Möglichkeiten einschränken?

Die Menschen, mit denen Sie zusammenarbeiten, sehen diese Pläne aber vielleicht als strikt voneinander getrennte Einheiten. Diese Mitarbeiter gehen ihren Aufgaben ja auch routinemäßig nach, während es Sie in den Wahnsinn treibt, wenn Sie Ihre Talente nicht auf einem abenteuerlichen Spielfeld zum Einsatz bringen können. Bob äußert dieses Bedürfnis nach immer neuen Erfahrungen während einer Planungssitzung.

»Mein Gott, etwas Besseres hätte uns doch gar nicht zustoßen können!« Als der Vorsitzende den Raum verläßt, bricht er in überschwengliche Freude aus. Die drei Mitarbeiter, die ebenfalls anwesend sind, starren ihn ungläubig an.

Der Vorsitzende hat den vier Teammitgliedern gerade den Auftrag erteilt, »die verdammt noch mal beste Jahresversammlung in der gesamten Geschichte dieses Unternehmens auf die Beine zu stellen«. Der erste Gedanke, der Bobs drei Kollegen in den Sinn kam, war die Frage, wie schnell sie einen neuen Job finden würden, wenn sie gefeuert werden.

Alle außer Bob denken an den unglaublichen Druck, der bei der Planung der dreitägigen Tagung auf ihnen lastet – Flüge können Verspätung haben, es kann mit dem Wetter Probleme geben, mag der Tagungsort noch so exotisch gewählt sein, das vorbestellte Menü gefällt den Teilnehmern nicht … Die schreckliche Liste ihrer Aufgaben ist endlos lang – so sehen sie es.

Bob dagegen sieht nur die Möglichkeiten, die sich ihm eröffnen. Potentielle Tagungsorte sind zu besichtigen – für ihn die Chance, sich seinen »Was-wäre-wenn«-Phantasien hinzugeben; seinem Einfallsreichtum sind bei der Organisation der Versammlung keine Grenzen gesetzt.

Er sagt es seinen Kollegen: »Wir könnten sie zu einer Thementagung machen, vielleicht abhängig vom Ort. Und zur Unterhaltung könnten wir …«

Wo andere Grenzen sehen, sieht Bob nur vielversprechende Möglichkeiten – ein Wesenszug der SIEBENER, wenn sie zu Hochform auflaufen. Bei der Organisation aber sind Hunderte von Telefongesprächen notwendig, Tausende von Punkten sind zu beachten. In dieser Situation wird Bob – zu dessen Stärken es nicht unbedingt gehört, penibel auf Einzelheiten zu achten – seiner Arbeit ein hohes Maß an Aufmerksamkeit entgegenbringen müssen.

Den anderen wird es schwerfallen, seinen Enthusiasmus zu zügeln; er ist über den Auftrag ungemein begeistert. Seine erste Reaktion besteht darin, andere Aufgaben zugunsten des neuen Jobs in den Hintergrund zu stellen und sich alle verfügbaren Ressourcen zunutze zu machen.

Nur vage ist er sich bewußt, daß die Kollegen seinen Enthusiasmus nicht teilen. Er aber sieht bereits, wie alle Abteilungen im Unternehmen von der bevorstehenden Tagung profitieren. Zum Beispiel sollte das Marketing alle aktuellen Projekte unter das Thema »Marketing im 21. Jahrhundert« stellen.

In seiner Vorstellungswelt spielt die Marketingabteilung nun eine Schlüsselrolle für die anstehende Tagung. Vor seinem geistigen Auge sieht er den über globale Marketingtheorien zuverlässig unterrichteten Abteilungsleiter eine Ansprache halten, die von der positiven Rolle der »Strategien des 21. Jahrhunderts« im Unternehmen handelt.

Angetrieben von seinem Enthusiasmus, verpflichtet er andere für sein Projekt – doch das alles findet nur in seinem Kopf statt. Weder der Vorsitzende noch der Marketingleiter wissen davon. Seine eigene Zukunft strahlt bereits in leuchtenden Farben, wenn er nur daran denkt, das gesamte Unternehmen auf den rosigen Weg ins 21. Jahrhundert zu führen. Seine unersättliche Gier nach vielversprechenden Ideen versperrt ihm den Blick auf die tatsächlichen Grenzen, die die Zeit, die benötigten Mittel und die Kooperationsbereitschaft seiner Kollegen bilden.

Wie SIEBENER Informationen verarbeiten

In den spirituellen Traditionen, in denen unterschiedliche Persönlichkeitstypen Aspekte in der Entwicklung des Menschen zu höherem Bewußtsein darstellen, gelten Epikureer als »Mönche unersättlicher Gesinnung«, da sie neue Erfahrungen gierig in sich verschlingen. Bobs Weltsicht handelt davon, alles zu haben – eine leuchtende Zukunft, in der alle seine Wünsche in Erfüllung gehen. Bob selbst aber wird sich kaum als unersättlichen Menschen sehen. In seiner Wahrnehmungsperspektive erblickt man eine Vielzahl von Ideen, die alle zu einem großen Zukunftsplan zusammengeschlossen sind.

Anders als Sechser, die sich schützen, indem sie sich auf das Schlimmste gefaßt machen, sieht Bob immer nur das Beste. Er ist ein überzeugter Teamarbeiter, da er Verbündete braucht, die seine Visionen mit ihm teilen und über die Mittel verfügen, die nötig sind, um seine Ideen in die Tat umzusetzen.

Seine Art der Informationsverarbeitung gleicht in vielem dem Netzwerk des menschlichen Nervensystems, wie es aus Anatomiebüchern bekannt ist. Der Auftrag, die Tagung zu organisieren, löst eine Kette von Assoziationen aus, die durch die Synapsen seiner miteinander verwobenen Pläne pulsieren. Die Tagung wird so zu einem wichtigen, großen Neuron in Bobs Zukunftsvision. »Das ist wirklich eine ganz große Sache«, denkt er. »Wichtig genug, daß sie ihren eigenen Direktor braucht. Dem Vorsitzenden dürfte das wohl bereits bewußt sein. Und der Marketingleiter wird sich sicherlich für den Vortrag zur Verfügung stellen, da er doch bereits über Marketingstrategien im 21. Jahrhundert recherchiert.«

Es gibt endlos viele Möglichkeiten, und einige davon können ihm wirklich weiterhelfen. Seit Monaten versucht er, seinen langweiligen Online-Aufgabenbereich loszuwerden, außerdem hat er schon immer von einer flexiblen Zeiteinteilung geträumt. Er haßt es, direkt seinem Vorgesetzten unterstellt zu sein, außerdem weiß er, daß er mehr Geld bräuchte. Im Moment aber ist er von der Aussicht, die Tagung leiten zu können, enorm begeistert und wird sich beeilen, seine Gedanken in einer schriftlichen Mitteilung an den Vorsitzenden weiterzuleiten.

SIEBENER bei der Arbeit

Epikureer glänzen, wenn es darum geht, Pläne für die Zukunft zu schmieden – was immer schon zu Bobs Stärken gehörte. Sein Einfallsreichtum zeigte sich bereits in der Kindheit; er erinnert sich, ein intelligenter, aufgeweckter Junge gewesen zu sein, der die Menschen in seinem Umfeld erheitern konnte. Daß er die Zukunft immer nur rosig sieht, entspricht keineswegs simplem Wunschdenken. Er hat gelernt, die Möglichkeiten, die ihm zufielen, zu ergreifen, wodurch er sich Leid und Schmerz ersparte und Erfolge für sich verbuchen konnte.

Als SIEBENER können Sie Bobs Neigung, die positivsten Aspekte unterschiedlicher Ideen miteinander zu vereinen, nachvollziehen. Jedes System enthält dienliche Informationen – warum sie also nicht alle nutzen? Bob unterhält immer mehrere Systeme gleichzeitig, in denen er Überschneidungen und Ähnlichkeiten feststellen kann. In seiner Perspektive erscheinen übereinstimmende Bereiche vergrößert, während die sehr realen Differenzen ausgeblendet werden. Er kann wunderbar Daten aus unterschiedlichen Kategorien zu einer kohärenten Struktur verweben, sein Aufmerksamkeitsstil aber bringt es mit sich, daß Details und Einzelheiten dabei verlorengehen.

SIEBENER fühlen sich in bürokratisch organisierten Umgebungen oft eingeschränkt. Sind sie in Routinetätigkeiten gefangen, finden sie fast immer Auswege, um ihren Abenteuergeist am Leben zu erhalten – wie dieser Versicherungsvertreter, der auf eine zwanzigjährige Laufbahn in seinem Gewerbe zurückblikken kann. Er sprach bei einem Enneagramm-Seminar in Chicago. Da er seit 38 Jahren verheiratet ist und auf seine lange Erfahrung im gleichen Beruf zurückblicken konnte, zweifelte er zunächst, ein SIEBENER zu sein.

> *Als ich zum ersten Mal vom Enneagramm hörte, sagte man mir, SIEBENER hätten Probleme, sich auf Verpflichtungen einzulassen. Wie konnte ich dann einer von ihnen sein? Aber die Beschreibung paßte: optimistisch, leicht zu langweilen und eben an wirklich allem interessiert. Und wenn ich es genau betrachte, läßt sich mein Verkaufskonzept geradewegs darauf zurückführen, daß ich ein SIEBENER bin. Ich verkaufe mehr Versicherungen als alle anderen im Büro, nur bin ich selten im Büro. Ich bin draußen, unterwegs mit meiner Frau, und habe Spaß an meinen Hobbys.*
>
> *Sie müssen wissen, ich bin schon ziemlich lange verheiratet, allerdings mit vielen verschiedenen Frauen. Denn sie war nicht immer dieselbe Person. Eine Zeitlang waren wir jung und flatterhaft, dann aber erkannte ich, daß meine Frau immer wieder eine andere Person wurde, und das fasziniert mich bis heute.*
>
> *Genauso ist es mit meinem Job. Ich bin ein extrovertierter Mensch. Ich treffe mich gern mit Leuten, aber das hat nichts mit kumpelhaftem Auf-die-Schulter-Klopfen zu tun. Meinen größten Abschluß erzielte ich während eines Skikurses in Aspen. Ein Personalabteilungsleiter hielt dort gerade eine Sitzung ab, und ich verstand mich wunderbar mit den Managern. Dadurch be-*

kam ich Zugang zur Welt der Skifahrer – Leute, die zwar gern Risiken eingehen, sich aber Sorgen machen, falls ihnen etwas zustoßen sollte. Und das führte mich schließlich auch hierher zu diesem Enneagrammseminar. Einer meiner Skifahrer-Kunden sagte, er sei ein Sechser, weshalb er sich um seine Familie sorgt, falls er verunglücken sollte.
Daher lese ich nun Enneagramm-Bücher, und gleichzeitig knüpfe ich neue Kontakte, denn ich stehe jetzt vor Ihnen, und Sie wissen inzwischen, was ich beruflich mache. Versicherungen zu verkaufen ist für mich keine Arbeit, sondern eine Freizeitbeschäftigung.

Der Versicherungsmakler hat, basierend auf seinem Charme, eine Möglichkeit gefunden, sich das Interesse an seinem Beruf zu erhalten. Für den nächsten Vortragenden gestalteten sich Verpflichtungen ganz anders.

Als ich sah, welche Möglichkeiten mir offenstanden, warf ich mich ganz auf die Betriebswirtschaft, und nun führe ich ein Leben, das für jemanden aus meiner Generation dem amerikanischen Traum entspricht – ich fahre große Autos, trage Designer-Klamotten und fliege auf Geschäftsreisen kreuz und quer durchs Land. Die Spontaneität ist entscheidend. Ich muß immer das Gefühl haben, daß ich sofort meine Sachen packen und abhauen kann. Das ist unheimlich toll, vor kurzem aber war mir ein fast unwiderstehlicher Halbtagsjob in Boston angeboten worden. Es wäre aber ein Fünfjahresvertrag gewesen, und darauf kann ich mich einfach nicht einlassen.

Es stellte sich heraus, daß dieser Betriebswirtschaftler 600 000 Frequent-Flyer-Meilen angehäuft hatte. Er hätte also sofort überallhin fliegen können, hat es jedoch nie getan. Er nutzte seine Möglichkeiten nicht, da er sich nicht festlegen konnte und sich alles offenlassen wollte – in der Welt seiner Gedanken war eben nichts festgelegt, es gab keine Verpflichtungen.

Was Sie nicht vergessen sollten

SIEBENER sind im Team dafür bekannt, daß sie sich im Planungsstadium begeistert engagieren; soll der betreffende Plan dann jedoch in die Tat umgesetzt werden, möchten sie sich am liebsten verdrücken. Ähnlich Fünfern, die sich zum Schutz ihrer Privatsphäre zurückziehen, oder Sechsern, die aus Angst vor dem Handeln blockieren, fühlen sich SIEBENER wie gelähmt, da sie sich in ihrer Freiheit eingeschränkt glauben, wenn sie sich auf ein einziges Projekt einlassen.

Das Team sieht einen engagierten Mitarbeiter, der sich ganz plötzlich Ausreden einfallen läßt. Was ist los? Es gibt keinen wirklichen Grund dafür, außer daß die ganze Sache plötzlich langweilig geworden ist. *Langeweile* ist das Schlüsselwort. Als SIEBENER sollten Sie sich, wenn eine Aufgabe langweilig wird, die Frage stellen: »Warum ist mir langweilig? Warum ausgerechnet jetzt?« Liegt der Grund darin, daß Sie meinen, die mühselige Arbeit der Realisierung bringe zu viele und zu große Verpflichtungen mit sich?

Auf Ihrem geistigen Weg bedeutet Unersättlichkeit wesentlich mehr, als sich nur den Terminkalender vollzupacken. Es handelt sich dabei um einen Geisteszustand, in dem faszinierende Vorstellungen bereits so real, so gegenständlich erscheinen, daß die mühevollen Schritte, die zu ihrer Verwirklichung notwendig sind, beinahe nebensächlich anmuten. Disziplin ist nötig, wenn man sich auf eine Sache konzentrieren und Ideen in die Realität umsetzen will. Auf lange Sicht hat man nur dann Erfolg, wenn man kurzfristig Mühen auf sich nimmt. Werfen Sie also einen Blick über Ihre Schulter. Daß Sie sich von so vielen Dingen begeistern lassen, hält Sie vielleicht nur davon ab, sich einer Sache wirklich zu verschreiben.

Ein abschließender Gedanke

Warum sich mit Trauer, Enttäuschung oder Mißerfolg auseinandersetzen? Es scheint wenig produktiv zu sein, ein positives Selbstbild in Frage zu stellen. Neben dem dynamischen Dreier sind SIEBENER – fasziniert von inspirierender Arbeit – die Optimisten unter den Enneagramm-Typen.

Sie erinnern sich an Bob, der mit der Organisation der Tagung beauftragt wurde. Getragen von seinem Gefühl, persönliche Wertschätzung zu erfahren, ergriff er die ihm dargebotene Möglichkeit und stürzte sich auf Mitarbeiter und Mittel, die seine Vorstellungen unterstützten. Ihm erscheint es als selbstverständlich, offen für neue Möglichkeiten zu sein; der Fehler in seinem Denken liegt in seiner unausgesprochenen Erwartungshaltung, alle müßten ihm zu Diensten sein. Die Opfer, die sie zu leisten haben, ihre persönlichen Grenzen interessieren ihn nicht.

Bevor er sich mit Feuereifer auf die Planung stürzt, sollte er ein wenig innehalten und überlegen, welche Erwartungen wirklich als realistisch zu bezeichnen und welche nur Produkt seiner optimistischen Vorstellungskraft sind. Er sollte erst die Meinung des Vorsitzenden abwarten, bevor er sich einen neuen Briefkopf bestellt. Ebenso sollte er sich mit den drei anderen Mitgliedern des Teams absprechen und sich ihre Einwände und Fragen anhören. SIEBENER müssen immer wieder auf den Boden der Tatsachen zurückgeholt werden. Es ist kaum von der Hand zu weisen, daß sich der Auftrag für Bob auch in anderer Hinsicht positiv auszahlen könnte; allerdings sollte er das Projekt mit realistischeren Erwartungen angehen, um sich vor späteren Enttäuschungen zu schützen und das Team auf ein gemeinsames Ziel einschwören zu können. SIEBENER verfügen über ein reichhaltiges Instrumentarium, damit sie sich negativen Sachlagen, Schwierigkeiten, Konflikten und Zurückweisungen nicht zu stellen brauchen. Dazu gehört, das Thema aufzuschieben: »Damit beschäftigen wir uns, sobald das gegenwärtige Projekt beendet ist.« Eine andere Methode besteht darin, die allgemeine Aufmerksamkeit auf einen anderen, faszinierenden und hoffnungsvollen Bereich des Projekts zu lenken. Eine dritte Möglichkeit ist es, Probleme als eine wunderbare Chance, Zurückweisung als eine interessante Erfahrung darzustellen.

Sicherheit und Streß

Sicherheitsreaktion an Punkt Fünf

Situationen, in denen SIEBENER sich sicher fühlen, können zur Krise in ihren Auswahlmöglichkeiten führen. Statt zum nächsten Punkt auf der Liste überzuwechseln, ist es nun an der Zeit, eine einzige Idee voranzutreiben. Aber verglichen mit der Fülle von Optionen scheint selbst eine spektakuläre Entscheidung einschränkend zu sein. Nur eine Möglichkeit? Eine einzige? Warum alle anderen, ebenso interessanten Alternativen aufgeben? Warum sich mit so wenig begnügen?

Der Rückzug vom stimulierenden Punkt SIEBEN in die Einsamkeit des Fünfers signalisiert das Bedürfnis nach Privatsphäre – einem Ort, an dem man sich dem vollgepackten Terminkalender

Dynamik der Veränderung für Punkt Sieben

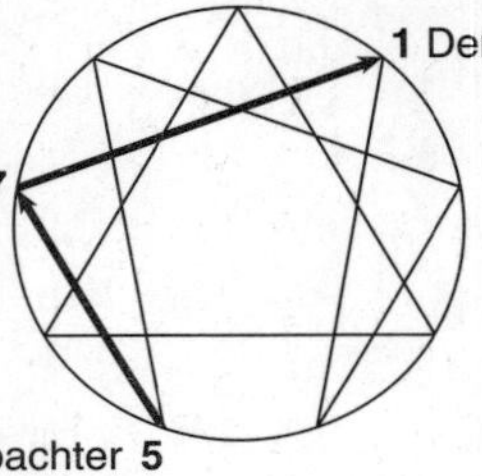

entziehen kann. Ein Urlaub allein, ein Rückzug in die Natur hilft Ihnen, von den vielen Vorhaben Abstand zu gewinnen und die Aufmerksamkeit wieder auf Prioritäten zu richten. Die Stille des Fünfers trägt dazu bei, daß Sie sich zwischen mehreren Optionen entscheiden, störende Ablenkungen ausschalten und sich einem nüchternen Handlungskurs widmen können.

Die negative Seite der Sicherheitsreaktion beinhaltet, daß sich SIEBENER von der Interaktion mit anderen Menschen ausschließen. Plötzlich verschwindet der charismatische Visionär aus seinem Büro. SIEBENER sind unabhängige, spontane Menschen, die sich nur ungern einschränken lassen: Sie wollen das, was sie begehren, erreichen, und sie wollen es sofort – und es fällt ihnen sehr leicht, sich allen Verpflichtungen zu entziehen, wenn sie die Sicherheit dazu verspüren.

Streß-/Risikoreaktion an Punkt Eins

Häufigster Streßfaktor für SIEBENER ist der Verlust einer oder mehrerer Optionen. Sie setzen auf ein Bewerbungsgespräch, aber Sie werden nicht genommen. Sie erwarteten eine Gehaltserhöhung, aber sie trifft nicht ein. Ihre typische Verteidigungsstrategie tritt dann mit aller Gewalt in Aktion: Sie stürzen sich in wilde Planungen, Ihr Terminkalender quillt über, und das Lächeln in Ihrem Gesicht scheint wie festgewachsen zu sein. Um Problemen zu entgehen, fliehen Sie in einen bequemen Eskapismus und wollen alles Unerfreuliche aus Ihren Gedanken verbannen. Wenn diese Flucht nicht funktioniert, begeben Sie sich in die Position des Einsers.

Diese Positionsverschiebung ist insofern vielversprechend, da Sie sich nun der Probleme bewußt sind. Ihre charakteristischen Ablenkungsversuche sind hinfällig geworden, also stellen Sie sich und sind bereit zu kämpfen. Es macht Sie zornig, wenn Sie sich nur einer Sache verschreiben sollen; Sie sind aufgebracht. Ein seiner Möglichkeiten beraubter SIEBENER kritisiert oder macht sich über andere lustig. Sie sind neidisch auf die Freiheiten, die andere genießen, und ärgern sich über Ihre eigenen Einschränkungen. Während der Streßreaktion an Punkt Eins sind immer andere daran schuld, wenn Sie sich enttäuscht fühlen. Es ist nicht Ihr Problem. Wären die anderen nur offen und aufgeschlossen gewesen, müßten Sie jetzt nicht leiden.

Unter Streß wird Ihr üblicher Schwung durch chronische Schuldzuweisung untergraben. Weisen andere mit dem Finger auf Sie, fühlen Sie sich außerordentlich unschuldig. Weisen allerdings Sie anderen die Schuld zu, erwarten Sie, daß sie sich ändern und Ihnen geben sollten, wonach Sie verlangen.

Die positive Seite des Einsers äußert sich in Ihrem Bestreben, mit Streß zurechtzukommen. Sie sind ausschließlich auf ein Problem konzentriert und müssen wie Einser zur Tat schreiten. Ist ein Projekt interessant genug oder so wichtig, daß Sie bereit sind, sich ihm ganz zu verpflichten, wird es auf perfekte Art und Weise seinen Abschluß finden – und Sie haben großes Gefallen an Ihrer hervorragenden Arbeit.

Wie andere SIEBENER sehen

Kommunikation

Würde ein SIEBENER ein Stellengesuch verfassen, lautete es ungefähr folgendermaßen:

> *Vor Energie überschäumender Optimist sucht neue Anregungen und Möglichkeiten. Er ist gewohnt, Verbindungen, Parallelen und ungewöhnliche Bezüge zwischen unterschiedlichen Bereichen herzustellen. Engagiert und interessiert, solange Herausforderungen zu meistern sind.*

SIEBENER sind überzeugende Redner und Gesprächspartner; sie lassen sich von neuen Konzepten begeistern und unterziehen alles ihren Verallgemeinerungen. Sie sammeln aufregende Ideen und greifen mit Vorliebe auf netzwerkartige Strukturen zurück, um die Bandbreite ihres Wissens zu erweitern. Diesem Bedürfnis nach Neuem haftet etwas Zwanghaftes an; sie wollen über neue Trends auf dem laufenden bleiben, sich aber keinem vorhersehbaren Handlungsverlauf unterwerfen.

Ihre Wahrnehmungsperspektive vollführt geistige Taschenspielertricks. Positive Optionen gelangen in ihr Blickfeld, während unvereinbare Ansichten und negative Aspekte zu undeutlichen Hintergrundelementen reduziert werden.

Aufgrund ihrer optimistischen Fixierung blenden SIEBENER manche Details und Einzelheiten – unbewußt – einfach aus. Dabei sind sie sich der Zeit und des Aufwands, die für die Umsetzung ihrer Pläne erforderlich sind, durchaus bewußt; allerdings erscheint ihnen ihre Idee im Augenblick so brillant und richtig, daß sie sie vor ihrem geistigen Auge bereits mühelos und in fertiger Gestalt vorliegen sehen.

Ihre Kommunikation ist durchsetzt mit Schlupflöchern, Hintertürchen, Eventualitäten und Absicherungen – das alles ist darauf ausgerichtet, sich immer alle Möglichkeiten offenzuhalten. Aus der Sichtweise des SIEBENERS mag diese Verhaltensweise nachvollziehbar sein, ihre Kommunikationspartner aber erhalten widersprüchliche Aussagen, die noch dazu laufend verändert werden.

Nützlich ist dieser Umgang mit Informationen in Berufen, in denen es auf sofortiges Reagieren ankommt. SIEBENER sind die Weichensteller auf Gebieten, in denen ständig wechselnde Datenströme spontane Entscheidungen erfordern.

SIEBENER gehen davon aus, daß auch andere Persönlichkeitstypen von mehreren gedanklichen Optionen ausgehen und ebensowenig Probleme haben, Pläne fortlaufend zu ändern. Das ist natürlich nur selten der Fall. Jene, deren Denken etwas systematischer ausgerichtet ist, werden daher im besten Fall mit Verblüffung reagieren, wenn SIEBENER Probleme neu umreißen und Ideen in ganz neue Kontexte stellen.

Epikureer sind meisterhafte Schwadroneure und Geschichtenerzähler. Bei Präsentationen verpacken sie ihren Enthusiasmus in eine charmante, persönliche Vortragsweise, die angefüllt ist mit Metaphern und bildhaften Vergleichen. Ihre Vorträge folgen nur selten einem logischen, schrittweisen Aufbau. Grundaussagen werden aus verschiedenen Perspektiven untermauert, wobei vor allem Übereinstimmungen und nur selten Unterschiede oder Differenzen hervorgehoben werden.

SIEBENER stellen immer mehrere, unterschiedliche Ideen vor, die zwar verschiedenen Theorien entnommen, in ihrer Vorstellungswelt aber eindeutig miteinander verbunden sind.

Bestenfalls gelingt es SIEBENERN, eine zusammengewürfelte Ansammlung bereits bekannter Gedanken zu einem neuen einheitlichen System zu verbinden, wie es durch eine schrittweise Vorgehensweise niemals möglich gewesen wäre. Ihr Denken basiert auf der Vorstellung, wie diverse Informationseinheiten konstruktiv zusammengeschlossen werden können.

Es fällt schwer, SIEBENER in die Ecke zu treiben; zwischen den einzelnen Ideen, mit denen sie spielen, bestehen aus ihrer Sicht vielfältige Überschneidungen, wodurch sich ihre Handlungsoptionen – da laufend neue Daten dazukommen – ständig ändern. Die Frage-und-Antwort-Phasen im Anschluß von Präsentationen können manchmal sehr chaotisch verlaufen – dann, wenn Epikureer unterschiedliche Vorstellungen unter einen Hut bringen und sie darstellen, als seien sie logisch miteinander verknüpft. Läßt sich das Publikum darauf ein, ist es bereit, schnell von einem Thema zum nächsten zu wechseln, kann das zu einem faszinierenden Ereignis werden.
SIEBENER legen Wert auf Ungebundenheit. Wie gute Mittelfeldregisseure im Fußball sehen sie die Lücken in der gegnerischen Abwehr im voraus und sind ständig in Bewegung, um sich ihrem Bewacher zu entziehen. Außerdem lassen sich leichter Übereinkünfte erzielen, wenn Perspektiven verschoben und Blickwinkel geändert werden.

Nonverbale Kommunikation

Epikureer bringen Leben in Partys. Ihr aufgekratzter Gesichtsausdruck, ihre aktive Körpersprache strahlen Enthusiasmus aus, ohne daß ein Wort gesprochen werden müßte. Selbst unter alten Freuden finden sie immer neue Gesprächsthemen oder können abgegriffene Themen durch neue Sichtweisen beflügeln. Nichts ist statisch, wenn man sich in Gesellschaft eines SIEBENERS befindet – sie versprühen einen dynamischen Charme, der geradezu einlädt, sich wohl zu fühlen.

SIEBENER regen andere durch ihren Enthusiasmus an, ihre Botschaft aber ist klar: Es ist ihre Party – sie wählen das Menü aus, sie sorgen für die Unterhaltung und die Gesprächsthemen. Man ist eingeladen und wird willkommen geheißen, aber man hat bitte schön zu verstehen, daß alles bereits geplant ist. Kann man sich damit nicht anfreunden, dann eben ein andermal. Jedem, dem das nicht gefällt, steht es herzlich frei, zu gehen.

SIEBENER sind schwer zu kontrollieren. Sie sind extrovertierte, optimistische Menschen, die in ihren farbenfrohen Metaphern und Geschichten ein ansteckendes Gefühl für das Abenteuerliche ausstrahlen. Zuhörer fühlen sich zu bestimmten Figuren in diesen Geschichten hingezogen, denn zwischen den Worten bekommen sie das aufregende Gefühl vermittelt: »Wir stecken hier gemeinsam in einer Sache; aber macht das nicht Spaß?«

Es mag keine böse Absicht dahinterstehen, wenn SIEBENER andere in die Irre führen, aber ihre Einladung, an ihrem Spiel teilzunehmen, hält oft falsche Versprechungen bereit. Man darf nicht vergessen: Es freut sie, wenn man an ihrer Geschichte teilhat, aber letztendlich ist es nur die Geschichte, die zählt.

Die Kommunikation mit SIEBENERN

- Wecken Sie durch neue Ideen und Alternativen den Enthusiasmus der SIEBENER. Oft sind sie es, die andere inspirieren und Ideen aufrechterhalten.
- Äußern Sie Ihre Bedenken, und sprechen Sie Probleme auf positive Weise an. Helfen Sie ihnen, die Negativpunkte und Grenzen einer Situation zu verstehen.
- SIEBENER sind schnell gelangweilt und lassen sich leicht ablenken. Sie legen Wert darauf, daß Informationen schnell und prägnant übermittelt werden. Bei langen Präsentationen schweift ihre Aufmerksamkeit leicht ab. Betonen oder fassen Sie die wichtigsten Punkte zusammen. Ermöglichen Sie ihnen, ausführlich darauf zu reagieren.
- Vergessen Sie nicht: SIEBENER gehen nur sehr ungern verbindliche Vereinbarungen ein. Sie stimmen bestimmten Ideen oder Projekten zu, ändern aber schnell ihre Meinung, wenn sich andere Alternativen ergeben. Geben Sie ihnen deutlich zu verstehen, wenn Sie eine verbindliche Übereinkunft erwarten.
- SIEBENER schieben für eigene Fehler gern die Verantwortung von sich. Sie sind bestrebt, perfekte Arbeit zu leisten, hassen es aber, wenn man sie auf Fehler hinweist. Machen Sie sich bei Kritik auf starken Widerstand gefaßt.
- Rechnen Sie mit Frustration und Sarkasmus, wenn Sie ihnen Grenzen setzen oder ihre Vorschläge abweisen. Verwerfen Sie unrealisierbare Vorschläge nicht sofort; sagen Sie ihnen statt dessen: »Das ist eine tolle Anregung, aber darauf können wir erst später zurückkommen«, oder: »Es ist gut, wenn man alle Möglichkeiten in Betracht zieht.«
- Epikureer sind die Bindeglieder, die einem Büro Zusammen-

halt verleihen; sie sind die Optimisten, die das Licht am Ende des Tunnels sehen.

Motivation

Epikureer neigen dazu, sich die Zukunft auszumalen und neue berufliche Aussichten zu erschließen. Ihre Aufmerksamkeit richtet sich schnell vom konkreten Gedanken zu den davon hervorgerufenen Assoziationen, wodurch rasch zahllose Erweiterungen und eine Vielzahl möglicher Ergebnisse entstehen.

Fasziniert vom Abenteuer der in ihrer Phantasie erkundeten Möglichkeiten, erfahren SIEBENER persönliche Glücksgefühle, wenn sich mehrere gute Ideen zusammenfügen; dann befinden sie sich am Ziel ihrer Wünsche, an einem Kreuzungspunkt, an dem die besten Optionen in einem großen Plan aufgehen. Daneben lassen sie sich von Abwechslung motivieren. Ein SIEBENER, der zum Beispiel in einem Steuerberatungsbüro arbeitet, wird seinen Tätigkeitsbereich in regelmäßigen Abständen neu ausrichten und für Privatpersonen, dann für Unternehmen und später für gemeinnützige Einrichtungen arbeiten und dabei versuchen, die gleichen Probleme mit verschiedenen Ansätzen anzugehen.

Das leidenschaftliche Interesse der Epikureer für kühne, neue Systeme und Ideen gipfelt manchmal in Durchbrüchen, in denen sich alles zusammenfügt und aus denen sich ganz neue Aussichten ergeben. Die ausufernden Möglichkeiten, die sich in ihrer Phantasie auftun, sind ihnen ein Quell der Freude, der anderen Persönlichkeitstypen mitunter verschlossen ist.

SIEBENER fühlen sich zu Berufen hingezogen, in denen neueste Technologien, Systemdenken und komplexe vernetzte Arbeitsstrukturen und interdisziplinäre Ansätze eine wichtige Rolle spielen. Geht der anfängliche Schwung jedoch verloren und werden ihre Gedankenexperimente durch die ganz realen Grenzen der Wirklichkeit eingeschränkt, flüchten sie in Ausweichmanöver und sind nur noch schwer zu fassen.

Im schlimmsten Fall kann ihre frustrierte Energie zu körperlicher und geistiger Erschöpfung führen. Entweder brechen sie wie alle anderen unter ihr zusammen, oder sie erreichen eine Weggabelung, an der sie eine definitive Entscheidung zu treffen haben.

SIEBENER sind sofort frustriert, wenn ihr Wunsch nach Freiheit an die Grenzen der realen Welt stößt. In diesem Fall ziehen sie ihre Motivation hauptsächlich aus jenen Plänen, durch die sie den Grenzen und Einschränkungen so schnell wie möglich entkommen können.

Erschöpfungszustände können aber auch Bedingungen erzeugen, unter denen sie ihre ihnen eigenen Motive erkennen – für SIEBENER bedeutet dies, daß sie sich Tätigkeiten suchen, die ihr konsequentes und beharrliches Engagement wert sind.

SIEBENER machen in ihrer Persönlichkeitsentwicklung einen großen Schritt nach vorn, wenn sie zwischen wirklich produktiven Ideen und Gedanken, die nur interessante Ablenkungen darstellen, zu unterscheiden lernen.

Das Erkennen größerer Zusammenhänge hängt davon ab, ob sie jene besonderen Momente wiederaufleben lassen können, in denen alle Ablenkungen wegfallen und sich ihre Ideen zu einem ansehnlichen Handlungsplan zusammenschließen. Dann können sie es genießen, ihre weitverstreuten Interessen auf einen

gemeinsamen Punkt zu bringen. Wenn alle Teile zusammenpassen und einen Handlungsablauf wachrufen, der ihr gesamtes Engagement fordert, ist es möglich, alles zu erreichen.
Ein erster Schritt in diese Richtung besteht darin, zu erkennen, wann sich verzweifelt hektische Gedanken einstellen. In diesem Fall ist es hilfreich, wenn sich SIEBENER sagen: »Das ist nur eine Flucht in die Ablenkung. Ich laufe wahrscheinlich nur vor irgendwelchen Problemen davon.« Statt sich in illusorischen Optionen zu verlieren, sollten SIEBENER ein wenig Abstand gewinnen und sich wieder auf die grundlegenden Prioritäten konzentrieren, die Schritt für Schritt in die Tat umgesetzt werden können.

Um SIEBENER zu motivieren

- Heißen Sie den Optimismus und die positive Einstellung der SIEBENER willkommen. Sie werden sich in der Entwicklung zahlreicher Alternativen hervortun. Unterstützen Sie sie bei der Entwicklung und Präsentation neuer Ideen.
- Die meisten SIEBENER genießen die Gesellschaft von Menschen und sind hervorragende Gesprächspartner und Gastgeber. Unterstützten Sie sie, diese Rollen zugunsten des Projekts zu übernehmen und ihren Charme entsprechend einzusetzen.
- Helfen Sie SIEBENERN, ihre Pläne den tatsächlich verfügbaren Mitteln – Mitarbeitern, Geld und Zeit – anzupassen. Zählen Sie auf sie in der Planungsphase, weniger bei der Durchführung. Machen Sie sich darauf gefaßt, daß nicht alle Pläne verwirklicht werden.
- Stellen Sie SIEBENERN den Freiraum zur Verfügung, den sie brauchen, um ihren eigenen Arbeitsrhythmus zu finden. Erwarten Sie nicht, daß sie sich an feste Vorgehensweisen hal-

ten. Ihre Produktivität steigt und fällt mit ihrem Enthusiasmus. Geben Sie ihnen deutlich zu verstehen, wenn Sie greifbare Resultate zu bestimmten Terminen erwarten.

- Unterstützen Sie SIEBENER bei den Dingen, die ihnen Spaß machen – Geschichten und Witze erzählen, neue Konzepte diskutieren, angenehme Alternativen skizzieren.
- Gestehen Sie SIEBENERN ein gewisses Maß an Gleichberechtigung zu. Pochen Sie nicht zu sehr auf Ihre Autorität. Sie werden sich sonst Befehlen und Kontrollen widersetzen. Lassen Sie sich als Chef von ihrem möglicherweise arroganten Verhalten nicht stören. Versuchen Sie als ihr Angestellter, ihre weitgehende Struktur- und Richtungslosigkeit zu tolerieren.
- Bitten Sie SIEBENER nicht, sich frühzeitig auf eine bestimmte Linie festzulegen. Gestatten Sie ihnen, sich eigene Prioritäten zu schaffen. Unter Zwang werden sie sich einer Sache nicht verschreiben; sie muß es »wert sein«.

Zeitmanagement

SIEBENER spielen mit der Zeit. Wenn es gut läuft, können sie Prioritäten verschieben, Handlungsvorgaben umstrukturieren und, wenn es sein muß, die ganze Nacht durcharbeiten. Es ist immer genügend Zeit vorhanden, um noch eine neue Erfahrung dazwischenzuschieben; aber dann ist es an der Zeit, sich Neuem zuzuwenden.

Zeit gewinnt für SIEBENER ungeheure Elastizität. Wenn sie in Fahrt sind, dehnt sich die Zeit, und alles kann plötzlich möglich sein. Die reale Zeit hingegen erscheint ihnen als träge und einengend. Zeit zieht sich in die Länge, wenn Epikureer jeden Tag zur exakt selben Zeit am selben Schreibtisch mit den immer gleichen

Gesichtern zu sein haben. Ein fester Tagesablauf ist für sie wie eine Gefängnisstrafe. Fehlt die Spontaneität, scheinen Projekte wie in Stein gemeißelt und in der Zeit eingefroren. SIEBENER sind sich der Uhrzeit durchaus bewußt, aber es ist sehr viel interessanter, so zu tun, als sei die Zeit unbegrenzt. Neue Gedanken zu ersinnen, die Zukunft vorwegzunehmen sind Aktionen, die ungeheuer befreiend erscheinen, da sie keinerlei räumlichen und zeitlichen Einschränkungen unterworfen sind. Die Vorstellungskraft gewinnt tatsächlich eine solche Eigendynamik, daß die Aufmerksamkeitsverschiebung weg von den Ideen und hin zu den praktischen Gegebenheiten als empfindlicher Rückschlag betrachtet wird. Ideen und Vorstellungen sind befreiend und liegen außerhalb der Zeit, ihre Realisierung aber scheint ewig zu dauern und ist bei SIEBENERN Auslöser von Blockaden.

Ellen, eine SIEBENER-Anwältin, hält sich selbst für eine perfekte Juristin in der ersten, kreativen Phase eines Falls, in der es darum geht, die Vorgehensweise und den strategischen Ansatz zu bestimmen, den ihr Klient vor Gericht einschlagen sollte. Sie kann ihre Argumente eloquent und charmant vortragen und die vorsichtigen Einwürfe ihrer Kollegen in der Anwaltskanzlei in ihre Argumentation einfließen lassen.

Dieses kreative Denken verschafft ihr enorme Befriedigung, die notwendigen Folgeschritte aber – die Recherchen, das Verfassen der Schriften und Akten – sind für sie nur noch lästige Detailarbeiten. Sie kann den kompletten Fall vor ihrem geistigen Auge erkennen, weshalb er für sie auch fast als abgeschlossen gilt.

Es wird nicht als Hindernis gesehen, wenn bereits die nächste große Sache ins Blickfeld gelangt – eher als Ausweitung der bereits vorliegenden Angelegenheit. Warum sollte man sich mit der offensichtlichen Lösung zufriedengeben, wenn sich durch eine neue Idee alles noch weiter verbessern ließe? Warum ängstlich am Thema kleben? Warum den Vorgaben folgen, wenn man einem neuen, brillanten Gedanken auf der Spur ist?

Durch ihre Dynamik und ihren Optimismus blockieren sich SIEBENER bei hohem Tempo. Unter Termindruck entwickeln sie brandneue Ideen, die nicht nur auf das aktuelle Projekt, sondern auch auf kommende zutreffen. Dadurch wird es schwierig, den laufenden Verpflichtungen nachzukommen.

Wie Sie SIEBENERN helfen können, mit der Zeit umzugehen

- Unterstützen Sie SIEBENER in ihrer Neigung, immer mehrere Dinge gleichzeitig zu tun. Sie arbeiten dann sehr viel effizienter, als wenn sie nur auf eine Aufgabe beschränkt werden.
- Schaffen Sie ihnen zeitliche Freiräume, damit sie bereits die Planung des nächsten Projekts in Angriff nehmen können, während sie noch am aktuellen arbeiten.
- Vergewissern Sie sich, daß SIEBENER bei Diskussionen und Präsentationen nicht den roten Faden verlieren. Ihre Neigung zu assoziativem Denken kann leicht dazu führen, daß sie über jedes erdenkliche Ziel hinausschießen.
- Unterbrechen Sie SIEBENER, wenn sie zuviel reden oder abschweifen. Führen Sie ihre Aufmerksamkeit wieder auf das eigentliche Thema zurück, ohne dabei persönlich zu werden.
- Unter schwierigen oder langweiligen Bedingungen neigen SIEBENER zur Flucht. Helfen Sie ihnen, ein wenig länger am

Ball zu bleiben, und lassen Sie sie wissen, wann sie gehen oder eine Pause einlegen können.

- SIEBENER brillieren auf kurzen Distanzen, stehen Routinearbeiten allerdings ablehnend gegenüber. Strukturieren Sie wiederholende Tätigkeiten als kurze Einheiten, die jeweils einen eigenständigen Abschluß besitzen, und leiten Sie dann die Aufmerksamkeit zur nächsten Stufe über.
- Versuchen Sie es mit der »Sandwich-Methode«: Schwierige Aufgaben können zwischen zwei Arbeiten eingeschoben werden, die mit Genuß verbunden sind – etwas, das Spaß macht, um den SIEBENER in Fahrt zu bringen, und zum Abschluß eine Aufgabe, auf die er sich freuen kann.

Verhandlungsgespräche

Verhandlungen mit SIEBENERN gleichen Ringkämpfen mit eingeölten Wassermelonen – alles ist glitschig, nichts ist zu greifen. Verhandlungspartner sind verwirrt vom charmanten und unausgesetzten Geplapper der SIEBENER, wodurch sie die Grenze zwischen Tatsache und Spekulation zwangsläufig verschleiern. Sie geben Hypothesen zum besten, die sich wie Wahrheiten anhören, und unausgereifte Vorschläge, die wie konkrete Angebote klingen.

Will man diese Situationen zu fassen bekommen, ist es nötig, den Zeitpunkt zu erkennen, an dem SIEBENER ihre Ausflüchte einleiten, und sie wieder zu den vorliegenden Themen zurückzuführen.

Die Bedenken anderer werden von SIEBENERN mit verständnisvoller Herablassung aufgenommen – »wenn Sie über meinen Erfahrungshorizont verfügten, würden Sie das schon verstehen«. Ihre erste Verteidigungslinie besteht aus entwaffnendem

Charme. Es folgt die Herablassung, und wenn Epikureer wütend werden, wissen ihre Verhandlungspartner, daß sie das Spiel gewonnen haben. An der letzten Auffanglinie stehen Kampf oder Flucht. SIEBENER kämpfen mit beißender Kritik. Und Flucht äußert sich darin, daß sie zum nächsten Thema entschwinden.

Ihrem Charme begegnet man am besten mit freundlichem Auftreten, sollte jedoch an den vereinbarten Verhandlungspunkten festhalten. Vergessen Sie nicht: SIEBENER denken nicht an bindende Verpflichtungen; sie sehen die Welt als Schauplatz vielfältiger Chancen und Alternativen. Wo andere permanente Verpflichtungen erkennen, sehen SIEBENER eine kontextspezifische Vereinbarung, die sich mit Änderung des Kontexts und dem Auftauchen neuer Optionen grundlegend ändern kann.

Seien Sie sich bewußt, daß sich Epikureer in Verhandlungen nicht vorsätzlich Hintertürchen oder Ausstiegsklauseln offenhalten, diese Optionen aber aus reiner Gewohnheit in das Abkommen einbetten. Legen Sie die Einzelheiten daher strikt fest: Wieviel, wie lange, wie teuer? Und wann läuft die Frist ab?

Aus- und Weiterbildung

Durch die Computerrevolution und das elektronische Zeitalter ergaben sich Aus- und Weiterbildungsmöglichkeiten, die für SIEBENER wie geschaffen sind. Sie sind Experten auf dem Gebiet großer Datenmengen und können Konzepte, die scheinbar nichts miteinander zu tun haben, sehr schnell konstruktiv zusammenfügen.

SIEBENER können sich sofort auf ihren Lehrstoff stürzen, ohne einen Gedanken daran zu verschwenden, ob das alles zusammenpaßt. Sie besitzen eine schnelle Auffassungsgabe und kommunizieren gern, allerdings oft unzusammenhängend und assoziativ, mit vielen Fragen und Kommentaren, was methodische Ausbilder in den Wahnsinn treiben kann.

Der Aufmerksamkeitsstil der SIEBENER verträgt sich mit nichtlinearem, assoziativem Lernen, das davon absieht, bei einzelnen Themen in die Tiefe zu gehen. Auf diese Weise nehmen sie, obwohl flüchtig, etliche nützliche Dinge auf und absolvieren Prüfungen mit guten Noten, auch wenn sie dem Unterricht niemals aufmerksam zu folgen scheinen.

SIEBENER befassen sich ernsthaft mit einer Sache, wenn ihr Interesse geweckt ist. Im Gegensatz zu Neunern, die eine ihnen angenehme äußere Umgebung brauchen, oder Vierern, die engen Kontakt mit ihrem Lehrer benötigen, legen SIEBENER auf diese Dinge auffallend wenig Wert. Bestimmender Faktor ihrer Lernbereitschaft ist ausschließlich der Grad ihres Interesses oder ihrer Langeweile. Die Schwierigkeit besteht darin, ihre Aufmerksamkeit zu wecken, ohne allzusehr kontrollierend zu wirken. SIEBENER sind froh, wenn sie sich auf Interessantes konzentrieren können; sie besitzen eine schnelle Auffassungsgabe und nehmen vieles im Vorbeilaufen auf. Zügeln oder frustrieren Sie sie nicht. Sie sind selbstbewußte Menschen, deren Aufmerksamkeit ständigen Schwankungen ausgesetzt ist. Ausbilder sollten ihre Seminarziele durchsetzen, nicht aber erwarten, daß SIEBENER konstant bei der Sache sind.

Der Fall der SIEBENER, die glaubte, alle Welt liebe Gewinner

Der Seniorpartner, ein Dreier, erwartet entspannt die letzte Leistungsbeurteilung des Tages. Die vorangegangenen Gespräche waren nicht allzu schlecht verlaufen, er lächelt, wenn er an die junge Brokerin denkt, die in zehn Minuten sein Büro betreten wird. Es wird ihm sehr leicht fallen, seiner kompetentesten Angestellten zu sagen, welch großartige Arbeit sie geleistet hat – ohne Wenn und Aber, ohne die geringste Einschränkung.

Da ihm noch einige Minuten vor dem einstündigen Gespräch bleiben, überprüft er seine Voice-mail; er hört nur mit halbem Ohr zu, während er einen Brief an einen potentiellen Investor aufsetzt.

Nachdem beide Arbeiten erledigt sind, holt er sich die Akte der Brokerin, schlägt sie aber nicht auf. »Warum sollte ich«, denkt er. »Ich habe ihr das letzte Mal die beste Bewertung gegeben, und soweit ich weiß, hat sich daran nichts geändert. Es gibt keinen Grund, die Unterlagen Zeile für Zeile durchzugehen.« Gedankenverloren klopft er mit seinem Stift auf die Akte. Sie kann zum Nachschlagen auf dem Schreibtisch bleiben, falls sie irgendwelche Fragen haben sollte, aber er sieht keinen Grund, jetzt seine Zeit mit ihrer Durchsicht zu verschwenden. Aus den Augenwinkeln heraus sieht er das »Ausgezeichnet«, das in allen Bewertungsfeldern steht, während er noch schnell einige Anrufe erwidert.

Vage erinnert er sich – er telefoniert noch immer –, von einem anderen Partner von einem der erfolgreichen Abschlüsse der Brokerin gehört zu haben. Die junge Frau, denkt er, vertritt ein ausgezeichnetes professionelles Image, das wunderbar zur Firma paßt. Sie ist jung und energisch, absolvierte ihren Abschluß an einer guten Universität, sie ist eloquent und kommt sofort zum Punkt. Er hat nichts Schlechtes über sie vernommen. Als er ihre hochhackigen Absätze auf dem Gang zu seinem Büro kommen hört, legt sich ein freundliches Lächeln auf seine Lippen.

Typische Verhaltensweisen

Die SIEBENER-Brokerin ist in der Tat jung und intelligent. Sie nimmt im Ledersessel vor seinem Schreibtisch Platz. Über die Kirschholzplatte hinweg erstrahlt auf beiden Seiten ein selbstbewußtes Lächeln: »Hier gibt es keine Probleme.«

Die Brokerin ist insgeheim erleichtert, als sie dieses positive Signal vernimmt. Vielleicht wird sie diesen Tag doch noch überleben. Sie eröffnet die Sitzung mit einer Frage zu einer vertraulichen Notiz, die verlockende Konsequenzen nach sich ziehen könnte. Ob er ihr keinen Rat geben könnte, wie sie am besten Zugang zu der brandheißen, neuen Sache bekommt, die die Firma gerade unterzeichnet. Denn will sie die Beziehung zu den beiden großen Investoren festigen, die sie momentan umwirbt, wäre das genau das richtige Angebot, das sie ihnen vorstellen müßte.

Der Partner, erfreut, ihr mit den Früchten seiner langjährigen Erfahrung dienen zu können, umreißt kurz die Strategie. Es macht ihm Freude, ihr Mentor zu sein.

Aus der Sicht der Brokerin ist der Vertrag bereits fertig und unterschriftsreif – das zumindest ist das Gefühl, das sich bei ihr einstellt.

Ohne daß ein Wort fällt, projiziert jeder auf den anderen das Gefühl, er werde von ihm bewundert.

In ernsterem Tonfall kommen sie dann auf die Leistung der Brokerin seit der letzten Beurteilung zu sprechen. Die SIEBENER, nun auf vertrauterem Terrain, akzentuiert die positiven Seiten ihrer Klientenbetreuung, legt aber keine Unterlagen vor, damit sich ihr Vorgesetzter ein eingehenderes Bild machen könnte. Aber, um fair zu sein, er fragt auch nicht danach. Detaillierte Fragen über ihre Transaktionen und die Gewissenhaftigkeit ih-

rer Aufzeichnungen kommen nicht zur Sprache. Was sie tut, wird von ihm im wesentlichen nicht hinterfragt.
Die SIEBENER blickt auf ihre Uhr; die Hälfte der Sitzung ist bereits vorbei. Ihre Nervosität, die sie gut verborgen hielt, schwindet noch mehr. Sie verläßt sich auf seinen Ruf, nicht allzu gründlich zu sein.
»Vielleicht hat er vom Watkins-Debakel überhaupt nichts gehört«, sagt sie sich. »Ich wette, er hat es noch nicht einmal nachgeprüft.«
Die Brokerin hatte es versäumt, die Frist für eine komplexe Transaktion einzuhalten, was zur Folge hatte, daß die Firma mit einer Geldstrafe belegt wurde. Typisch für SIEBENER, versucht sie ihren Fehler abzustreiten: »Es war nicht ganz meine Schuld. Meine Sekretärin hätte mich an den Termin erinnern sollen. Es hätte jedem passieren können.«
Sie klammert sich an Ausflüchte und erinnert sich: »Ich war einfach mit anderen Dingen beschäftigt. In der Woche nach Hawaii wurden einige Fristen fällig.« Die Reise nach Hawaii hatte geschäftliche Gründe, sie beschloß jedoch spontan, noch ein verlängertes Wochenende anzuhängen.
Als sich die Epikureerin wieder am Gespräch beteiligt, stellt sie fest, daß nur noch fünfzehn Minuten bleiben; der Watkins-Fall entschwindet aus ihrem Gedächtnis, als hätte er sich niemals ereignet. »Es wird Gras über die Sache wachsen. Es wird nicht so wichtig sein, nachdem die Firma sieht, wie viele neue Klienten ich an Land ziehe«, denkt sie.
Der Dreier-Partner bemerkt ihren Blick zur Uhr. »Nun ja, es gibt keinen Grund, das noch länger hinauszuzögern«, sagt er. »Ihre Arbeit ist außergewöhnlich gut. Gratulation.«
Beide erheben sich und geben sich die Hand. Und beide sind

froh, daß die Sitzung ein wenig früher beendet wurde. Schnell verläßt sie sein Büro.
Nachdem sie gegangen ist, nimmt der Dreier ihre Personalakte zur Hand, um sie in den Schrank zurückzulegen. Erst jetzt bemerkt er, daß ganz vorne ein blaues Blatt heraussteht. Es stammt von der Rechtsabteilung, die um seine Unterschrift bittet, um die Zahlung des Bußgelds im Watkins-Fall – 50 000 Dollar – zu autorisieren.
Sein Pulsschlag beschleunigt sich augenblicklich. »O mein Gott, wie konnte mir das nur entgehen?« Nun wird alles auf ihn abgeladen werden. Seine Partner werden ihn dafür verantwortlich machen und danach fragen, welcher Broker dafür zuständig war und wie er es nur geschehen lassen konnte.
Er handelt sehr schnell; er schiebt das blaue Blatt in eine andere Akte, ruft in ihrem Büro an und bittet sie zurückzukommen. Als sie wieder in seinem Büro ist, zieht er das Blatt heraus und sagt: »Ich habe vergessen, Ihnen das hier vorzulegen. Wir müssen uns über diese Sache unterhalten.«

Das Blatt wendet sich

Was folgt, ist für beide überzeugte Optimisten ein Moment der Wahrheit, bei dem jeder versucht, sich die Situation zu seinen Gunsten zurechtzudrehen.
Die epikureische SIEBENER, die merklich errötet und nach Rechtfertigungen ringt, taucht ab, während sie verzweifelt nach einem Ausweg sucht.
Der Dreier-Partner ist hin und her gerissen. Er will den Anschein von Kompetenz aufrechterhalten, ist aber gleichzeitig wütend auf die Brokerin, die seine Nachlässigkeit ausgenutzt hatte.
Daneben ist er natürlich ein wenig verlegen, daß er den Vorfall nicht bereits früher zu seiner Angelegenheit gemacht hat. Ihm

wird bewußt, daß er, bemüht, mehrere Dinge gleichzeitig zu erledigen, einige entscheidende Einzelheiten übersehen hat. Und die SIEBENER weiß es. Der Dreier fragt sich nun, wer noch um seine Schwäche weiß und sie ausgenutzt hat.

SIEBENER gehen Bedrängnissen – wenn möglich – immer aus dem Weg; Dreier schmücken sich mit einer erfolgreichen Fassade, aber nun sind beide in arger Verlegenheit.

Die Epikureerin bekommt es mit der Angst zu tun, als sie den schneidend kritischen Tonfall des Dreiers hört: »Fünfzigtausend Dollar! Ist Ihnen überhaupt bewußt, was Sie da angerichtet haben? Watkins ist ein langjähriger Klient von uns. Sie haben unsere Geschäftsbeziehung aufs Spiel gesetzt und dem Ruf der Firma schweren Schaden zugefügt.«

Die Brokerin wußte, als sich der Vorfall ereignete, daß sie ihr Unternehmen schädigte, hatte sich damals aber nicht viel dabei gedacht. Nun wird sie mit der Tatsache konfrontiert, daß das Bußgeld ihrem Jahreseinkommen entspricht.

Sie erkennt, daß seine Wut vor allem aus dem Umstand resultiert, daß sie versucht hat, ihn hinters Licht zu führen – daß sie ihn in Verlegenheit gebracht und ihn für den Fehler verantwortlich gemacht hat. Sie will seine Unterstützung nicht verlieren, hat aber dadurch ihre Beziehung dauerhaft geschädigt oder sogar für immer ruiniert. Ihr wird bewußt, daß sie für den Fehler sofort hätte geradestehen sollen – statt sich auf die mangelnde Sorgfalt des Dreiers zu verlassen. Oder, noch besser, sie hätte sich unmittelbar nach dem Ereignis zu ihm begeben und ihn um seinen Rat fragen sollen.

Lösung

Der Dreier verspürt – merkwürdigerweise – Mitgefühl mit ihr, was er natürlich nicht zeigen kann. Er, ein Meister des äußeren Anscheins, gibt sich keine Blöße; er kann sich aber auch die Frage nicht verkneifen, ob er unter ähnlichen Umständen nicht ebenfalls versucht hätte, so zu reagieren wie sie und das Problem zu vertuschen. Er sagt sich, ja, er hätte es auch getan, und diese Einsicht bringt jetzt einiges in Bewegung. Was kann er tun, um ihr zu helfen und sicherzustellen, daß sie aus ihrem Fehler lernt?

»Sie wissen, das darf nicht mehr geschehen«, beginnt er. »Ich werde Sie von nun an strikt kontrollieren und einen Eintrag in Ihre Personalakte vornehmen. Wir können diese Sache nicht einfach vergessen.«

Die Epikureerin, erleichtert, daß sie nicht gefeuert wurde, muß erkennen, daß ihr von nun an unangenehme wöchentliche Leistungsbeurteilungen ins Haus stehen. Außerdem wird sie für alles, was sie tut, inklusive des Vertuschungsmanövers, die Verantwortung übernehmen müssen.

Als sie gegangen ist, lehnt sich der Dreier in seinem Sessel zurück; er fühlt sich ausgelaugt. Er begreift, daß er sich vom Image der Brokerin hatte blenden lassen, und denkt: »O Gott, hoffentlich höre ich endlich auf, mich immer täuschen zu lassen. Sie hätte eine jüngere Ausgabe von mir selbst sein können.«

Die Selbstdarstellung der Brokerin ist tatsächlich das Spiegelbild des Dreiers. Doch während seine Aufmerksamkeit darauf gerichtet ist, so viele Aufgaben wie möglich zu erledigen, beschäftigt sie sich mit den angenehmen Möglichkeiten, die die Zukunft bereithält.

Ihre Vergnügungslust brachte sie im Fall Watkins in Schwierigkeiten. Sie war auf Hawaii und beschloß, ein langes Wochenende dranzuhängen, weshalb sie die Frist versäumte. In dem Moment, in dem sie sich für den verlängerten Aufenthalt entschied, vergaß sie die Watkins-Sache.

Selbstbeobachtung

SIEBENER sollten wachsam sein, wenn sich angenehme Optionen eröffnen. Kommen ihnen faszinierende Möglichkeiten in den Sinn, hilft es, etwas Abstand zu gewinnen und sich zu fragen: »Ist dieser Schritt konstruktiv oder nur eine Flucht vor Verpflichtungen?«

Punkt Acht: Der Boß

Entsprechende Bezeichnungen: der General, der Kontrahent, der Herausforderer

Motto: Zeig anderen niemals, wenn du ins Schwitzen kommst.

Vorstellung: Die Starken überleben, die Schwachen gehen unter.

Wahrnehmungsperspektive: Wer besitzt die Kontrolle?

Art der Informationsverarbeitung: Alles oder nichts.

Blinder Fleck: Der eigene Einfluß auf andere.

Entwicklungspotential: Den angemessenen Umgang mit Macht zu erlernen.

Geistiger Weg: Sich trotz der eigenen Verletzbarkeit sicher zu fühlen.

Leidenschaft: Lust (Exzeß: zu viel, zu laut).

Tugend: Unschuld (davon ausgehen, daß auch andere guten Willen zeigen).

Inspiration durch: Wahrheit.

Führungsstil: »Entweder es läuft so, wie ich es will, oder gar nicht.« ACHTER sind Machtmenschen, die sich ihrer Wirkung auf andere nicht immer bewußt sind. Wer seine Aufgaben zur Zufriedenheit erledigt, wird vom Boß nicht belästigt werden; wer allerdings vom Kurs abweicht, bekommt einiges zu hören. Angestellte sollten darauf gefaßt sein, daß sie sowohl beschützt als auch bis ins kleinste kontrolliert werden.

Erscheinung auf andere: Ungestüm; übernimmt die Kontrolle und das Kommando. ACHTER sind Menschen, die den Raum allein durch ihre Persönlichkeit ausfüllen.

Typische Konflikte: ACHTER neigen dazu, objektive Gerechtigkeit (»was ist für alle gerecht?«) mit Eigeninteressen (»was springt für mich dabei heraus?«) zu vermengen. Sie geben anderen das Gefühl, sie müßten ihm entweder zustimmen oder sich gegen ihn stellen.

»Sofortmaßnahmen«: Stellen Sie sich ACHTERN von Angesicht zu Angesicht gegenüber. Reden Sie ebenso laut und eindringlich: »Ich verstehe Ihre Position. Sie vertreten folgende Punkte. Richtig? Aber ich stimme Ihnen nicht zu. Und das sind meine Gründe dafür.« Halten Sie keine Informationen zurück, verfälschen Sie sie nicht, weil Sie glauben, Sie könnten dadurch der Konfrontation entgehen.

Die von ACHTERN ausgesandten Signale

Positiv: Mitarbeiter fühlen sich angespornt; ACHTER sind mutig, ausdauernd, gerecht, auf Wahrheit bedacht, direkt und unprätentiös. Sie machen keinen Hehl aus ihren Gefühlen.

Negativ: Fehlgeleiteter Gerechtigkeitssinn führt dazu, daß ACHTER andere kontrollieren wollen. Sie können penetrant sein und anderen auf die Nerven gehen.

Ambivalent: ACHTER, die sich sicher fühlen, begeben sich in die Position des Zweiers und unterstützen dann andere so, wie es sonst Geber tun. Sind sie verärgert, sind sie schnell mit Strafen bei der Hand.

Sicherheitsreaktion an Punkt Zwei: ACHTER, die die Position des Zweiers und sein Bedürfnis nach Zustimmung einnehmen, stellen sich schützend vor ihre Kollegen, Angestellten und ihr Team. Sie erwerben sich Zustimmung, indem sie anderen die Kraft geben, ihr Potential zu entwickeln.

Streß-/Risikoreaktion an Punkt Fünf: ACHTER ziehen sich in die Position des Beobachters und dessen Bedürfnis nach Privatsphäre zurück, wenn ihr Versuch, Kontrolle auszuüben, scheitert. Zurückgezogene ACHTER hängen ein großes »Nicht-stören«-Schild an ihre Tür.

Arbeitet am besten in: Berufen mit Konkurrenzdruck, in denen sich seine Energie konstruktiv entfalten kann. ACHTER lieben ihren eigenen Herrschaftsbereich und klare Befehlsstrukturen. In der Immobilienerschließung, als Vorstandsvorsitzender der eigenen Firma, als Militärbefehlshaber.

Hat Probleme in: Berufen, in denen es auf Diplomatie und Machtteilung ankommt. Als stellvertretender Vorsitzender, in der Kundenberatung oder Öffentlichkeitsarbeit.

Wird in der Arbeitswelt vorzugsweise eingesetzt in: der Kommandozentrale bei Auseinandersetzungen; als Speerspitze während einer Expansionsphase; als Prozeßanwalt, Gewerkschaftsfunktionär, Trainer eines Sportvereins.

Sind Sie ein ACHTER?

Die Aufmerksamkeit des ACHTERS richtet sich auf Macht, Kontrolle und die Sicherung des eigenen Territoriums. Sie wollen wissen, wer das Sagen hat und ob Gerechtigkeit ausgeübt wird. Sie drängen darauf, daß alle Informationen auf den Tisch gelegt werden – nicht nur, weil Sie sich ein vollständiges Bild machen, sondern sich aus den alltäglichen Bürointrigen heraushalten wollen. In Ihrer Wahrnehmungsperspektive erscheint die Tatsache, »die da oben« erhielten Lohn genug und wüschen ihre Hände nur selten in Unschuld, enorm vergrößert. Damit sind Sie mit einem Frühwarnsystem ausgestattet, das bereits bei den ersten Anzeichen von Machtspielen alle Sirenen in Ihnen auslöst.

Da Ihnen bewußt ist, daß die Starken die Schwachen dominieren, stellen Sie sich schützend vor »Ihre« Leute und achten darauf, daß alle gleich und gerecht behandelt werden. Sie haben aber auch großen Respekt vor denjenigen, die für die Gerechtigkeit ihre Stimme erheben. Sie fühlen sich zu Menschen hingezogen, die unter Druck nicht sofort einbrechen, die es bei Sitzungen durchaus auf Konfrontationen ankommen lassen und sich um ihre Freunde kümmern. Schwäche ist Ihnen zuwider, Abhängigkeit gilt Ihnen als verachtenswert, aber Sie können in Ihrer Vergangenheit auf eine lange Liste mutiger Kämpfer zurückblicken, die Sie protegiert haben.

Die Menschen, mit denen Sie zusammenarbeiten, empfinden Ihr Eintreten für Gerechtigkeit manchmal allerdings als Provokation. Während Sie klare, direkte Antworten einfordern, fühlen sie sich gepiesackt. Während Sie auf Ehrlichkeit drängen, stellt sich bei ihnen das Gefühl ein, als wollten Sie einen Streit vom Zaun brechen. Dieselben Mitarbeiter sind jedoch durchaus bereit, für Sie in die Schlacht zu ziehen, und vertrauen dabei tatsächlich Ihrer Führung. Ann, stellvertretende Abteilungsleiterin in einem größeren Unternehmen, ist ein klassisches Beispiel dafür.

Ann läßt ihre Bürotür immer weit offen, damit sie überblicken kann, was in ihrer Abteilung vor sich geht. Jeder weiß, daß sie jederzeit zu sprechen ist, allerdings sollte man nicht mit Nichtigkeiten zu ihr kommen. Sie ist keine besonders große Frau, füllt aber mit ihrer Präsenz das gesamte Büro aus; Bill, der nun eintritt, hat den Eindruck, daß er es hier mit einer kraftvollen, mächtigen Person zu tun hat, auf die Verlaß ist.

Bill ist etwas besorgt; er beginnt zu erzählen, was geschehen ist. Als Mitarbeiter der Marketingabteilung ist er es gewohnt, Stellungnahmen von anderen Abteilungen des Unternehmens einzuholen, und als der stellvertretende Leiter der Verkaufsabteilung einige pointierte Bemerkungen zu ihrer gegenwärtigen Kampagne fallenließ, wurde er hellhörig.

»Und dann sah es so aus, als würde er die ganze Sache am liebsten selbst in die Hand nehmen«, berichtet Bill. »Er stellte es so hin, als würden wir unsere Aufgaben nicht erfüllen. Er begann aufzuzählen, was wir alles ändern und sogar bis wann wir es ändern sollten. Ich meine, wer bin ich schon, um hier dagegenzuhalten?«

Die Wahrheit ist: Bill würde davon profitieren, wenn Ann die Sache in ihren Zuständigkeitsbereich übernehmen und nicht zulassen würde, daß bei dem Projekt die Verkaufsabteilung den Ton angibt. Die angesprochenen Änderungen gefielen ihm nicht, und er wußte, wenn er die ganze Angelegenheit nur ein wenig übertrieben darstellte, könnte er die Entscheidung zu seinen Gunsten beeinflussen. Das gestand er sich ein, als er sah, wie Anns Gesicht die Farbe wechselte – als würde man einem Thermometer an einem heißen Tag zusehen; der rote Strich stieg unaufhaltsam nach oben.

Je länger Ann zuhörte, desto wütender wurde sie. Teamwork schön und gut, aber ihre Leute auszunützen – denn nur so konnte sie das Verhalten des stellvertretenden Verkaufsleiter beschreiben –, das war etwas anderes. Niemand, wirklich niemand scheuchte ihre Leute herum. Niemand.

Sie stellte Bill einige Fragen, um die letzten Unklarheiten aus dem Weg zu räumen, und griff dann nach dem Telefonhörer. Als die Sekretärin des stellvertretenden Abteilungsleiters antwortete, verlangte sie, unverzüglich durchgestellt zu werden.

»Tut mir leid«, kam die Antwort. »Er ist in einer Sitzung.«

»Dann holen Sie ihn da raus«, sagte sie mit eisiger Stimme. »Es gibt hier einiges, das sofort zu klären ist!«

Wie ACHTER Informationen verarbeiten

In den spirituellen Traditionen, in denen unterschiedliche Persönlichkeitstypen Aspekte in der Entwicklung des Menschen zu höherem Bewußtsein darstellen, werden ACHTER als »Mönche lustvoller Gesinnung« bezeichnet, da sie sich sofort holen, was sie wollen. Sie laufen zu Hochform auf, wenn Sie herausgefordert werden, und gelten als Menschen, die die Führung übernehmen, wenn die Firma unter Druck gerät. Als Speerspitze bei schwierigen Unternehmenssituationen oder Übernahmen sichern Sie den Bunker, schnüren den Gürtel enger, und ziehen – nachdem Sie Ihre Truppen einen bedingungslosen Treueid haben schwören lassen – mit ihnen in die Schlacht; und diese können sicher sein, daß ihr ACHTER-Boß uneingeschränkt hinter ihnen steht.

Dabei ist es allerdings unerläßlich, daß Sie sich Ihrer Wirkung auf andere bewußt sind. Stellt man sich Ihnen in den Weg, erhöhen Sie den Einsatz und lassen sich auf die Eskalation ein. Da Sie, ähnlich einem Pferd mit Scheuklappen, auf ein Ziel fixiert sind, erkennen Sie unter Umständen nicht mehr, daß Sie nicht nur Ihre Feinde, sondern auch Ihre Freunde in die Flucht geschlagen haben. Es geht Ihnen immer nur um das Ziel, Sie sind jedoch nicht nachtragend und vergessen schnell die zornigen Worte, die Sie auf dem Weg dorthin geäußert haben.

Manchmal aber leuchtet Ihnen nicht ein, daß das, was Ihnen als gerecht erscheint, in den Augen anderer unfair sein soll. Sie neigen dazu, andere Vorschläge als nicht durchdacht genug, als zu einfach, zu dumm oder langweilig abzutun. Sie verwerfen fremde Meinungen, weil es Ihnen schwerfällt, die eigene Position noch zu ändern, nachdem Sie sich mit ganzer Kraft auf ein bestimmtes Ziel festgelegt haben. Nicht daß Sie grundsätzlich etwas gegen andere Ansichten hätten, aber sind Sie erst einmal in Fahrt gekommen und treiben Ihre Energie und das sich daraus ergebende Lustgefühl Sie an, existieren diese für Sie nicht mehr. Ihr Ziel und das körperliche Machtgefühl, das Ihre Lust Ihnen verleiht, rechtfertigen Ihren Standpunkt. Wie kann etwas falsch sein, wenn es Ihrer Meinung nach richtig ist?

Folgendes geschieht, wenn die für ACHTER typische Mentalität zum Tragen kommt. Stellen Sie sich vor, Sie sind Mittelstürmer in einem Fußballspiel. Wenn Sie den Ball haben, zählt nur das Tor, und um dorthin zu gelangen, bedarf es eines enormen Kraftakts, damit die gegnerische Abwehr überwunden werden kann. Einmal in Fahrt, geht es für Sie nur noch um alles oder nichts. Vom Spielfeldrand sieht es so aus, als wäre es fast unmöglich, das Tor zu erzielen, da sich zwischen Ihnen und dem Ziel zwei oder drei Verteidiger befinden. Diese Tatsache aber nehmen Sie kaum wahr. Sie haben in der gegnerischen Verteidigung eine kleine Schwäche ausgemacht, die in Ihrer Wahrnehmungsperspektive nun viel größer erscheint. Indem Sie diese Schwäche ausnutzen, können Sie das Spiel kontrollieren. Vom Spielfeldrand erscheinen Sie als der heroische Spieler, der es mit einer großen Übermacht aufnimmt. Aber so sehen Sie es nicht. Sie sind so darauf fixiert, den Ball im Tor unterzubringen, daß Sie den eigentlichen Vorteil der Abwehr überhaupt nicht mehr wahrnehmen.

ACHTER bei der Arbeit

ACHTER sind Menschen mit ausgeprägtem Gerechtigkeitssinn. In der Geschichte von Ann und Bill ist dies zu sehen. Hinter ihrem harten Äußeren liegt das Herz eines verletzlichen Kindes, das das Gefühl hat, es werde von anderen ungerecht behandelt

und kontrolliert. Sie lernte in ihrer Kindheit, ihre Verletzlichkeit zu verbergen und die Absichten der Mächtigen auf die Probe zu stellen; immer rechnete sie damit, erneut verletzt zu werden, wenn sie Schwäche zeigte.
Als ACHTER können Sie Anns Fixierung auf Fair play nachvollziehen. Außerdem dürften Ihnen einige Fälle bekannt sein, bei denen Sie sich im Namen der Gerechtigkeit für andere einsetzten – wie dieser Vorstandsvorsitzende einer Möbelkette, der sich im Lauf der Jahre nach oben gearbeitet hatte.

Schließlich saß ich in jedem Beschwerdekomitee, das das Unternehmen jemals gegründet hat. Ich kann es nicht ausstehen, wenn andere unterdrückt werden, und wenn dann die Unterdrückten nur herumsitzen und alles mit sich machen lassen, werde ich richtig zornig. Die Wahrheit ist: In diesen Sitzungen wird mir so langweilig, und ich bin es so leid, mir immer nur das Gerede der anderen anzuhören, daß ich wütend werden muß, um überhaupt noch Interesse aufbringen zu können.
In der Firma sprach sich sehr schnell herum, daß ich mich mit jedem anlegte und stritt und daß so das Eis gebrochen wurde. Weil ich immer als erster losschlug, mußte sich keiner um seinen Ruf Sorgen machen. Ich verstehe nicht, warum Wut so negativ besetzt ist. Sie gilt als entzweiendes, negatives Gefühl, aber man kann damit wunderbar für klare Verhältnisse sorgen, alle werden mobilisiert und kommen in Bewegung.

Der Vorstand nimmt stillschweigend an, auch andere verfügten über so viel Selbstsicherheit, um ihre Meinung vertreten zu können. Er ist der Ansicht, ein fairer Kampf sei ein kurzes Ungewitter, das die Luft reinigt und dann – wenn alles, was zu sagen war, gesagt ist – schnell wieder vergessen wird. Wenn Sie ebenfalls der Ansicht sind, daß Wut etwas Reinigendes und Erfrischendes an sich hat, sind Sie wahrscheinlich ein ACHTER; Sie wissen, daß Wut und Zorn verborgene Gefühle freisetzen. Unter Druck äußern Menschen das, was am wichtigsten ist: Sie sprechen die Wahrheit.

Achten Sie vor allem auf den Pegel Ihrer Langeweile. Wenn sich Langeweile einschleicht, sind Probleme nicht mehr weit. Es macht wesentlich mehr Spaß, energisch zu handeln und Regeln zu verletzen, als nur herumzusitzen und darauf zu warten, daß etwas geschieht.

Wenn Sie sich Probleme ersparen wollen, sollten Sie darauf achten, daß Ihr Interesse nicht erlahmt. Sie lieben es, Regeln zu erstellen, und lieben es ebenso, sie zu brechen. Regeln an und für sich spielen keine große Rolle. Was zählt, ist Ihr Gefühl, aufgerufen zu sein, ihnen zuzustimmen oder gegen sie zu rebellieren. Versuchen Sie nicht, andere penibel zu kontrollieren oder sich in ihre Angelegenheiten zu mischen, wenn Sie sich von Problemen fern- und Ihr Interesse aufrechterhalten wollen. Achten Sie eher darauf, was Sie sich selbst abverlangen können.

Was Sie nicht vergessen sollten

Im Team sind ACHTER entweder voll engagiert oder völlig abwesend. Klingt ein Projekt interessant, wird der Schalter umgelegt, und in wenigen Sekunden ist ihr Energiehöchststand erreicht. Endlich eine große und schwierige Sache. Ein titanisches Projekt, das alle Kräfte fordert und Sie über Wochen hinaus

Überstunden machen läßt. Was die Teamkollegen allerdings nicht wissen: Sie registrieren genau deren Engagement und kalkulieren ihre Ausdauer. Sie stellen sich selbst als Vorbild an Stärke und Beharrlichkeit hin, bringen damit die Dinge ins Rollen und ziehen die Grenze zwischen den Mitarbeitern, die bereit sind, alles zu geben, und jenen, die aussteigen.

Die Vorstellung, es könnte mehrere gleichwertige, konkurrierende Standpunkte geben, treibt Ihnen hin und wieder kalte Schauer über den Rücken – denn Sie sind immer bestrebt, Ihre Handlungen auf einem unerschütterlichen Fundament aufzubauen. Widersprüche, ambivalente Signale und mehrdeutige Kommunikation innerhalb des Teams empfinden Sie als Bedrohungen, die Ihre eigene Position in Frage stellen.

Auf Ihrem geistigen Weg werden durch Ihre Lust am Leben Ihr Charisma und Macht in den Vordergrund gerückt, Fragen und Zweifel werden verdrängt. Ihr blinder Fleck ist die eigene Verletzlichkeit. Ja, Sie können mobilisieren und kompromißloser auf ein Ziel zusteuern als andere Persönlichkeitstypen – aber auch scheinbar unbezwingbare Spieler werden geschwächt, wenn sie die guten Ideen anderer verwerfen. Ihr Entwicklungspotential liegt darin, zu erkennen, wann der Wunsch nach Kontrolle aufkommt, und angemessen darauf zu reagieren. Warum hundert Kilogramm Druck ausüben, wenn es doch nur gilt, eine Tasche mit Federn aufzuheben? Warum in den Kategorien Schuld und Gerechtigkeit denken, wenn alle in Ihrer Umgebung unschuldig sind?

Ein abschließender Gedanke

Die Mentalität eines ACHTERS wirkt auf dem Fußballplatz Wunder, ist aber äußerst unproduktiv, wenn Diplomatie, Geduld und Flexibilität gefragt sind. Abwarten und bis zehn zählen, bevor man antwortet – ein Ansatz, der hier besser zutrifft. Das gleiche gilt für Ann, die stellvertretende Abteilungsleiterin: Auch sie mußte lernen, erst den Standpunkt einer weiteren Person einzuholen, bevor sie sich ihre eigene Meinung bildete.

Warten Sie daher zunächst ab. Üben Sie sich im Zuhören. Nutzen Sie die Zeit, in der Sie bis zehn zählen, um wirklich aufzunehmen, was man Ihnen sagt. Wiederholen Sie dann die Worte, die Sie gehört haben, auch wenn Sie sich dabei lächerlich vorkommen. Nutzen Sie Ihre Vorstellungskraft, um sich einen anderen Blickwinkel zu eigen zu machen. Wenn Sie sich selbst durch die Augen anderer sehen könnten, welchen Rat würden Sie sich geben?

Überprüfen Sie in ruhigen Zeiten die Wirkung, die Sie auf andere ausüben. Holen Sie dazu die Meinung Ihrer Kollegen ein. Durch das Verständnis des Enneagramms wird schnell deutlich, wie andere Persönlichkeitstypen auf direkten, unmittelbaren Kontakt reagieren. Lernen Sie, sich verschiedenen emotionalen Persönlichkeitsmustern anzupassen; was für Sie nur Ausdruck Ihrer Meinung ist, wirkt auf andere wie die Vorstufe zur Konfrontation.

Sicherheit und Streß

Sicherheitsreaktion an Punkt Zwei

Wenn es dem Boß gutgeht, geht es allen gut. Sie sind die Kraftzentrale im Büro, Sie formulieren die großen Pläne und folgen einem Megawatt-Terminplan. Ein solcher Boß ist gesellig, er geht auf andere zu und fühlt sich wohl, wenn er seinen Schutzmantel über den Mitarbeitern ausbreiten kann.

Wenn Sie sich lange genug sicher und wohl fühlen, läßt Ihr Bedürfnis nach Kontrolle nach. Sie stellen fest, daß Sie sich auf andere einlassen können, statt sie immer nur zu überwachen. Im Diagramm zeigt sich diese Verschiebung, indem sich der ACH-

Dynamik der Veränderung für Punkt Acht

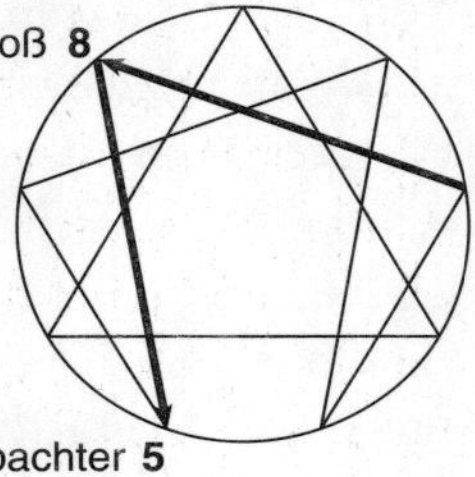

TER auf die sichere Position des gebenden Zweiers zurückfallen läßt. Ihre Wachsamkeit läßt nach, wenn Sie den Menschen in Ihrer Umgebung vertrauen können, und Sie stellen fest, daß Sie sie brauchen.

Plötzlich spielt es durchaus eine Rolle, ob man Sie mag, und dieselben Worte, die an Ihnen, wenn Sie sich für den Einsatz rüsten, wirkungslos abgeprallt wären, bohren sich nun tief in Ihr Inneres. An Ihren Mitarbeitern mag diese innere Wandlung spurlos vorübergehen, aber wenn Ihnen etwas unter die Haut geht, sind Sie sehr verletzlich. Es ist wichtig, den Mitarbeitern zu zeigen, wie Sie behandelt werden möchten, auch wenn Sie nervös werden, wenn Sie sich verletzlich fühlen. Unerwarteterweise stellen Sie fest, daß sich auch andere schützend vor Sie stellen, wenn sie das Gefühl haben, sie werden von Ihnen gebraucht.

Streß-/Risikoreaktion an Punkt Fünf

Bei den ersten Anzeichen von Streß kommt es zur Stärkung Ihrer Verteidigungsstrategie. Ihre Aufmerksamkeit richtet sich ausschließlich auf die Schwachpunkte Ihres Opponenten, gleichzeitig verbergen Sie Ihre eigenen Stärken, bis Sie eine Öffnung in seiner Verteidigung finden. Dann schlagen Sie mit allem, was Sie haben, zu. Eine zierliche Frau hält durch schiere Willensstärke und Ausdauer ihren Gegner in Schach, ein vor Kraft strotzender Mann kann seine Stimme und seine körperliche Präsenz zum Einsatz bringen. In beiden Fällen aber lautet das Ziel Herrschaft, und es fällt Ihnen schwer, umzuschalten, sobald Sie sich in dieser auf alles oder nichts gerichteten Aufmerksamkeitsphase befinden.

Was geschieht, wenn Sie die Auseinandersetzung nicht gewinnen? Bei einem teilweisen Mißerfolg begeben Sie sich in den Schützengraben, erhöhen den Druck noch zusätzlich, um den Ausgang in Ihrem Sinne zu beeinflussen, und machen sich darauf gefaßt, lange ausharren zu müssen. Achten Sie darauf, daß Sie in risikoreichen Zeiten Ihren Zorn nicht über Mitarbeiter ausschütten, von denen Sie unterstützt werden. Lassen Sie sich durch Ihre Enttäuschung nicht dazu hinreißen, die Situation noch weiter zu polarisieren. Stehen Sie mental unter Belagerung, bedarf es großer Überzeugungskraft, Sie wieder aus Ihrer Verschanzung zu locken.

Bei erwiesenem Mißerfolg treten Sie den Rückzug zur Position des Fünfers, des Beobachters, an. Wenn Sie mit Ihrer Art gegen andere nichts ausrichten, liegt die Sicherheit im strategischen Rückzug. Sie tauchen ab, um Ihre Kräfte zu sammeln, und sind für niemanden zu sprechen. In schlechten Zeiten muß jeder mit sich selbst klarkommen.

Sie wollen als mächtig und in der Führungsrolle wahrgenommen werden; deshalb dauert es eine Weile, bis sie sich gesammelt haben und sich in einer neutralen Rolle wieder zeigen. Wenn Sie auftauchen, vermitteln Sie den Eindruck, als sei nichts geschehen. Ironischerweise stellen Mißerfolge gute Gelegenheiten dar, an Sie heranzukommen. Da Sie insgeheim damit rechnen, in Schwächeperioden vollständig vernichtet zu werden, kann ein zu diesem Zeitpunkt erfolgtes Hilfeangebot oder eine Lösung, die Ihnen gestattet, das Gesicht zu wahren, der Beginn einer lebenslangen Freundschaft sein.

Wie andere ACHTER sehen

Kommunikation

ACHTER kommunizieren direkt. Mitarbeiter schätzen prinzipiell ihren offenen, unverblümten Stil, da sie wissen, daß sie nur mit dem zu rechnen haben, was sie sehen. ACHTER, die, wenn sie sich bedroht fühlen, schnell mit Schuldzuweisungen bei der Hand sind, mobilisieren sehr schnell ihre Energie, wenn es gilt, Handlungsziele festzulegen. Was sie nicht mitteilen, ist die Tatsache, daß sie gegen sich selbst ebenso hart vorgehen, wenn sie eigene Fehler erkennen und sich ihr Zorn nach innen richtet.

Die Meinung eines ACHTERS läßt sich schnell erfahren; sie machen keinen Hehl daraus, sie zu äußern. ACHTER betrachten die Welt unter dem Gesichtspunkt der Gerechtigkeit; sie weisen darauf hin, wenn ihnen etwas als unfair erscheint und wie Gerechtigkeit wiederhergestellt werden kann. Mitarbeiter haben gelernt, daß es das beste ist, die eigene Meinung offen, direkt und ohne jegliche Vorbehalte zu äußern und schlechte Nachrichten nicht zurückzuhalten. Häufig sind sich ACHTER ihrer Wirkung nicht bewußt; sie hegen keine verborgenen Absichten und keinen Groll, nachdem sie ihrem Zorn freien Lauf lassen konnten.

Es überrascht nicht, daß der Sessel an der Stirnseite des Tisches frei bleibt, damit der Boß die Leitung der Sitzung übernehmen kann – auch wenn er zuvor hoch und heilig geschworen hat, er würde nur teilnehmen, um »zuzuhören und zu lernen«. Man weiß, daß sein Interesse geweckt werden wird und er den Kurs

vorschlägt, während die anderen entweder zustimmen oder sich widersetzen.
Alle, die an die Position des ACHTERS glauben, sehen in ihm eine mächtige Schutzinstanz. Wer gegen ihn ist, hält ihn für anmaßend und überheblich.
Wer mit ACHTERN auskommen will, sollte ihnen unverzüglich, ohne zu zögern und ohne Vorbehalte die Konsequenzen ihres Verhaltens aufzeigen.

Die negativen Folgen einer auf Macht basierenden Kommunikation sind verletzte Gefühle und ein Mehraufwand an Zeit, die für Schadensbegrenzung aufzubringen ist. ACHTER respektieren starke Opposition, bei Auseinandersetzungen aber können potentielle Verbündete zu Gegnern werden, die zurückschlagen wollen. Reibungsverluste sind unvermeidlich.

Betrachten Sie den folgenden Bericht eines Mitarbeiters, der unter der Kommunikationsweise einer ACHTER zu leiden hatte:

> *Bei einer Sitzung stellte ich vor kurzem fest, daß ich ein Fünfer bin, wichtiger aber ist die Tatsache, daß meine Vorgesetzte eine ACHTER ist. Da gratulierte sie mir also zu meinem »überaus wichtigen Beitrag« für ihre preisgekrönte Werbekampagne, und ich denke mir nur, »das ist doch verrückt«.*
> *Für mich war das der Tiefpunkt meiner Karriere. Lieber würde ich kündigen, als das noch einmal durchzumachen. Gleich zu Anfang erkannte ich ein Vertriebsproblem, aber sie sagte immer nur, wir würden uns darum schon kümmern, wenn es akut wird.*

Schließlich platzte mir eines Tages der Kragen. Ich wurde so wütend, daß mir alles egal war. Ich hasse dieses aggressive Gefühl – es schlägt mir sofort auf den Magen, und ich fühle mich noch Tage später ganz durcheinander. Für sie war mein Wutausbruch »business as usual«. Sie hat nicht die geringste Ahnung, wieviel mich das gekostet hat.

Nonverbale Kommunikation

Die Präsenz von ACHTERN ist auch unausgesprochen zu spüren. Sie strahlen Gewißheit aus, die potentiell herausfordernd wirkt, besonders auf Persönlichkeitstypen, die ihre Aggressionen unterdrücken. Advokaten des Teufels zum Beispiel halten ACHTER für gefährlich, weshalb sie unwillkommene Informationen zurückhalten. Und vermittelnde Neuner, darauf bedacht, den Frieden zu wahren, können ACHTER jahrelang im Abseits stehenlassen.

Auch wenn sie körperlich von kleiner Gestalt sind, ist ihre Körpersprache direkt und geradlinig. Sie strahlen Energie aus, die einen Eindruck von ihrer Größe und Entschlossenheit vermittelt – was außerordentlich konstruktiv sein kann. Mitarbeiter scharen sich um sie während einer Expansionsphase und vertrauen ihnen im stillen, da sie wissen, ACHTER kommen mit Konflikten zurecht.

Mitarbeiter aber wissen auch, daß die Kommunikation in ruhigen Zeiten zu wünschen übrigläßt. Ohne die Aufregung eines konstruktiven Vorhabens oder eines drängenden Ziels werden aus ACHTERN leicht Unruhestifter. Wenn sie sich langweilen, schüren sie das Feuer kleinerer Vorfälle, bis daraus ein Großbrand wird, der ein ansonsten ruhiges Büro in Unruhe versetzt.

Die Kommunikation mit ACHTERN

- ACHTER wissen sehr genau, was sie wollen. Treten Sie ihnen offen und direkt entgegen, und drücken Sie sich klar und deutlich aus. Es gefällt ihnen wahrscheinlich nicht, wenn Sie zu Ihrer Position stehen, aber Sie erwerben sich damit Ihren Respekt.
- ACHTER legen die Notwendigkeit, einen Kompromiß zu finden, als Schwäche aus. Zeigen Sie ihnen, daß Sie ihre Position verstehen – gebrauchen Sie dabei die Worte, die auch sie verwenden würden –, und legen Sie dann Ihren Standpunkt dar. Vermeiden Sie, daß die Diskussion ausufert, und kehren Sie zum Ausgangspunkt zurück.
- ACHTER gehen mit Lob und Komplimenten sehr sparsam um. Sie legen im allgemeinen auf die Zustimmung anderer keinen großen Wert und unterschätzen vielleicht, wie wertvoll sie sein kann. Ermutigen Sie sie dazu, sich Gedanken zu machen, was andere fördern und motivieren könnte.
- Hören Sie auf den Inhalt ihrer Worte, auch wenn sie wütend sind oder anderen die Schuld zuweisen. Akzeptieren Sie ihren Zorn, ohne ihn persönlich zu nehmen. Ist Ihnen ein Fehler unterlaufen, dann weisen Sie darauf hin, ohne dabei Ihre Selbstachtung zu verlieren.
- Helfen Sie ACHTERN, ihre energische Durchsetzungskraft zu mäßigen, falls es nötig ist. Sie können sonst wichtige Informationen oder Ressourcen verlieren, wenn sich Mitarbeiter zurückziehen, die ihrem Zorn entgehen oder Konflikte vermeiden wollen.
- Lassen Sie ACHTERN Anerkennung und Bestätigung zukommen. Hinterfragen Sie ihre Ansichten über Mitarbeiter oder Verfahrensabläufe. ACHTER können leicht vorpreschen, ohne

ihre Informationen oder die Konsequenzen ihres Handelns zu überdenken.

- Halten Sie ACHTER immer auf dem laufenden. Konsultieren Sie sie, wenn Sie Zweifel hegen. Werden sie übersehen, legen sie das leicht als Verrat aus. Mit schlechten Neuigkeiten läßt sich umgehen, aber überhaupt nichts zu hören, das ist verdächtig.

Motivation

Die emotionale Überlebensstrategie, auf die ACHTER angewiesen sind, nennt sich Lust; sie beinhaltet die Lust auf Leben – auf Energie, Herausforderungen, Konkurrenz; Lust auf den Einsatz der gesamten Vitalität des Lebens, um Dinge voranzutreiben. Es gibt nichts Vergnüglicheres, als mit voller Kraft einen Job anzugehen, der ein hohes Maß an Engagement, Zeit und Energie erfordert. ACHTER müssen nicht motiviert werden, wenn sie das Gefühl haben, sie werden gebraucht und können nach Lust und Laune loslegen – statt durch das Leben zu schleichen und mit einem Fuß ständig auf der Bremse zu stehen.

Warum sich einer Sache annehmen, wenn man sich nicht mit voller Kraft einsetzen kann? Warum sich überhaupt anstrengen, wenn es nichts Großes zu erreichen gibt?

Wenn sie jung sind, arbeiten ACHTER bis zum Umfallen; sie legen sich schlafen, wachen wieder auf und gehen erneut zur Arbeit. Werden sie allerdings von ihrem Beruf nicht gefordert, können sie auch ausgesprochen faul sein. Sie geben immer alles oder nichts. Der Schalter ist entweder an – oder aus, falls der Job es nicht wert ist, sich dafür einzusetzen, weil man sowieso nicht alles geben kann.

Eine ACHTER-Rechtsanwältin wird sich zum Beispiel aller, die ihre Hilfe suchen, ungemein annehmen. Sie wird sich um die juristische Gegenseite, um das Gericht und vielleicht sogar um die Familie ihrer Klienten kümmern, und sie wird ihre Klienten »zu ihrem Besten« herumkommandieren. Sie werden die Empfehlung zu hören bekommen: »Nicht aufgeben, das muß jetzt ausgefochten werden.« Zeichnet sich am Horizont ein Vergleich oder eine Niederlage ab, wird sie, als Vorbereitung auf den drohenden Mißerfolg, ihre Vorgehensweise ändern – Vorkehrungen werden getroffen, Emotionen müssen kontrolliert und trauernde Menschen unterstützt werden.

Die Anwältin muß nicht motiviert werden, wenn ihre Umgebung genügend Herausforderungen bereithält. In Streßphasen wird sie für ihre Mitarbeiter Berge versetzen. Unter Druck übernimmt sie die Leitung, koordiniert das Krisenmanagement und ist ausführendes Organ all jener Instanzen, die die Krise zu meistern versuchen. Perfektionistische Einser, die aus Furcht, einen Fehler zu begehen, in einem lähmenden Zustand verharren, werden durch ihr Selbstvertrauen mitgerissen, und emotionale Zweier finden wieder zu ihrem Gleichgewicht, wenn sie sehen, wie die ACHTER die Situation meistert.

Wenn sie jedoch kein Ventil für ihre Energie findet, wenn ihr Führungspotential ungenutzt bleibt, wird sich ihre Vitalität in Zorn verwandeln und gegen sich selbst oder gegen andere richten. ACHTER erzeugen Probleme, wenn ihr Bedürfnis nach neuen Herausforderungen hintertrieben wird oder sie sich von anderen kontrolliert fühlen. An diesem Tiefpunkt werden sie von der Notwendigkeit, zu überleben, motiviert und warten den richtigen Augenblick ab, bis der Gerechtigkeit wieder Genüge getan ist.

Körperliche und geistige Erschöpfung schafft jedoch auch Bedingungen, unter denen ACHTER die ihnen eigenen Motivationen erkennen können; das bedeutet für sie, ein konstruktives Ventil für ihre überbordende Energie zu finden. Um ihr Entwicklungspotential auszuschöpfen, sollten sie zu erkennen lernen, wann Kontrollverlust in Zorn umschlägt. Als ersten Schritt sollte sich der ACHTER bewußtmachen, wann Wut aufkommt, und dann die Aufmerksamkeit auf jene Dinge lenken, die konstruktiv erledigt werden können.

Um ACHTER zu motivieren

- ACHTER fordern Respekt, Gerechtigkeit und eine offene Aussprache. Wenn Sie sie zu Verbündeten haben wollen, lassen Sie ihnen alle drei Aspekte zukommen.
- Faire Auseinandersetzungen fördern das Vertrauen. ACHTER streiten sich mit Freunden und Kollegen, um die Wahrheit zu erfahren und Dinge ganz offen darzulegen. Halten Sie an Ihrer Position fest, brechen Sie nicht ein.
- Ermutigen Sie ACHTER, ihr angeborenes Führungspotential auszuspielen, und nutzen Sie ihr Durchsetzungsvermögen und ihren Enthusiasmus für die gemeinsamen Ziele. Unterstützen Sie ACHTER, andere mit ihrer Kraft mitzureißen, statt Kollegen zu kontrollieren. Weisen Sie sie auf die Vorzüge der konstruktiven Zusammenarbeit und auf die Tatsache hin, daß Druck und Zwang nicht immer zum gewünschten Ergebnis führen.
- ACHTER mobilisieren alle Kräfte, wenn sie sich für Freunde oder gegen einen gemeinsamen Gegner engagieren können.

Sie werden für sich und andere um Gerechtigkeit kämpfen und einiges auf sich nehmen, um Mißstände zu beseitigen.

- Hat ein Projekt ihr Interesse geweckt, werden sie über den Punkt der Erschöpfung hinaus dafür arbeiten. Unterstützen Sie sie, Pausen einzulegen und Verantwortung zu delegieren.
- ACHTER wollen die Wahrheit erfahren und werden nicht eher lockerlassen, bis sie sie kennen. Lassen Sie sie immer wissen, wo Sie stehen. Organisieren Sie regelmäßige Sitzungen, bei denen alles offen auf den Tisch gelegt wird. Fordern Sie auch von ihnen ein, alles preiszugeben.
- ACHTER wollen ihren eigenen Herrschaftsbereich, wie immer er auch aussehen mag. Sie stellen Vorgesetzte auf die Probe oder versuchen, ihren Kontrollbereich auszuweiten. Helfen Sie ihnen, klare Grenzen zu ziehen, innerhalb deren sie autonom arbeiten können.

Zeitmanagement

ACHTER haben die Zeit unter Kontrolle. Wenn sie rechtzeitig erscheinen, müssen auch alle anderen rechtzeitig erscheinen. Wenn sie eine Pause wollen, können sich auch andere eine kleine Unterbrechung gönnen. ACHTER erstellen und brechen die Regeln. Ihre Kontrolle äußert sich darin, daß sie Pünktlichkeit erzwingen – oder, je nach Notwendigkeit oder Laune, eben nicht erzwingen. Außerdem kontrollieren sie die Zeit, indem sie ihre Aufmerksamkeit auf das richten, was sie interessiert, während alles andere zurückstehen muß.

Termine sind für ACHTER kein Thema; sie halten sie einfach ein. Termine sind der Abschluß- und Höhepunkt eines Projekts, in das ACHTER ihre Erfahrung, ihr Können und ihre Energie investiert haben.

Ein ACHTER wird meist sehr früh zu Sitzungen erscheinen (eine weitere Möglichkeit, Zeit zu kontrollieren), ist er aber in seine Arbeit vertieft, spielt Zeit keine Rolle mehr. Seine Tätigkeit füllt die Zeit aus. Seine Vorgesetzten werden kaum zu sagen vermögen, an welchem Punkt er sich gerade befindet. Wenn es um die Fertigstellung eines Projekts geht, denkt er nicht in formalen Zeitbegriffen. Er weiß nur, er muß in Bewegung bleiben und weitermachen. Die Kraft seiner Vorwärtsbewegung wird ihn rechtzeitig zum Termin führen. Er kommt und geht und weist den Dingen, die er für wichtig hält, seine Zeit zu. Zeit ist etwas, das er zu kontrollieren hat.

Da ACHTER zwischenmenschliche Beziehungen vorzugsweise unter dem Gesichtspunkt der Herrschaft sehen, färbt das Bedürfnis, Zeit zu kontrollieren, auch auf die Beziehungen zu den Kollegen ab. ACHTER wollen nicht nur ihre Zeit kontrollieren, sondern auch die ihrer Kollegen. Häufig genug sind sie jedoch für die Reaktionen und Sichtweisen der anderen blind; dies kann dazu führen, daß sie dann gezwungen sind, einen Rückzieher zu machen, sich auf Schadensbegrenzung zu verlegen, womit sie von ihren eigentlichen Zielen abgelenkt werden.

Die Zusammenarbeit mit anderen, geduldiges Ausharren in Sitzungen, das Warten auf Kollegen, die immer endlos brauchen, bis sie in Fahrt kommen, sind für ACHTER ständiger Quell der Frustration. Sie gewinnen den Eindruck, andere seien immer übervorsichtig und legten es bewußt darauf an, sie aufzuhalten. »Warum verschwenden alle meine Zeit?«

Da ACHTER nicht die Zeit anderer beanspruchen – wichtig ist an und für sich nur der Job –, halten sie sich für eventuelle Verzögerungen nicht für verantwortlich. Wird ein Termin nicht eingehalten, hängt ein Projekt dem Zeitplan hinterher, schieben sie die Schuld unvorhergesehenen Ereignissen zu, die einen Mehraufwand an Zeit erforderten.

Wie Sie ACHTERN helfen können, mit der Zeit umzugehen

- Unterstützen Sie ACHTER bei effizienter Planung. Sie können sehr ungeduldig werden und neigen dazu, die Initiative zu ergreifen, ohne die Konsequenzen oder Alternativen in Betracht zu ziehen. Erinnern Sie sie daran, anderen zuzuhören und ihre Meinungen gegebenenfalls in die eigenen Planungen mit einzubeziehen.
- Treffen ACHTER auf Widerstand, verstärken sie ihre Anstrengungen. Die Gefahr besteht, daß sie dann nur noch auf sich und ihr Ziel fixiert sind. Helfen Sie ihnen, sich Zeit zu nehmen, um die Situation neu zu bewerten. Möglicherweise gibt es wichtige Informationen, die einen Kurswechsel ratsam erscheinen lassen.
- Unterstützen Sie ACHTER, auch andere an einem Projekt zu beteiligen. Sie übersehen gerne den Beitrag, den andere leisten. Erinnern Sie sie daran, daß andere auf Gruppenkonsens, persönlichen Kontakt, konzeptuelles Verständnis etc. angewiesen sind, um in Fahrt zu kommen.
- Legen Sie ihnen nahe, daß die Zusammenarbeit mit anderen nicht nur die Produktivität erhöht, sondern auch enorm wichtig für das eigene soziale Leben ist.
- Ermutigen Sie ACHTER, erst nachzudenken, bevor sie das Wort ergreifen. Es wird ihnen nicht gefallen, sich selbst zurückzunehmen, aber es kann dazu beitragen, daß sie später viel Zeit sparen, die sie sonst für Schadensbegrenzung aufwenden müßten.

- Wenn Sie für einen ACHTER arbeiten, schlagen Sie wöchentliche Sitzungen vor, in denen Ihr Boß und Ihre Kollegen die Möglichkeit haben, sich formlos über gemeinsame Themen auszutauschen und Sorgen zu äußern. Dadurch könnten später härtere Auseinandersetzungen vermieden werden.

Verhandlungsgespräche

Sie werden Ihren Standpunkt lautstark vertreten müssen, wenn Sie mit ACHTERN verhandeln. Am Verhandlungstisch geben sich ACHTER selbstbewußt, extrem gefestigt und wissen, daß ihre Panzerung keine Schwächen aufweist. Umgekehrt aber achten sie äußerst sensibel auf die Schwachstellen ihres Verhandlungspartners und werden so lange nachbohren, bis sie welche finden. Haben sie eine Schwachstelle ausfindig gemacht, werden sie nicht mehr davon ablassen – auch wenn sie nicht der eigentliche Gegenstand der Verhandlung ist.

Ein Beispiel: Ein Beobachter bittet seinen ACHTER-Vorgesetzten um eine Gehaltserhöhung. Der Fünfer hat sie sich verdient; er arbeitet hart, und die Firma profitiert davon.

Während er seine Bitte vorträgt, erwähnt er zufällig, daß eine Kollegin bereits vor zwei Monaten eine Gehaltserhöhung erhalten habe und er eigentlich um weniger bitte, als sie bekommt.

Seien Sie nicht überrascht, wenn der ACHTER-Vorgesetzte diesen Punkt aufgreift und alle anderen ignoriert. Wenn der Fünfer sich mit seiner Kollegin vergleicht, wird dies sofort zum Thema. Und plötzlich muß der Fünfer seine Leistung gegen ihre verteidigen, und der eigentliche Grund, warum er sich die Erhöhung verdient hätte, gerät ins Hintertreffen.

Im umgekehrten Fall aber – wenn der ACHTER ihm die Gehaltserhöhung zukommen lassen will –, wird er alle potentiellen Einwände als zweitrangig zurückstellen und sich nur auf jene Eigenschaften des Fünfers konzentrieren, die, mögen sie noch so unerheblich sein, die Gehaltserhöhung rechtfertigen. Steht der ACHTER der Angelegenheit neutral gegenüber, sind die Chancen gut, daß der Beobachter exakt das erhält, worum er bittet. Bei gespannten Beziehungen aber, wenn der ACHTER bereits die Messer wetzt, empfiehlt es sich, seine Aufmerksamkeit auf das Gegenteil zu lenken.

Eine Advokatin des Teufels zum Beispiel weiß, daß sie versetzt werden wird. Sie soll entweder nach Dallas oder Houston, würde aber Dallas vorziehen. In diesem Fall könnte sie daher die Vorzüge der Stadt anführen, in die sie *nicht* will.

Ihr Argument gegenüber dem ACHTER-Vorgesetzten müßte dann folgendermaßen lauten: »Wissen Sie, ich verstehe, warum Sie mich nach Dallas schicken wollen, aber ich habe einige Gründe zusammengetragen, warum es für das Unternehmen besser wäre, wenn ich nach Houston gehe.« Die Wahrscheinlichkeit ist hoch, daß der ihr feindlich gestimmte Boß die Gegenseite einnimmt und sie davon »überzeugt«, daß sie in Dallas besser aufgehoben sei.

Der Vorteil einer Verhandlung dieser Art: Die Sechser erhält die von ihr bevorzugte Stadt, ansonsten aber hat sie nichts zu verlieren, da sie sich – sollte sich ihre Strategie als Trugschluß erweisen – der Entscheidung ihres Bosses sowieso zu unterwerfen hat.

Aus- und Weiterbildung

ACHTERN fällt es nicht leicht, von anderen Anweisungen entgegenzunehmen; achten Sie also darauf, daß Sie mit Ihren Kommentaren sorgsam und gerecht umgehen. Führen Sie regelmäßige Sitzungen durch, wenn Sie vermeiden wollen, daß sich ACHTER selbständig auf den Weg machen. Konstruktive Kritik oder Sätze wie »Sie sollten sich exakt an diese Schritte halten« fallen bei ihnen selten auf fruchtbaren Boden; sie übertragen nur dann ihrem Ausbilder die Kontrolle, wenn er sich als kompetent erwiesen hat.

Befinden sich ACHTER in Ihrem Seminar, sollten Sie einen überzeugenden Tonfall anschlagen und die Zügel nicht aus der Hand geben. ACHTER erweisen sich als ausgezeichnete Schüler, wenn sie den praktischen Nutzen der Arbeit einsehen. Sie können sie engagieren, damit sie anderen Auszubildenden helfen, aber sorgen Sie dafür, daß die Seminarsitzungen nicht von ihnen dominiert werden. Erlauben Sie ACHTERN, sich im Raum zu bewegen, ermuntern Sie sie zur Teilnahme, aber geben Sie die Leitung nicht aus der Hand. ACHTER wollen sich ein Bild vom Ganzen machen und wie die einzelnen Teile sich darin einfügen. Achten Sie aber auf ein Gleichgewicht zwischen Theorie und Praxis, um zu verhindern, daß sie sich langweilen.

Lesen Sie den folgenden Abschnitt über eine Einser-Vorgesetzte und einen ACHTER-Trainee. Hier können Sie erfahren, wie Sie ACHTERN helfen können, Neues zu lernen.

Der Fall des technikfeindlichen ACHTERS

Dem ACHTER-Transportdienstleiter steht eine erneute Leistungsbeurteilung ins Haus. Seine Dienststelle ist der größte Essen-auf-Rädern-Lieferant in der Gegend und verantwortlich für vierhundert Mahlzeiten pro Tag.

Sein Distributionssystem war so effektiv, daß der Vorstand beschloß, die Dienstleistung in seinem Bereich auszuweiten. Der ACHTER-Transportdienstleiter weiß noch nichts von den Veränderungen, die der Vorstand bislang vertraulich behandelt hatte. Er weiß nur, daß die Kunden – Alte und Kranke, die ihre Wohnung nicht mehr verlassen können – mit seinem Service durchweg zufrieden sind.

Die Bereichsleiterin des Unternehmens ist eine perfektionistische Einser, und sie erwartet die Leistungsbeurteilung nicht ohne Sorgen. Sie weiß von der bevorstehenden Aufgabenausweitung; zusätzliche Lieferwagen werden notwendig sein, was für noch mehr Probleme sorgen wird. Es sieht fast so aus, als ob jeden Tag mindestens ein Wagen in die Reparatur muß.

Es ist die dritte Leistungsbeurteilung des Transportdienstleiters, und sie bietet das gewohnte Bild: Beste Beurteilungen in allen Kategorien, bis auf die Planung, aber genau das wird der Schlüssel sein, um das in Kürze vergrößerte Liefervolumen bewerkstelligen zu können. Sie hat ihm bereits einen Computer mit logistischer Software zur Verfügung gestellt, doch die Geräte befinden sich noch immer in ihrer Verpackung, abgestellt in einer Ecke seines Büros. Es ist also an der Zeit, das heikle Thema erneut anzugehen.

Typische Verhaltensweisen

Die Bereichsleiterin ist irritiert. Wie soll sie dem allseits beliebten, hart arbeitenden ACHTER klarmachen, daß seine gute Arbeit hinter den Anforderungen zurückbleibt? Alle mögen ihn. Er gehört zu der Sorte von Dienstleitern, für die die Fahrer sofort ihre Routen wechseln; die Bereichsleiterin weiß, daß er die Fahrer jederzeit mobilisieren kann, wenn es brenzlig wird.

Sie seufzt. Warum fällt ihr immer die Aufgabe zu, Beschwerden vorbringen zu müssen? Warum gilt immer nur sie als pingelige Autorität? Trotzdem, schon um seinetwillen kann sie ihm seine

Befehlsverweigerung – so sieht sie es – nicht durchgehen lassen; sie kann es nicht zulassen, daß er weiterhin den Computer ignoriert.

Durch die Expansion wird das Transportsystem sehr viel umfangreicher. Bislang fanden alle Dienstpläne und Routen im Kopf des Dienstleiters Platz. Aber wenn die neuen Routen dazukommen, wird er unweigerlich den Überblick verlieren. Es ist klar, daß er den Computer benutzen muß. Aber wie soll sie ihm, der sowieso in periodischen Abständen zum Angriff übergeht, das vermitteln, ohne ihn gegen sich aufzubringen? Warum besteht er darauf, es auf seine Art und Weise zu tun?

Der Transportdienstleiter liebt das kontrollierte Chaos seines Jobs: Mit dem Telefon in der einen Hand, dem Mikrofon in der anderen, koordiniert er seine Fahrer; es geht für ihn nicht nur darum, die Mahlzeiten zu den Kunden zu bringen, er liebt auch die Aufregung, die der einer militärischen Schaltzentrale nicht unähnlich ist.

In der Sichtweise des ACHTERS gehören das Chaos und die Reparaturanfälligkeit der veralteten Wagenflotte zu den Herausforderungen, denen er sich Tag für Tag zu stellen hat. Die Bereichsleiterin sieht es anders. Warum, denkt sie, läßt er sich nicht auf die organisatorischen Veränderungen und Verbesserungen ein?

Die perfektionistische Leiterin ist es gewohnt, sich Sorgen zu machen, wozu sie nun, während sie auf den Dienstleiter wartet, ausgiebig Gelegenheit hat. Da ihr gemeinnütziges Unternehmen mit öffentlichen Geldern gefördert wird, sind die Rechnungsbücher für alle einsehbar. Was geschieht, wenn die Presse von dem Mißmanagement erfährt? Sie hat gesehen, wie leicht solche Einrichtungen in der Öffentlichkeit abgeschossen werden. Und was, wenn ein Mitglied des Aufsichtsrats zufällig in das morgendliche Chaos platzt? Wegen des Dienstleiters hat sie das Gefühl, als würde sie die Kontrolle verlieren; seine Nachlässigkeit ist ihr zutiefst zuwider.

Zehn Minuten später taucht, selbstbewußt und von sich überzeugt, der ACHTER auf. Erst das förmliche Benehmen der Leiterin läßt ihn zusammenzucken, was er mit einem herzlichen »Guten Morgen« zu überspielen versucht.

Die Einser-Bereichsleiterin sitzt wie immer aufrecht und etwas steif in ihrem Sessel, wodurch sich der ACHTER genötigt sieht, sich hinzulümmeln. Es dauert nie länger als drei Minuten, bis jeder der beiden versucht, den jeweils anderen zu kontrollieren – die Einser, indem sie die Regeln vorgibt, und der ACHTER, indem er sie bricht. Unglücklicherweise mögen sie sich. Offene Feindschaft würde vieles erleichtern.

Der aufsässige ACHTER weiß, daß sich diese Leistungsbeurteilung vor allem mit dem Punkt Planung befassen wird, und er weiß auch, daß er keine Lust hat, sich neue Fertigkeiten anzueignen. Er geht in die Offensive: »Man kann diesen Job nur von Tag zu Tag erledigen. Computerausdrucke würden nicht funktionieren, weil sich alles noch in dem Augenblick, in dem man es eintippt, ändert und durcheinandergerät. Das wichtigste ist doch: Unser Service läuft großartig, die Kosten sind innerhalb des Rahmens, und die Fahrer sind zufrieden. Wir haben uns bereits bei den letzten Beurteilungen mit der Planung befaßt, das ist also nichts Neues. Außerdem habe ich keine Zeit, den Umgang mit Computern zu lernen. Vergessen Sie also die Kisten.«

Die Leiterin hört sich selbst mit hoher, spitzer Stimme antworten: »Ich habe Ihnen eine schriftliche Mitteilung über die Handhabung des Computers zukommen lassen. Was ist daraus geworden?«

Der ACHTER rutscht noch tiefer in seinen Sessel, und die Einser

denkt sich: »Warum will er nicht kooperieren?« Sie erinnert sich, daß er sich als Fahrer nach oben gearbeitet hat.
»Sie müssen lernen, mit dem Computer umzugehen«, sagt sie. »Die Wagen geben ihren Geist auf, weil sie nicht genügend gewartet werden.« Ihr ist ihr Zorn anzumerken, und sie spürt selbst, wie sie sich in eine autoritäre Position manövriert hat. Obwohl sie recht hat, weiß sie, daß ihr die Situation nicht gefällt.

Es stehen sich also zwei zornige Menschen gegenüber, die sich gegenseitig blockieren – eine indignierte perfektionistische Einser gegen einen ganz offensichtlich wütenden Achter.

Der Achter kommt nun langsam in Fahrt. Das Thema liegt auf dem Tisch, und er überläßt sich seiner Litanei.
»Das ist doch kein Schreibtischjob«, beginnt er, während er still für sich denkt: »Ich würde nur allzu gerne sehen, wie sie mit den Fahrern zurechtkommt! In diesem Job geht es nicht um Vorschriften, sondern um die Menschen.«
Er erwägt sogar, sich über ihren Kopf hinweg direkt an den Aufsichtsrat zu wenden. Das Herunterrattern seiner Beschwerden verleiht ihm ein Gefühl der Kontrolle; er sieht, wie sie sich windet, und ihm würde es nichts ausmachen, die Situation noch weiter eskalieren zu lassen.

Das Blatt wendet sich

In Wirklichkeit weiß der Dienstleiter, daß er nicht mehr alles im Kopf behalten kann. Er benutzt bereits seit einiger Zeit einen kleinen Notizblock, um seinem Gedächtnis auf die Sprünge zu helfen.

Natürlich kann er seine Schwäche nicht zugeben; das würde aussehen, als krieche er zu Kreuze. Er hat beschlossen, lieber zu kündigen, als sich einem Computerlehrgang zu unterziehen.
Für einen außenstehenden Betrachter sieht es so aus, als sei die Situation festgefahren; was aber unausgesprochen zwischen beiden vorgeht, ergibt ein hoffnungsvolleres Bild. Keiner der beiden verdient viel Geld, aber beide stehen hinter dem gemeinnützigen Unternehmen, in dem sie bereits lange zusammenarbeiten. Die Bereichsleiterin sammelt sich. Ihr kam soeben eine neue Möglichkeit in den Sinn: »Der Aufsichtsrat hat beschlossen, den Service auszuweiten, hauptsächlich aufgrund Ihrer Leistungen.«
Worauf der erstaunte und überraschte ACHTER ausruft: »Wir könnten tausend Wagen betreiben, wenn ich nur nicht den Computer bedienen muß.«
Plötzlich versteht die perfektionistische Einser die Situation. Ihre Vermutung hatte sich bestätigt: Der ACHTER hat das Computerhandbuch nicht gelesen, da er Angst hatte, es nicht zu verstehen. Es handelt sich nicht um Sabotage oder Befehlsverweigerung – er ist nur verlegen und unsicher.
Im Kopf überschlägt sie nun schnell den Etat. »Durch die Expansion könnten wir eine Teilzeitstelle für einen Techniker schaffen, der sich um den Computer kümmert. Könnten Sie mit den Fahrern *und* dem Computerexperten zurechtkommen?« Wobei sie sich denkt: »Ein Computerexperte ist eine sichere Lösung. Der Dienstleiter kann ihm Anfängerfragen stellen und sich so langsam mit der Sache vertraut machen.«
Das Treffen endet mit einem schnellen Kopfnicken, einem Handschlag, und aus dem Gang erschallt noch das herzliche Lachen des ACHTERS. Und der Perfektionistin wird bewußt: »Mir würde es auch nicht gefallen, wenn ich mich schämen müßte.«

Lösung

Die perfektionistische Bereichsleiterin beging gegenüber dem Aufsichtsrat einen Vertrauensbruch und handelte entgegen ihrem Persönlichkeitstyp. Typisch für Einser wäre es gewesen, wenn sie mit der Zustimmung des Aufsichtsrats gegen den Dienstleiter vorgegangen wäre und sich so des Problems entledigt hätte. Ein Angestellter, der mit den neuen Erfordernissen nicht Schritt halten konnte, wäre entlassen worden.

Statt dessen erinnerte sie sich daran, daß sie den ACHTER seit langem schätzte, und versuchte die Situation aus seiner Perspektive zu sehen. Dabei wich ihr Zorn, und sie hörte auf, ihn abzuqualifizieren.

Der Dienstleiter hingegen wurde durch das von ihr ausgesprochene Lob überrascht. Für kurze Zeit verlor er sein hartes Image und seine Kontrolle, gestand seine Angst vor der neuen Technologie ein – zeigte sich also verletzlich – und trug somit dazu bei, die festgefahrene Situation aufzubrechen. Beide wußten nun, was seinem Widerstand zugrunde lag, und konnten darangehen, eine Lösung zu finden, die beiden diente und dazu beitrug, sein Gesicht zu wahren.

Selbstbeobachtung

ACHTER sollten innehalten, wenn sie sich vollkommen im Recht fühlen. Sollte sich ihre Ansicht wirklich als hundertprozentig richtig erweisen, dürfte es keine Unstimmigkeiten geben. Andernfalls hilft es, wenn sie versuchen, Abstand zu gewinnen und sich die Frage zu stellen: »Überblicke ich wirklich die ganze Situation? Kann ich eine andere Sichtweise einnehmen und erkennen, daß auch andere Standpunkte richtig sind?«

Punkt Neun: Der Vermittler

Entsprechende Bezeichnungen: die Mittelsperson, der Schiedsrichter, der Unterhändler, die Person, die Konflikte vermeidet

Motto: Nur nicht für Unfrieden sorgen.
Vorstellung: Alles hat Vor- und Nachteile.
Wahrnehmungsperspektive: Die Anliegen anderer.
Art der Informationsverarbeitung: Wer sich der verschiedenen Sichtweisen einer Entscheidung annimmt, muß selbst kein Urteil fällen.
Blinder Fleck: Die eigene Position.
Entwicklungspotential: Aus Eigeninteresse zu handeln.
Geistiger Weg: Einen eigenen Weg zur Identität und persönlichen Entscheidung zu finden.
Leidenschaft: Trägheit (sich selbst vergessen).
Tugend: Aktivität.
Inspiration durch: Unterstützung aller Art.
Führungsstil: Entweder durch Konsens, so daß alle etwas bekommen und jeder zufrieden ist, oder strikt nach Vorgabe: »Beschweren Sie sich nicht bei mir – ich habe die Regeln nicht erfunden.«
Erscheinung auf andere: Nicht aus der Ruhe zu bringen, freundlich und liebenswert oder stur und eigensinnig.
Typische Konflikte: Passiv-aggressive Taktik; der Job wird ja nie fertig.
»Sofortmaßnahmen«: Machen Sie sich als NEUNER bewußt, daß Zorn konstruktiv sein kann.

Die von NEUNERN ausgesandten Signale

Positiv: Nimmt sich der Bedürfnisse und Wünsche anderer an. Kompromißfähig und offen. Weckt das Gute in anderen.

Negativ: Halsstarrig und wütend; will nicht sehen, worauf es ankommt; alles ist gleich wichtig, wodurch andere das Gefühl haben, ihre Anliegen seien unbedeutend. Wiederholt die immer gleichen, sicheren Verhaltensmuster.

Ambivalent: Will nach außen hin den Frieden bewahren, ist aber innerlich voller Zorn wegen seiner verpaßten Gelegenheiten. Die offene Botschaft lautet: »Es spielt keine Rolle.« Die verdeckte: »Ich wurde übergangen.«

Sicherheitsreaktion an Punkt Drei: NEUNER werden hier aktiv – sie geben sich nun ziel- und terminorientiert und beachten hoffentlich auch ihre eigenen Wünsche.

Streß-/Risikoreaktion an Punkt Sechs: Unter Streß müssen Entscheidungen getroffen werden, was – im negativen Fall – zur völligen Lähmung führt oder – im positiven Fall – bislang unbekannte Kräfte freisetzt, wodurch es möglich ist, exakt die Risiken einzuschätzen.

Arbeitet am besten in: Berufen, in denen es auf das Erkennen von Zusammenhängen und weitreichenden Perspektiven ankommt und eine Vielzahl von Faktoren mit einzubeziehen sind: globale Planungen.

Hat Probleme in: Arbeitsumgebungen, die laufend der Veränderung unterworfen sind und in denen zwischenmenschliche Kommunikation keine große Rolle spielt.

Wird in der Arbeitswelt vorzugsweise eingesetzt: als Postangestellter, stellvertretender Personalchef; Büro-, Abteilungsleiter; bei Strategieplanungen.

Sind Sie ein NEUNER?

Sollte es Ihnen bislang schwergefallen sein, sich für einen Persönlichkeitstyp zu entscheiden, sind Sie vielleicht ein NEUNER. NEUNER verstehen alle Standpunkte und können sie problemlos nachvollziehen; fragt man sie aber, was sie selber wollen, sind sie verunsichert. Außerdem kennen Sie vielleicht das Gefühl, daß Sie sowieso nicht bekommen, was Sie anstreben – warum sich also überhaupt die Mühe machen, sich dafür einzusetzen oder darum zu bitten?

Die meisten Ihrer Kollegen gehen allerdings davon aus, daß Sie Ihren eigenen Kurs verfolgen. Daß Sie nicht nein gesagt haben, bedeutet für sie, daß Sie zustimmen. Warum? Für Sie bedeutet Zustimmung, zu verstehen, daß jemandem X sehr am Herzen liegt. Also lassen Sie sich von dessen Enthusiasmus für X anstecken und unterstützen ihn in seinen Interessen. Ihre Zustimmung erstreckt sich allerdings nur auf X und nur so lange, bis Sie sich entschieden haben, was Sie davon halten.

Das kann lange dauern; die meisten Menschen verfolgen eine Menge Interessen und sind es gewohnt, ihre Meinungen lautstark zu äußern. Folgendes geschah mit Karen, einer jungen Teilhaberin einer Anwaltskanzlei, die die Eigenschaft der NEUNER besitzt, alle untereinander verfeindeten Fraktionen in ihrer Kanzlei verstehen zu können.

Die Spannungen in der Kanzlei haben wieder einmal zugenommen, und es besteht kein Zweifel, wo die einzelnen Mitarbeiter ihre Kaffeepause verbringen werden – sie haben es alle auf Karens Büro abgesehen.

Daß sich die Teilhaber in einer der größten Kanzleien in Chicago streiten, sollte nicht überraschen; sie sind Anwälte, jung und darin ausgebildet, über alles zu diskutieren – auch über die Frage, wer die Recherchen zu einem neuen wichtigen Fall übernimmt. Der Großteil dieser Arbeit ist langweilig, anstrengend und kann sich über Wochen hinziehen. Darum geht es bei den gegenwärtigen Auseinandersetzungen.

Überraschend ist nur, daß sich alle einig sind, wer unter ihnen – verständnisvoll und unvoreingenommen – die Vermittlerrolle übernehmen soll. Gilt es Konflikte zu lösen, wenden sich alle an Karen. Jeder in der Kanzlei weiß, daß sie das Für und Wider jeder Gerichtsentscheidung nachvollziehen kann; sie gilt als die geborene Vermittlerin.

Da sie immer das Ganze vor Augen hat, besteht kein Zweifel, daß sie eine ausgezeichnete Anwältin ist; sie kann jeden Fall aus einer Vielzahl von Perspektiven betrachten und für jede von ihnen Argumente finden. Daß sie immer bemüht ist, eine Ebene des Konsenses herzustellen, gerät ihr in der Kanzlei aber dann zum Nachteil, wenn sie ihre eigene Person in den Vordergrund rücken sollte. Dies fällt ihr schon deswegen schwer, weil sie immer auch die Vorzüge der anderen sieht, die ebenfalls versuchen, Kanzleipartner zu werden.

Karen hält sich mit eigenen Meinungen und Urteilen zurück und ist somit wie geschaffen zum Zuhören. Ihre Gesprächspartner fühlen sich weder manipuliert, noch treffen sie auf Widerstand. Karen scheint ihnen zuzustimmen, auch wenn sie das nicht tut – und nur eine Meinung »ausprobiert«, weil sie sehen will, wie sie sich anfühlt. Sie verschlingt die Geschichten der anderen und versetzt sich in deren Perspektive, kann aber mit Zorn nicht umgehen und fühlt sich äußerst unwohl, wenn es zu Konfrontationen kommt.

Wie immer verfolgt jeder, der am Streit über die mühseligen Recherchearbeiten beteiligt ist, seine eigenen Interessen – alle außer Karen, die zu sehr mit Zuhören beschäftigt ist. Jedem ist klar: Es müssen Vereinbarungen getroffen werden; deshalb blicken alle auf Karen, die einen Plan aushandeln soll. Sie kommt nur dann in Verlegenheit, als Jim sie fragt: »Also, und wo stehst du?« Karen zuckt innerlich zusammen; ihr wird bewußt, daß sie zwischen den Fronten steht, daß sie sich auf jeden einzelnen eingelassen hat und selbst keine eigene Meinung besitzt.

Wie NEUNER Informationen verarbeiten

Nachdem alle ihr Büro wieder verlassen haben, findet vor ihrem geistigen Auge das eigentliche Treffen statt. Sieht man das Geschehen aus ihrer Wahrnehmungsperspektive, würde man Jims Gedanken zum Rechercheplan erkennen und dann, erweitert man das Blickfeld ein wenig, auch die Meinungen der anderen Teilhaber. NEUNER werden traditionell als »Mönche von müßiger Gesinnung« bezeichnet – sie sind Menschen, denen die eigene Meinung abhanden kommt. Karen ist alles andere als ein müßiger Mensch, doch sie ist so sehr damit beschäftigt, die Ansichten anderer Menschen zu verarbeiten, daß sie selbst im jeweiligen Bild vollständig verschwindet.

Wie kann sie zu einer Entscheidung gelangen, wenn es für jede Ansicht ein Für und Wider gibt? Alles erscheint ungemein willkürlich. Warum sich selbst eine Meinung bilden, wenn man so leicht erkennen kann, wer für und wer gegen etwas ist? Ist es der Rechercheplan wert, daß man sich seinetwegen mit anderen streitet? Im Büro werden bald neue Gesichter auftauchen, und die jetzigen Teilhaber werden sich – falls sie nicht Kanzleipartner werden – in alle Himmelsrichtungen verstreuen. Die Neueinsteiger werden ihre eigenen Vorstellungen und eigenen An-

sichten haben. Ist das die Anstrengung wert, wenn sich die Umstände sowieso dauernd ändern?
Je mehr Karen über die Tragweite ihrer Entscheidung nachsinnt, um so mehr zusätzliche Informationen lädt sie sich auf. Nichts davon scheint irrelevant zu sein. Nun macht sie sich Gedanken über den wahren Wert der Entscheidungsfindung, und ihre eigenen Gefühle zum Rechercheplan treten vollkommen in den Hintergrund. Wie ein Jongleur, der eine Reihe von Bällen gleichzeitig in der Luft hält, beschäftigt sie sich mit den fremden Ansprüchen, ihren eigenen Meinungen und dem jeweiligen Kontext, in den diese Entscheidungen fallen.
Denn gehört die Recherche nicht eigentlich in den größeren Zusammenhang der Arbeitsaufteilung? Und geht es bei dem Streit nicht eigentlich um Autorität und Macht, darum, wer seinen Willen durchsetzen kann? Lautet die eigentliche Frage also nicht, wie sich die Recherche am besten organisieren läßt, sondern vielmehr, wer wirklich über Autorität verfügt? Durch eine leichte Verschiebung der Perspektive wird aus der Auseinandersetzung über die Recherche ein Machtkampf, der sich eigentlich darum dreht, wer sich als Partner für die Anwaltskanzlei empfehlen kann.
Sie beginnt sich ganz benommen zu fühlen. Der Rechercheplan ist in diesem größeren Rahmen irrelevant, aber vielleicht grenzt die Recherche sogar an den noch größeren Kontext professioneller Verpflichtungen. Bei diesem Gedanken beginnt ihre Energie zu versiegen; sie will eine Tasse Kaffee.
Sie hat ein Faible dafür, alle Aspekte zu erkunden, die in das Gesamtbild mit einfließen. Das ist ihr Talent und Fluch zugleich, vor allem dann, wenn sie nicht weiß, was sie selbst will. Sie weiß immer, was Jim und die anderen Teilhaber wollen, da

sie sich und ihre betreffende Situation sehr klar darstellen. Aber was ihre eigenen Entscheidungen anbelangt, weiß sie nicht, wo sie beginnen soll.

Im Gegensatz zu epikureischen Siebenern, die zwischen verschiedenen Systemen Überschneidungen erkennen, oder dynamischen Dreiern, die die nützlichen Aspekte mehrerer Systeme zu einem gemeinsamen Ziel zusammenlaufen sehen, ist sich Karen, die NEUNER, des allumfassenden Kontexts bewußt, in den sich alle anderen Systeme einfügen.

NEUNER bei der Arbeit

Zu Karens Stärken gehörte es immer, den Hintergrund und die Standpunkte anderer Menschen zu erkennen. Sie erinnert sich, als Kind von Erwachsenen häufig übersehen worden zu sein, weshalb sie sozusagen »in Winterschlaf fiel« – sich emotional von den Dingen, die ihr am wichtigsten waren, distanzierte. Ihre Beziehung zu den Menschen in ihrer Umgebung hing immer davon ab, den Frieden zu bewahren und nicht danach zu streben, was sie wollte; also lernte sie, sich abzuschotten, unempfindlich zu werden und Enttäuschungen zu vermeiden.

Wenn sie versuchte, ihre eigenen Bedürfnisse durchzusetzen, hatte sie keine Chance; entweder wurde sie übersehen, oder sie wurde für die Zwecke anderer eingespannt. Sie lernte abzuwarten. Ihre emotionale Überlebensstrategie erlaubte ihr, den anderen teilweise zuzustimmen, mit den meisten auszukommen und somit Konflikte zu vermeiden.

Als NEUNER kennen Sie das Gefühl, von den Dingen, die Ihnen am wichtigsten sind, abgelenkt zu werden. Sie kommen zur Arbeit und wollen sich voller Eifer auf ein faszinierendes Projekt stürzen, und am Ende des Tages haben Sie nichts davon ge-

macht. Was ist geschehen? Warum wurde das, was für Sie oberste Priorität hatte, zur Seite geschoben, während Nebensächliches erledigt wurde? Wenn Sie zurückblicken, stellen Sie fest, daß Sie von Anrufen und Gesprächen aufgehalten wurden, sich in Ihre E-Mail verstrickten und sich von zweitrangigen Projekten ablenken ließen. Im nachhinein ist Ihnen alles ganz klar, während der Arbeit aber schienen diese Dinge ebenso wichtig zu sein wie Ihr eigentliches Vorhaben.
NEUNER schätzen strukturierte Arbeitsabläufe. Termine bringen Sie in Fahrt. Werden von außen Prioritäten gesetzt, bringt jeder Verständnis auf, wenn Sie Bitten ablehnen. In unternehmerischen Bereichen, in denen schnelle, auf laufend sich ändernden Grundlagen basierende Entscheidungen verlangt werden, fühlen sich NEUNER jedoch schnell überfordert – so erging es David, einem NEUNER-Produktmanager. Er mußte erst lernen, mit der Geschwindigkeit zurechtzukommen, die – siebenertypisch – in den Konferenzen für neues Produktdesign vorherrschte.

Ich war es gewohnt, mit ganz festen Vorstellungen aufzukreuzen. Ich wußte vorher bereits ganz genau, was ich wollte, wußte aber auch, daß ich meine Mappe gleich unter dem Tisch lassen und den Mund halten konnte, bis das ganze Geschrei vorüber war. Es ging mir einfach alles zu schnell. Ich bin viel zu methodisch, um mit zusammengewürfelten, unterschiedlichen Ideen zurechtzukommen, die sich in keinerlei Weise miteinander vereinbaren ließen.

Der NEUNER-Produktmanager versuchte gleichmütig, den Anschluß nicht zu verlieren und sich von trivialen Dingen nicht ablenken zu lassen. Neue Vorschläge behandelte er auf seine langsame, methodische Art, bei der alles in das große Ganze zu passen hatte.

Trotz seiner ausgezeichneten Leistungen galt der NEUNER als jemand, der »sicheres«, langweiliges Design wollte, während die weniger praktisch veranlagten Siebener immer vorneweg, experimentierfreudig und »top-aktuell« waren.

Der NEUNER, der nichts weiter wollte, als mit seinem Team gut auszukommen, erkannte, daß er einen nicht unerheblichen Störfaktor darstellte. Wenn auf ihn neue Informationen einprasselten, war er erst einmal versucht innezuhalten, damit er sie verdauen konnte; aber genau das war der Zeitpunkt, an dem alle anderen ungeheuer aufgeregt sofort weitermachen wollten. Er brauchte Zeit, um jede Idee einzeln und für sich zu überdenken – statt die Dinge an sich vorüberfließen zu lassen. Er begann die Designer-Treffen zu fürchten und konnte es nicht erwarten, bis er wieder allein war und sich einen Rahmen schaffen konnte, in den er die, wie er wußte, teilweise ausgezeichneten Vorschläge einbinden konnte. Er lernte schließlich, die Sache lockerer anzugehen, und näherte sich damit – was er nicht wußte – dem Aufmerksamkeitsstil der Siebener.

> *Schließlich kapierte ich, daß es nicht darauf ankam, alles zu verstehen, was in diesen Sitzungen vor sich ging. Am Anfang steht eine Design-Idee, und dann lasse ich alles, woran mich diese Idee erinnert, durch meinen Kopf fließen. Dahinter steckt keine Logik, nur Assoziationen; manchmal paßt es zusammen,*

manchmal eben nicht. Als ich das erkannte, war das für mich eine große Erleichterung. Nun verstand ich, warum niemand beleidigt war, wenn seine Idee nicht aufgegriffen wurde, und es gehörte auch nicht in meine Verantwortung, jedem die gleiche Zeit und Aufmerksamkeit zuteil werden zu lassen.

Was Sie nicht vergessen sollten

Als NEUNER fühlen Sie sich im Team wahrscheinlich in Ihrem Element. Solange Harmonie herrscht, können Sie das gemeinsame Ziel uneingeschränkt unterstützen. Da Sie die wunderbare Eigenschaft besitzen, fremde Siege als eigene anzusehen, sind Sie ein auf Gerechtigkeit bedachtes Sprachrohr für enttäuschte Kollegen.

> ***NEUNER werden den Star im Team unterstützen, solange er unumwunden zugibt, daß der Erfolg durch das Team erst ermöglicht wurde. Da die Ambitionen der anderen auch Ihre Ambitionen sind, agieren Sie als das Bindeglied, das das Team zusammenhält.***

Sie neigen dazu, das im Team vorherrschende Meinungsklima zu verinnerlichen, und passen sich somit Ihrer Umgebung an. Ist die allgemeine Stimmung gut, fühlen Sie sich angeregt, ist die Gruppe unzufrieden, lassen Sie sich schnell entmutigen. Im besten Fall können Sie andere mitreißen; sind Sie jedoch selbst zwischen Konflikten hin und her gerissen, fühlen Sie sich deprimiert.

Machen Sie sich bewußt: Menschen, die sich selbst vergessen, finden im Bestreben, einen eigenen Handlungskurs zu erkennen, ihr geistiges Heilmittel. Stehen Sie zu Ihren Bedürfnissen unabhängig von der jeweiligen Umgebung, und machen Sie sich klar: »Ich bin weder für noch gegen Sie; ich bin für das, was meiner Meinung nach richtig ist.« Für Menschen wie Sie, die Ihre Bedürfnisse anderen opfern, hält das Eintreten für die eigene Meinung – auch wenn es weit davon entfernt ist, ein moralisches Rezept zu sein – eine befreiende Wirkung bereit.

Vorbildliches Handeln bedeutet im spirituellen Sinn, andere durch sein gutes Beispiel anzuspornen. Äußern Sie, was Ihnen auf dem Herzen liegt, ohne sich zu sorgen, ob andere zustimmen oder nicht zustimmen wollen. Sind Sie zu einer Entscheidung gelangt, dann verfolgen Sie sie, ohne sich ablenken zu lassen. Unterlassene Handlungen können Folgen nach sich ziehen, die oftmals einschneidender sind als die durch offenen Konflikt hervorgerufenen Konsequenzen. Warten Sie daher nicht zu lange, sonst werden Entscheidungen getroffen, auf die Sie keinen Einfluß haben.

Ein abschließender Gedanke

Als NEUNER sind Sie mit Ihrer Entschlußlosigkeit vertraut, anderen in Ihrer Umgebung aber können Sie damit auf die Nerven fallen. Wenn Sie den Eindruck vermitteln, Sie stünden zwischen allen Fronten, sind Kollegen versucht, Druck auf Sie auszuüben; sie wollen wissen, wo Sie stehen. Da Sie Untätigkeit nicht als Zurückweisung auffassen, läßt Sie zusätzlicher Druck von außen starrköpfig werden. Sie wissen, daß Ihnen Entscheidungen schwerfallen, aber Sie lassen sich nicht drängen.

Starrköpfigkeit ist eine passive Form der Abweisung. Die Botschaft ist laut und deutlich zu vernehmen, obwohl Sie vielleicht überhaupt nichts sagen. Sie hoffen, Konfrontationen zu vermeiden, aber Ihre Untätigkeit – das Verlangsamen von Entscheidungsprozessen, andere auflaufen zu lassen – ist provozierend. Sie zeigen Ihre Wut nicht, aber allen ist klar, daß Sie unzufrieden sind.

Es kann sehr erleichternd sein, seiner Wut freien Lauf zu lassen. Mag es auch lange dauern, bis Sie Ihre Wut nach außen tragen, aber damit beziehen Sie nun Position; Ihre Entschlußlosigkeit wird aufgebrochen, und Sie sind wieder in der Lage, Engagement zu zeigen. Wenn Sie wütend sind, wissen Sie sehr genau, was Sie nicht wollen, und verfügen über genügend Energie, um in kurzer Zeit große Veränderungen herbeizuführen.

Da NEUNER erst alle Positionen bedenken müssen, regt sich ihr Zorn nur langsam. Ein weiteres hemmendes Element ist ihre Furcht, andere vielleicht vor den Kopf zu stoßen. Schließlich aber entlädt sich alles in einer gewaltigen Explosion, bei der sich der aufgestaute Ärger Bahn bricht. Ist der Streit dann vorüber, fühlt es sich in Wahrheit einfach großartig an, über so viel Energie zu verfügen, um seine eigene Position klarzumachen.

Sie erinnern sich an Karen, die Friedensstifterin, in deren Büro sich ihre Kollegen drängelten. Sie kannte die Positionen aller anderen, neigte aber dazu, ihre eigene zu vergessen. Sie müßte darauf achten, wann sie den Meinungen anderer zuviel Aufmerksamkeit schenkt. Sie sollte auf ihre eigenen Interessen achten, herausfinden, welche Stellung sie in der Kanzlei einnimmt, und entsprechend handeln. Ein erster Schritt dazu wäre es, sich klarzumachen, welcher der ihr vorgelegten Vorschläge sie am meisten ärgert, und sich dann zu jenen vorzuarbeiten, die ihr am besten und wünschenswertesten erscheinen. Durch dieses Auswahlverfahren können NEUNER erkennen, welche Ideen und Vorstellungen ihren eigenen Ansichten am ehesten entsprechen.

Sicherheit und Streß

Dynamik der Veränderung für Punkt Neun

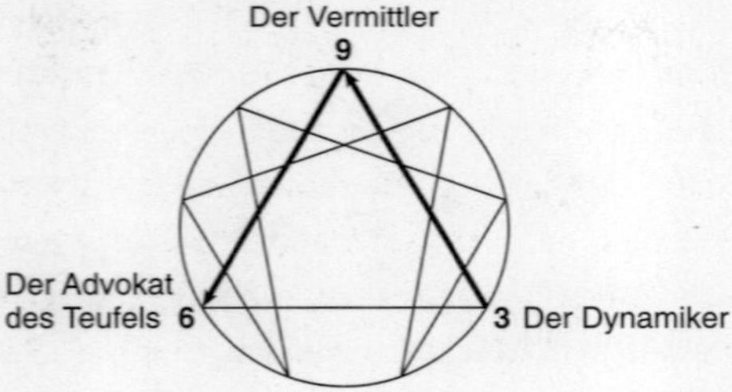

Sicherheitsreaktion an Punkt Drei

NEUNER agieren nach dem Trägheitsgesetz: Bewegte Körper neigen dazu, in Bewegung zu bleiben, während unbewegte Körper gerne im Zustand der Bewegungslosigkeit verharren. Fühlen sich NEUNER von der Vielzahl der Entscheidungen überwältigt, verharren sie in Untätigkeit und wägen das Für und Wider ab. Nach außen sieht alles friedlich aus, innerlich aber fühlen Sie sich aufgewühlt und in Bewegung und werden nicht in Aktion treten, solange Sie noch nachdenken.

Einwandfreie Handlungsvorgaben verleihen NEUNERN jedoch das Gefühl der Sicherheit; strukturierte Richtlinien regen Sie zu außergewöhnlicher Produktivität an, die vom Zwang zur Entscheidungsfindung unbeeinflußt ist. Sie sind voller Energie und in Bewegung. Der Schritt zur Position des Dreiers weckt in Ihnen das Interesse an Leistung, materiellem Reichtum, sozialem Prestige und Image – Dinge, denen sich Dreier verschreiben.

Anders als Dreier aber wollen Sie nicht für das, was Sie tun, geliebt werden, sondern als Person; Sie sind durchaus in der

Lage, zwischen Anerkennung für Ihre Arbeit und wirklicher menschlicher Wertschätzung zu unterscheiden.
Ob sich der Schritt zur Position des Dreiers auszahlt, hängt davon ab, worauf Sie Ihr Augenmerk richten. Bei rein äußerlichen Sicherheitsreaktionen überlassen sich NEUNER dem Enthusiasmus anderer oder einem Projekt, das sie zwar begeistert, für das sie sich aber nicht selbst entschieden haben. Die äußeren Umstände stimmen, dennoch sind Sie nicht auf sich selbst konzentriert – so haftet Ihrem Handeln etwas Mechanisches an, und Sie wiederholen nur, was auch beim letzten Mal bereits geklappt hat.
Richten Sie Ihr Augenmerk allerdings auf Ziele, die Sie selbst bestimmt haben, arbeiten Sie auf durchgehend hohem Energieniveau und vollbringen in kürzester Zeit eine unglaubliche Arbeitsleistung. Es gibt keine besseren Vorbilder im Beruf als NEUNER, die ihre Arbeit lieben. Fühlen Sie sich persönlich aufgerufen, arbeiten Sie aus Lust an Ihrer Tätigkeit und der Freude, die Sie anderen damit bereiten. Dabei sollten Sie sich jedoch immer wieder selbst prüfen: »Folge ich noch dem von mir bestimmten Kurs, oder wiederhole ich bereits bekannte Lösungen? Komme ich vorwärts, oder trete ich lediglich auf der Stelle?«

Streß-/Sicherheitsreaktion an Punkt Sechs

Konflikte sind für NEUNER enorme Streßfaktoren und lösen bei ihnen Verteidigungsreaktionen aus: Sie lassen sich ablenken und vom Kurs abbringen – alles nur, um der offenen Konfrontation aus dem Weg gehen zu können. Vermittler können in tiefe, sich als Trägheit manifestierende Depression verfallen: Ein ruhender Körper neigt dazu, in Ruhe zu bleiben – Sie betreten vielleicht um neun Uhr morgens Ihr Büro, verrichten aber mechanisch Ihre Arbeit und vermeiden es, Aktivitäten an den Tag zu legen.

Schließlich wird die Zeit knapp, und der Adrenalinstoß, den ein nahender Termin oder eine lästige Entscheidung verursacht, ist für Ihr Nervensystem zuviel. Sie werden von kalter Panik erfaßt. Sie hatten genügend Zeit, nun ist sie aufgebraucht. Ihre Gedanken rasen: »Was, wenn ich die falsche Entscheidung getroffen habe? Wen kann ich um Rat fragen? Will ich das alles überhaupt?«
NEUNER, gewohnt, ihrer Routine zu folgen, werden erst im allerletzten Moment aktiv – dann, wenn sie mit Aufgaben konfrontiert werden, die sie dazu zwingen, vom Alltäglichen abzuweichen.
Die Verschiebung zur Position des Sechsers setzt ein, wenn Sie beginnen, sich die schlimmsten Szenarios vorzustellen; allerdings ist Ihr Denken mit Zorn durchsetzt. Als Vermittler wissen Sie exakt, was Sie unter Streß nicht wollen. Sie haben die Schnauze voll – es hat keinen Sinn, das noch länger zu leugnen. Sie geben sich für Ihre Untätigkeit selbst die Schuld, aber es ist ganz offensichtlich, daß man Ihren guten Willen ausgenutzt hat; also ist es eigentlich die Schuld anderer. Zorn und Schuldzuweisungen können zu Vorteilen werden, wenn Sie zulassen, daß sich daraus wirkliche Werte entwickeln. Das ist der Fall, wenn NEUNER im eigenen Interesse selbstbewußt auftreten. Ihr Zorn kann eine dynamische Persönlichkeit zum Vorschein bringen; nun wissen Sie genau, wo Sie stehen, und Ihre Mitarbeiter sind froh, wenn Sie Stellung beziehen.

Wie andere NEUNER sehen

Kommunikation

Da NEUNER jede Meinung nachvollziehen können, ist ihre Kommunikation meist ambivalent. Nachdem sie in einer Auseinandersetzung Argumente für beide Seiten vorgelegt haben, wollen die Zuhörer meist wissen: »Und auf welcher Seite stehen Sie?« Tatsache ist, NEUNER übermitteln nur äußerst ungern schlechte Nachrichten. Sie ziehen bequeme Neutralität vor und vermeiden unter allen Umständen Ärger und Konflikte. Dieses tiefverwurzelte Bedürfnis nach Harmonie, vor allem zwischen Autoritätspersonen und Angestellten, veranlaßt sie, sich aus jedem Streit herauszuhalten. Ihre erste Reaktion besteht darin, die Sache mit einem Schulterzucken abzutun: »So wichtig ist es nun auch wieder nicht« oder »das fällt nicht in meine Verantwortlichkeit« oder »warten wir erst einmal ab« – alles wird getan, damit der Frieden gewahrt wird.

Wenn sich NEUNER jedoch erst einmal auf eine Position festgelegt haben, können sie unglaublich stur sein. Sie weichen dann keinen Fingerbreit mehr. Sie brauchen lange, bis sie zu einer Entscheidung gelangen, aber wenn sie von ihr erst einmal überzeugt sind, verschließen sie ihre Ohren und graben sich ein.

Vermittler können überfordert sein, wenn sie sich zwischen zwei Alternativen zu entscheiden haben. Sich auf eine der beiden Möglichkeiten festzulegen bedeutet für sie, Partei zu ergreifen und damit Konflikte zu schüren. Da sie sich leicht für die Interessen anderer einspannen lassen und nicht nein sagen können, geben sie – einfach durch ihre Teilnahme – ihr stillschweigendes Einverständnis. So kann ein Firmenberater ein Projekt, das er laut Auftrag nur konzipieren sollte, letztendlich in die Tat umsetzen und dafür, da die finanziellen Vereinbarungen nur sehr vage ausgearbeitet wurden, unzureichend entlohnt werden. Oder eine Sekretärin wird die Freizeitaktivitäten der Kinder ihres Chefs organisieren, obwohl das nicht zu ihrem Aufgabenfeld gehört. Die Aufmerksamkeit der NEUNER verlagert sich schnell von wichtigen Arbeiten zu unwichtigen Nebensächlichkeiten, was zur Folge hat, daß sie sich sehr zeitaufwendig um eine ganze Menge Details zu kümmern haben.

Nachdem das anfängliche Gefühl der Anerkennung verblaßt ist, macht sich Widerstand breit; NEUNER fragen sich, wie sie der Situation entkommen können: »Ich weiß, was jetzt notwendig ist, und ich hasse es, nein zu sagen, aber ich fühle mich ausgenutzt. Wie konnte das bloß geschehen?« Am Arbeitsplatz ziehen sie sich dann in sichere Strukturen zurück, um den Frieden zu wahren. Sie fügen sich in das Betriebsklima ein, unterdrücken Zorn, Energie und allzu großen Enthusiasmus – alles, was zu Konflikten führen kann.

Dieser Persönlichkeitsstil färbt sich auf die Vortragsweise der NEUNER ab. Sie fühlen sich häufig nicht wohl, wenn sie sich auf Neues oder Unbekanntes einzulassen haben; ihre Präsentationen drehen sich daher im Kreis, wenn sie allen wichtigen und unwichtigen Punkten die gleiche Aufmerksamkeit schenken – als bewege sich der Vortragende in einem Morast aus undifferenzierten Fakten, durch den es keinen richtigen Weg gibt. Es fällt ihnen schwer, direkt zum Punkt zu kommen, und die Zuhörer verlieren dabei jede Orientierung.

Sie bedienen sich dabei eines gleichförmigen, pedantischen Tons, der Neutralität zum Ausdruck bringen soll und jede Emotionalität, die eventuell polarisieren könnte, vermeidet. Sie ziehen Themen vor, die ihnen bereits bekannt sind und zu denen sie mit persönlichen Erfahrungen aufwarten können, und klingen extrem überzeugend, wenn sie tiefempfundenen Einsichten Ausdruck verleihen können: »Es ist immer am besten, bei dem zu bleiben, was man bereits weiß.«

Nonverbale Kommunikation

Auch unter Streß strahlen NEUNER keine Eile aus. Sie geben sich nach außen hin ruhig und beherrscht und halten auch an einem Arbeitsplatz, der in ausuferndem Chaos versinkt, ihr methodisches Tempo bei. Anders als Fünfer, die sich unter Druck zurückziehen, oder Achter, die das Chaos zu kontrollieren versuchen, geben sich NEUNER den Anschein des Festen und Soliden, während sie innerlich überwältigt werden. Ihr Inneres dringt nur selten nach außen. Mitarbeiter sollten sich bewußt machen, daß der Streß, den andere nach außen tragen, durch diese von Chaos umgebene Insel der Vernunft nur maskiert wird.

Mitarbeiter spüren die Unzufriedenheit der NEUNER, wenn sie sich verweigern und nicht mehr gewillt sind, ihre Meinungen zu äußern. Sollen diese emotionalen Blockaden gelöst und das Projekt weitergeführt werden, brauchen NEUNER die Hilfe anderer. Ansonsten verfallen sie einer passiv-aggressiven Verzögerungstaktik und einer halsstarrigen »Ich-sitze-euch-aus«-Haltung.

Ein starkes nonverbales Signal für den Veränderungswillen der NEUNER ist es, wenn sie sich mit Informationen eindecken, um ein Problem anzugehen; Entscheidungen werden dabei stark strukturiert abgesichert: »Gemäß den Verfahrensbestimmungen 10, Unterabsatz (ii) ...« Sie halten sich streng an die Regeln und erzeugen damit den Anschein, als käme eventueller Widerstand vom Gesetz und nicht aus ihnen selbst.

Die Kommunikation mit NEUNERN

- Wenn Sie kein *Ja* hören, lautet die Antwort vielleicht *nein*. NEUNER wollen den Frieden wahren und scheinen zuzustimmen, weil sie nicht nein sagen können. Gehen Sie nicht davon aus, daß Schweigen Zustimmung bedeutet.

- Wenn Sie wirklich Zustimmung erhalten wollen, lassen Sie Ihre Interessen in das Gespräch einfließen und entlocken ihnen damit ihre Bedürfnisse. Schaffen Sie eine gemeinsame Basis. Ansonsten übernehmen NEUNER Ihr Programm und fühlen sich anschließend eingesperrt.
- NEUNER benötigen viel Unterstützung. Loben Sie ihren Beitrag. Umgekehrt hassen sie es, sich selbst hervorzuheben. Anerkennung ist äußerst wichtig. Lassen Sie sie ihnen zuteil werden. Sie werden, obwohl darauf angewiesen, nicht danach fragen.
- NEUNER brauchen Ordnung, eindeutig definierte Richtlinien und klare Befehlsstrukturen. Vermeiden Sie plötzliche Veränderungen. Sind sie nicht zu umgehen, bitten Sie sie um ihre Kooperation, und erkennen Sie die Schwierigkeiten an, die sich bei ihnen dabei einstellen.
- NEUNER können sich als sehr stur erweisen, wenn sie Befehle entgegennehmen sollen. Versuchen Sie ihnen die organisatorischen Notwendigkeiten klarzumachen, die hinter diesen Befehlen stehen, und formulieren Sie, falls möglich, Anweisungen als Vorschläge, in die sich NEUNER einbringen können.
- NEUNER neigen zu ausführlichen Vorträgen, ohne zum Punkt zu kommen. Unterbrechen Sie sie freundlich, und bitten Sie sie darum, das Wesentliche herauszustreichen.

Motivation

Vermittler werden durch die Interessen anderer motiviert und sind damit in einem klassischen Teufelskreis gefangen. Ihrem Weltmodell liegt der Gedanke zugrunde, daß jeder, der für sich selbst eintritt, die gesamte Welt zum Feind hat. Indem sie sich konfliktfreie Zonen schaffen, versäumen sie es, ihre eigenen

Grenzen deutlich zu bezeichnen, laden sich zuviel auf und sind dann mit Dingen konfrontiert, von denen sie überwältigt werden.

> ***NEUNER versuchen, den Frieden zu wahren, alle Seiten eines Konflikts zu sehen, und wollen, daß alle Beteiligten miteinander auskommen. Folglich scheinen sie allem zuzustimmen; in Wirklichkeit aber haben sie beschlossen, ihre vorläufige Einwilligung zu geben, die endgültige Entscheidung aber für später aufgeschoben.***

Da sich NEUNER in ihrer Arbeitsumgebung leicht ablenken lassen, fällt es ihnen schwer, Prioritäten zu setzen, wenn sie von allen Seiten mit Informationen bombardiert werden. Im Gegensatz zu Siebenern, die immer ihren eigenen Interessen folgen, werden NEUNER permanent von ihrem Handlungskurs abgelenkt. Auch gehen sie unwichtige Dinge niemals mit der Effektivität an, mit der sie Prioritäten zu unterlaufen oder Konfrontationen zu vermeiden suchen.

NEUNER im Universitätsbereich sind sich zum Beispiel der gegensätzlichen Interessen zwischen dem Lehrkörper und der Verwaltung und des Konfliktpotentials zwischen den politischen Fraktionen bewußt. So passen sie sich der allgemeinen Atmosphäre an der Fakultät an und übernehmen die Stimmung ihrer Umgebung. Indem sie offene Konfrontationen zu meiden suchen, absorbieren sie unweigerlich die Konflikte und verinnerlichen die Probleme der anderen.

Aufgrund dessen – da sie die allgemeine Stimmung ihrer Umgebung verinnerlichen – ist es ihnen wichtig, Harmonie zu schaffen. NEUNER sind dafür bekannt, daß sie Organisationsstrukturen aufbauen, die auf Konsens basieren. Durch Strukturierung lassen sich Konflikte bereits im Ansatz vermeiden; deswegen fühlen sich NEUNER zu Gebieten wie dem Bank- oder Rechtswesen hingezogen, die klare Strukturen anbieten – dort läßt sich Einverständnis erzielen, indem man sich auf Gesetze beruft.

Indem man fremde Interessen zu seinen eigenen macht, ist aber auch enormer Lustgewinn zu erzielen – was anderen Persönlichkeitstypen meist verborgen bleibt. NEUNER, die ihren Enthusiasmus und ihre Fertigkeiten in den Dienst eines Projekts, einer Person oder eines Unternehmens stellen, können dadurch Unstimmigkeiten aus dem Weg gehen und dennoch das Gefühl haben, daß sie an Aktivitäten beteiligt sind. Äußerst engagierte NEUNER können sich bedingungslos für andere einsetzen. Sie müssen nicht die im Rampenlicht stehenden Stars sein, empfinden aber fremde Erfolge als eigene Siege.

Vermittler bevorzugen klar umrissene Tätigkeitsfelder. Sie bleiben gern langfristig bei ihrem Unternehmen und verbessern über Jahre hinweg das System. Berufe im Gesundheitswesen sind ein Beispiel für solche Tätigkeiten, die klare Verantwortungsbereiche und Kommunikationswege, Gründlichkeit und Pünktlichkeit (Patientenpflege, präzise Aufzeichnungen) erfordern.

Dieser Ansatz führt zu großer geistiger und körperlicher Erschöpfung, wenn NEUNER von einer Fülle von Details überwältigt werden und nicht nein sagen oder Prioritäten setzen können. Ihre Aufmerksamkeit richtet sich dann auf zweitrangige Aufgaben, die ihre Zeit und Energie verzehren – alles, um sich abzulenken. Die Schuld dafür aber wird anderen zugeschoben. Wenn sich NEUNER für die Prioritäten anderer aufgeopfert haben, müssen die anderen schuld sein, wenn die Dinge nicht klappen: »Ich habe dieses Programm nicht ins Leben gerufen; ich habe es mir nicht ausgesucht; jemand anders wollte es so.«

NEUNER ergeben sich der Routine, die jede Initiative im Keim erstickt; am Tiefpunkt angelangt, schalten sie auf ihren »Autopiloten« um, machen nur noch das Nötigste, um nicht gefeuert zu werden, und weigern sich hartnäckig, die Kündigung einzureichen oder neues Engagement zu zeigen. Sie verharren in Routinetätigkeiten, schieben Papierstöße von der einen zur anderen Seite, ihr Energiepegel aber sinkt beständig, und jede produktive Tätigkeit bleibt ausgespart.

Totale Erschöpfung kann allerdings auch Bedingungen erzeugen, unter denen NEUNER die ihnen eigenen Motivationen entdecken; das heißt für sie, einen Kurs einzuschlagen, der ihren eigenen Interessen entspricht. Ein erster Schritt dazu ist, sich bewußtzumachen, wann die Bedürfnisse anderer die eigenen überdecken. NEUNER sollten ganz bewußt auf Gedanken achten wie: »Ich frage mich, was er jetzt wohl denkt?«, oder: »Was würde er jetzt an meiner Stelle tun?« Sie müssen zu unterscheiden lernen zwischen der Motivation, die aus ihnen selbst kommt, und solcher, die vom Enthusiasmus anderer erzeugt wird. In diesem Fall ist es ratsam, Abstand zu gewinnen, sich selbst zu beobachten und die Frage zu stellen: »Ich übernehme nun die Position eines anderen. Was will ich für mich selbst?«

Um NEUNER zu motivieren

- Vermittler bedürfen struktureller Unterstützung, um ihre Motivation aufrechtzuerhalten. Schaffen Sie klare Zeitpläne, und veranstalten Sie regelmäßige Sitzungen, in denen beide Seiten ihre Ansichten austauschen können.
- Helfen Sie ihnen, sich ihre eigenen Bedürfnisse und Prioritä-

ten bewußtzumachen. NEUNER lassen sich gerne vereinnahmen. Unterstützen Sie sie darin, Grenzen zu ziehen und sich auf Prioritäten zu konzentrieren.

- NEUNER denken an das »große Ganze«. Sie sehen alle Seiten eines Problems und wie sich die Einzelteile darin einfügen lassen. Nutzen Sie diese Stärke, besonders bei der Ausarbeitung zukünftiger Unternehmensentscheidungen und strategischer Planungen. NEUNER können sich mit einer Vielzahl von Standpunkten identifizieren und sollten in Planungs- und Entscheidungsphasen konsultiert werden.
- Richtet sich die unternehmerische Aufmerksamkeit auf die sofortige Umsetzung eines Plans, lassen Sie sie wissen, daß ihr Denkansatz zu einem anderen Zeitpunkt wieder gebraucht wird.
- Weisen Sie NEUNER darauf hin, daß Konflikte ein notwendiger Teil bei der Entwicklung von Ideen sind. Ihre Neigung zur Konfliktvermeidung kann zum vorzeitigen Ausschluß vielversprechender Ideen oder dem Ende ihrer Teilnahme und ihres Engagements führen.
- NEUNER sind empfänglicher für Kritik, wenn sie gerechtfertigt erscheint und sich aus der Arbeit ergibt, nicht aus persönlichen Reaktionen oder der Enttäuschung des Kritisierenden.
- Passen Sie sich in Ihrem Wesen an, zügeln Sie Ihre Ungeduld, und treten Sie nicht zu ungestüm auf. Lassen Sie ihnen Zeit, um das Gesagte aufzunehmen und zu verdauen. »Wir haben hier ein Problem. Was können wir gemeinsam tun, um es zu lösen?«

Zeitmanagement

NEUNER sind in der Zeit gefangen. Für alles gibt es eine eigene Zeit: Möglichkeiten tun sich auf, Prioritäten werden sichtbar, und allmählich zeigt sich, welche Entscheidungen zu treffen sein werden. Genügend Zeit vorausgesetzt, ergeben sich die Entscheidungen von selbst. NEUNER denken: »Warum etwas vorschnell vorantreiben, wenn ich durch den Gang der Ereignisse sowieso dort ankomme, wo ich auch sonst angekommen wäre? Warum jetzt handeln, wenn bereits morgen alles wieder anders ist?«

Paradoxerweise hilft es Vermittlern, wenn ihnen ein strukturierter Zeitrahmen zur Verfügung steht. Ein NEUNER, der, ausgestattet mit umfangreichen Mitteln und viel Zeit, eine Werbekampagne vorzubereiten hat, wird sich möglicherweise verzetteln und nicht in der Lage sein, einen Ansatzpunkt zu finden. Wo beginnen, wenn jedes Für und Wider, wenn jede Idee gleich wichtig und wertvoll erscheint? Feste Termine und Fristen liefern in diesem Fall einen willkommenen Fokus; sie sind ein externes, künstliches Konstrukt, durch das Zeit organisiert wird, Prioritäten die notwendige Aufmerksamkeit und weniger wichtige Dinge den ihnen gebührenden Platz erhalten. NEUNER fühlen sich am wohlsten, wenn sie wie im Zeitungs- oder Zeitschriftengewerbe tägliche Termine einzuhalten haben. Der dadurch erzeugte Adrenalinausstoß läßt sie kreativ werden.

Vermittler, berühmt für ihre Rettungstaten in letzter Minute, ziehen alle Register, wenn das Fristende näher rückt. Plötzlich, wenn alle zweitrangigen Ablenkungen wegfallen, nützen sie die Zeit voll aus.

Vermittler sind in Notfällen äußerst entscheidungsfreudig und reagieren wie elektrisiert auf klar strukturierte Problemfälle. Wenn es jedoch um die eigenen Prioritäten geht, kommen sie nur langsam in Gang.

Wo soll man beginnen, wenn unvereinbare Prioritäten gleich wichtig erscheinen? Wenn die Zeit knapp wird? Es scheint noch genügend Zeit vorhanden zu sein, wenn NEUNER ihre Verpflichtungen eingehen, plötzlich aber, wenn alle Termine am selben Zeitpunkt zusammenlaufen, nimmt die Zeit ein alarmierendes Tempo an.

In dieser Situation würde sich eine NEUNER-Werbegrafikerin mit dem Auftrag beschäftigen, der auf ihrer Liste ganz unten steht. Nächste Woche wird ein weiterer Auftrag anstehen. Sie wird an jedem Entwurf parallel arbeiten, Stück für Stück, wie es ihre Zeit zuläßt. Kein Auftrag wird ganz vernachlässigt, und es gibt immer etwas zu tun, da alle Entwürfe in ihren verschiedenen Stadien der Vollendung entgegensehen.

NEUNER müssen ihre zeitlichen Verpflichtungen einschränken. Das heißt, sie sollten lernen, daß Neinsagen nicht automatisch Konflikte erzeugt.

Zeit kann auch aufgewendet werden, um Zorn passiv zum Ausdruck zu bringen: »Ich habe gestern an Ihrem Projekt gearbeitet, und ich werde mich morgen wieder daransetzen.« – »Ja, ich weiß, ich sagte Ihnen, daß ich den Bericht diese Woche umschreibe, das werde ich auch tun. Ich halte Sie doch nicht auf, oder?« Für NEUNER ist es ebenso frustrierend, zwischen verschiedenen Anforderungen hin und her gerissen zu werden, wie für jene, die auf ihre Arbeit warten.

Wenn Vermittler ihren »Autopiloten« einschalten, erledigt sich die Arbeit von selbst, und die Zeit verrinnt, ohne daß sie eigentlich wahrnehmen, was sie tun. NEUNER sind der lebende Beweis dafür, daß Dinge getan werden können, ohne daß man bewußt an ihnen teilnimmt. Nach außen hin erzeugen sie das Trugbild überschäumender Aktivität; sie stülpen sich das Image des Energischen und Erfolgreichen über, wirken geschäftig, erfüllen mechanisch ihre Arbeit, um Termine einzuhalten, sind innerlich aber abgestumpft und taub.

Wie Sie Neunern helfen können, mit der Zeit zurechtzukommen

- Erstellen Sie einen Plan. Treffen Sie sich regelmäßig, während die Arbeit voranschreitet. Neuner lieben Strukturen und beständige Unterstützung. Wiederholung ist immens wichtig.
- Machen Sie immer wieder auf die gemeinsamen Interessen und Ziele aufmerksam. Sind die Prioritäten festgelegt, erinnern Sie Neuner ständig daran, was Sie gemeinsam zu erreichen versuchen. Rufen Sie ihnen ins Gedächtnis, welchen Nutzen sie aus dem Projekt ziehen werden.
- Zerlegen Sie Projekte in verschiedene Einzelschritte. Präsentieren Sie ihnen zuerst das gesamte Bild. Unterteilen Sie dann komplexe Schritte in einzelne Phasen. Setzen Sie jeder Phase einen eigenen Termin. Lassen Sie keine Zeit verstreichen, sonst verlieren Neuner jegliche Energie.
- Neuner können sich von den Wünschen anderer völlig vereinnahmen lassen, werden jedoch extrem halsstarrig, wenn man ihnen »etwas sagt«. (Nehmen Sie sich Zeit, um zu jedem einzelnen Punkt ihre Zustimmung zu erhalten, sonst wird sich der Job endlos in die Länge ziehen.) Störrische Neuner lassen sich sehr viel Zeit und ändern ihr Verhalten erst, wenn Beschwerden geäußert, Schuldzuweisungen zugestellt und Strukturen wieder eingeführt werden.

- NEUNER blühen in Umgebungen mit hohem zwischenmenschlichen Kontakt auf. Sie schätzen Anregungen und Zustimmung.
- Stehen Sie über Problemen und Fehlern, und sagen Sie ihnen laufend Ihre Meinung. Gehen Sie Probleme freundlich und sehr früh an. Lassen Sie nicht zu, daß sich Dinge aufstauen.

Verhandlungsgespräche

Vermittler sind Menschen, die einander verfeindete Fraktionen gegenseitig vertreten können. Sie verfügen am Verhandlungstisch über die Fähigkeit, die unterschiedlichen Seiten eines Arguments zu sehen – wobei natürlich die große Gefahr besteht, daß sie darüber ihre eigenen Ansichten vergessen.

NEUNER sind daher ständig zwischen den Ansprüchen anderer und ihren eigenen Wünschen hin und her gerissen. Im Gegensatz zu Achtern, die tun, was sie für richtig halten, oder Fünfern, die sich von dem, was andere wollen, distanzieren, haben NEUNER ein hohes Maß an Aufmerksamkeit nötig, um ihre eigene Position klarzustellen. Alles besitzt für sie Vor- und Nachteile, so daß sie ständig mit einer Vielzahl von Entscheidungen konfrontiert sind, die sich aus der Sicht anderer überhaupt nicht stellen. Um dem zu entkommen, beginnen NEUNER Verhandlungen im allgemeinen damit, daß sie alles wollen – oder nichts, sprich: die Verhandlungen ergebnislos abbrechen. Die Möglichkeit, Punkt für Punkt zu verhandeln und sich auf gegenseitige Konzessionen einzulassen, kommt ihnen selten in den Sinn.

Verhandlungen sind meist festgefahren, solange NEUNER nicht zwischen wirklich wichtigen Punkten und unwesentlichen Konzessionen unterscheiden können. Nehmen Sie sich Zeit, das Wesentliche vom Unwesentlichen zu trennen; NEUNER nehmen sonst alles oder geben alles aus der Hand – oder wollen das Spiel nicht mitspielen; die Entscheidungsfülle ist einfach zu überwältigend.

Stellen Sie ihnen »Überlebende« vorangegangener Verhandlungen vor, in denen es auf beiden Seiten Gewinner gab. Damit demonstrieren Sie ihnen, daß Konflikte durchaus zu konstruktiven Ergebnissen führen können, und sie haben einen Ansprechpartner. Nachdem sie viel zu lange viel zu wenig von sich preisgegeben haben, müssen sie erst erkennen, was oder wieviel sie eigentlich wollen. Strukturieren Sie sorgfältig und methodisch die einzelnen Verhandlungsschritte; wenn NEUNER beteiligt sind, wird es zu keiner blitzschnellen Einigung kommen.

Hier ein Vorschlag: Setzen Sie mit Zustimmung des NEUNERS Termine für jeden Entscheidungsschritt. Äußern Sie Ihre Bedenken: »Ich verstehe, daß Entscheidungen Sie in den Wahnsinn treiben können. Hier haben Sie einzelne Termine, das beruhigt Sie vielleicht ein wenig.« Die Entscheidung ist davon völlig unberührt, aber Sie haben ihr eine Struktur verliehen.

Nun kommt der harte Teil: Loslassen. Rufen Sie nicht an, zwingen Sie NEUNER zu nichts, und geben Sie ihnen keine Ratschläge. Wenn Sie ihnen ihre Freiheit lassen, werden sie sich sehr viel schneller zu einer Entscheidung durchringen; drängen Sie jedoch, werden sie die Sache nur verzögern.

NEUNER erscheinen unbeschwert und sorglos, auch wenn Entscheidungen bei ihnen schwere innere Konflikte auslösen. Lassen Sie nicht zu, daß sie sich abschotten – ansonsten wird es ewig dauern, bis jeder Aspekt der umstrittenen Frage diskutiert ist. NEUNER machen sich hartnäckig auf die Suche nach Schlupflöchern, Widersprüchen und potentiellen Konfliktpunkten, aber das alles braucht seine Zeit. Wollen Sie diesen Prozeß

beschleunigen, vergewissern Sie sich, daß NEUNER auf Ratschläge zurückgreifen, durch die ihr Denken formalisiert wird. Die größten Verzögerungen ergeben sich am Anfang, wenn es darum geht, Positionen deutlich aufzuzeigen.
Versuchen Sie es mit dem folgenden: Bitten Sie den NEUNER, die Position jedes Diskussionsteilnehmers wiederzugeben, ohne auf die eigene einzugehen. Bitten Sie ihn dann, zu beschreiben, wie jeder Teilnehmer von den jeweilig anderen gesehen wird, ohne nachzufragen, wie er sie sieht. NEUNER wissen viel über andere und deren Standpunkte, wobei sie sich selbst natürlich aussparen.
Als nächstes erstellen Sie eine Liste der Punkte, die NEUNER ablehnen. Durch diesen Prozeß wird sichtbar, welche Punkte auf der unausgesprochenen Liste ihnen wirklich wichtig sind.
Die Verhandlungen können beginnen, wenn NEUNER eine solide Position formulieren. Vergessen Sie nicht: NEUNER werden sich anfangs auf unannehmbare Positionen versteifen wie »Ich will alles haben«, »Sie können alles haben« oder »Ich spiele das Spiel nicht mit«. Mit der Zeit wird sich jedoch ein haltbarer Vorschlag herauskristallisieren, solange genügend Zeit eingeräumt wird, damit sich der NEUNER mit diesem Gedanken anfreunden kann. Der Rest der Verhandlung wird sich hauptsächlich um diesen Vorschlag drehen.

Aus- und Weiterbildung

Neben Einsern und Achtern sind NEUNER diejenigen, die sich erst dann wirklich kompetent fühlen, wenn sie ihr Wissen auch verkörpern können. Schließlich kann man sich erst dann bewußtmachen, was man will, wenn man es auch erfahren hat. Das Hauptaugenmerk des körperbezogenen Lernens liegt auf Wiederholung und Praxis. Abstrakte Vorstellungen haben ihren Wert, ein abschlie-

ßendes Urteil erlauben sich NEUNER jedoch erst dann, wenn sie wissen, wie sich die neuerworbene Fähigkeit anfühlt.
Als körperorientiert Lernende werden NEUNER grundlegend von der Anwesenheit anderer und ihrer physischen Umgebung beeinflußt. Wichtig ist die gute Atmosphäre zwischen den einzelnen Teilnehmern, da NEUNER Unstimmigkeiten und Konflikte verinnerlichen. Vermeiden Sie, daß sie durch Äußerlichkeiten wie zu kalte oder zu warme Raumtemperaturen oder Straßenlärm abgelenkt werden. Sorgen Sie sich nicht um Wiederholungen. Ausbildungseinheiten, die dynamische Dreier oder epikureische Siebener als langweilig empfinden, sind für NEUNER gerade richtig.
Da sie sich leicht ablenken lassen, fällt es den meisten NEUNERN schwer, zwischen Wichtigem und Nebensächlichem zu unterscheiden. Ausbilder sollten in klaren Schritten von einem wesentlichen Punkt zum nächsten übergehen und vorhersehen, an welchen Punkten Gedanken sich verzweigen könnten. Stellen Sie diese Gabelungen in Ihrem Unterrichtsplan deutlich heraus: »Folgen Sie bei Ihrer Problemlösung Weg A. Ziehen Sie die Optionen B oder C nicht in Betracht.« Für Dreier, die immer den schnellsten Weg zum Ziel suchen, oder Siebener, die sich von zusammenhanglosen Informationseinheiten nicht aufhalten lassen, mag dies überflüssig erscheinen. NEUNER jedoch müssen die Zusammenhänge regelmäßig neu formulieren, da sie – wenn ein Detail nicht paßt – sehr zeitaufwendig die gesamte Frage überdenken müssen. Vermittler halten sich bei jedem Teil des Puzzles auf, bis es zu allen anderen Teilen in Bezug gesetzt und in das Gesamtbild eingefügt werden kann. Was in den Augen des Ausbilders ein unwesentliches Detail sein mag, kann für NEUNER so bedeutend werden, daß ihre Aufmerksamkeit davon beansprucht und ihr gesamter Lernprozeß verlangsamt wird, bis sie es einordnen können.

Geben Sie zunächst einen Überblick über Ihr Seminar; führen sie die Ziele des Kurses auf, und beschreiben Sie den Kontext, in dem die neuen Fertigkeiten später im Beruf angewandt werden. Gehen Sie dann zu praktischen Übungen über, um den Lernstoff zu verankern. NEUNER lernen, indem sie Gewohnheiten erwerben, und übernehmen schnell Neues, wenn sie es praktisch anwenden können und positive Verstärkung erhalten.

Der Fall des NEUNER-Managers, der auf seinem Standpunkt beharrte

Dies ist die erste große Herausforderung für die neuernannte Sechser-Geschäftsführerin der in Familienbesitz befindlichen Restaurantkette. Der Großteil des Geldes ihrer Familie wurde in das Unternehmen investiert, das ihr Bruder von ursprünglich einem Restaurant auf fünf Geschäfte ausgebaut hatte. Da er erkrankte, muß sie – eine typische Advokatin des Teufels – die von ihm begonnenen Verhandlungen zum Abschluß bringen.

Die Restaurants sind beliebte Treffpunkte, ihre Nische wird jedoch seit kurzem von einer regionalen Restaurantkette mitbesetzt, unter deren Konkurrenzdruck sie gezwungen sind, schnellstmöglich zu rationalisieren. Deswegen verhandelt sie mit dem NEUNER-Manager einer Computersystemfirma über einen Kauf- und Servicevertrag.

Weder sie noch irgend jemand sonst im Unternehmen besitzt Erfahrung im Umgang mit Computern; außerdem handelt es sich hier um den größten Betrag, den ihr kleines Unternehmen jemals investiert hat. Der avisierte Vertrag sieht den Erwerb eines Systems vor, bei dem die Bedienungen nur noch ihre Bestellungen einzugeben brauchen, welche dann über angeschlossene Drucker sofort in die Küche weitergeleitet werden; außerdem

sollen sie die bisherigen Registrierkassen ersetzen und gleichzeitig die jeweiligen Rechnungen erstellen. Dazu kommen Datenbanksoftware für den Einkauf und Kalkulations- und Buchhaltungssoftware für das Büro. Es ist ein großer Auftrag.
Die Sechser-Geschäftsführerin will einen Vertragsabschluß, bei dem sie nachts beruhigt schlafen kann, ohne sich um eventuelle Systemabstürze sorgen zu müssen. Die Hardware und Software, die sie erwerben will, flößen ihr Vertrauen ein; es geht nur noch darum, die Service-Unterstützung auszuhandeln.
Der NEUNER-Verkaufsmanager will den Vertrag über die Bühne bringen, die noch ausstehenden zehn Prozent – die Service-Komponente – aber entscheiden, ob der Vertrag zustande kommt oder platzt. Er hat sich viel Zeit für die Geschäftsführerin genommen, eine beträchtliche Provision steht für ihn auf dem Spiel, und der Vertrag könnte sich als ein Deal erweisen, der andere lokale Investoren anlockt.

Typische Verhaltensweisen

Die Sechser-Geschäftsführerin weiß nicht recht, wie sie in diese schwierige Situation geraten ist. Sie hatte zwar immer für das Restaurant gearbeitet, aber jetzt lastet die gesamte Verantwortung für die Familie auf ihren Schultern. Oberflächlich betrachtet, scheint es ganz einfach zu sein; ihr Bruder hat hervorragende Vorarbeit geleistet, im Grunde müßte sie nur seinen Anweisungen folgen. Nun jedoch steht die Entscheidung bevor, und sie wird von Zweifeln geplagt.
Sie sieht nur, wie das neue, teure System vor ihren Augen den Geist aufgibt. Einmal in Fahrt gekommen, entlockt sie ihrer Einbildungskraft noch viel düsterere Szenarios: »Vielleicht stellen sie die Produktion der ganzen Computerreihe ein!« Sie sieht sich

bereits auf den Einzelteilen eines veralteten Systems sitzen: »Vielleicht machen sie so ihr Geld – wenn dieses angeblich perfekte System abstürzt, muß man sofort ganz neue Geräte kaufen.« Sie stellt sich vor, wie sie vor einem toten Monitor sitzt, und um sie herum ihre Familie mit bedrückten Gesichtern.

Der NEUNER-Verkaufsmanager hat versucht, ihr behilflich zu sein. Er schickte sie zu einer Restaurantkette, die das gleiche System angeschafft hat, inklusive des Unterstützungspakets, das nun zur Verhandlung steht und technische Hilfe via Telefon vorsieht. Der Besuch erwies sich jedoch als Fehlschlag, und die skeptische Sechser-Geschäftsführerin geriet in Panik. Allein die Annahme, jemand am anderen Ende der Telefonleitung könne sie durch die komplizierten Befehlsschritte führen, die für eine eventuelle Neuinstallation nötig sind, erschien ihr geradezu lächerlich.

»Was glauben die eigentlich? Wollen sie mich hinters Licht führen?« war ihre erste Reaktion nach der Besichtigung. Sie fühlte sich ausgenutzt. Wie lange, begann sie sich zu fragen, dauert es, um ein abgestürztes System wieder in Gang zu bringen? Zwei Stunden? Einen Tag? »O Gott, angenommen, es dauert einen ganzen Tag, dann verlieren wir einige tausend Dollar, von den Kunden, die dann vielleicht nicht wiederkommen, ganz zu schweigen.«

Sie geht in ihrem Büro auf und ab und stellt sich vor, wie im vollbesetzten Restaurant – man feiert soeben eine große Party – alle Computer ausfallen. Und sie wäre dafür verantwortlich.

In diesem Moment summt die Sprechanlage. Der Manager sei hier für das auf zwei Uhr angesetzte Treffen. Er ist eine warmherzige, freundliche Person, die aufgrund ihrer umgänglichen Natur nur schwer zu durchschauen ist. Am liebsten würde sie ihm alle ihre Zweifel aufladen und auch noch dafür zahlen, daß

er sie ihr abnimmt. Aber sie traut ihm nicht und mißtraut jedem Ratschlag, den er ihr anbietet. Warum soll man jemanden um Rat bitten, dem man nicht vertraut?
Der NEUNER-Verkaufsmanager ist sich ihrer Zweifel und Unerfahrenheit nur allzu bewußt. Er sieht ihre Sorgen und wünscht, er könnte sie beruhigen. Da er nicht weiß, wie er sich verhalten soll, wartet er ab. Der Servicevertrag könnte sich wie befürchtet als unüberwindliche Hürde herausstellen. Wenn die Geschäftsführerin statt der telefonischen Unterstützung auf einem vor Ort erscheinenden Techniker bestünde, würde er zwar das System verkaufen, beim Vertrag aber Geld verlieren.
Als NEUNER fühlt er sich zwischen den Wünschen des Kunden und dem Angebot seiner Firma hin und her gerissen. Er kennt die Situation, er haßt den Konflikt, der sich aus seinem Nein, der klaren Festlegung seiner Grenzen ergibt. Wenn er nicht aufpaßt, geht er auf alle ihre Forderungen ein und stimmt dem Vor-Ort-Service zu.

Das Blatt wendet sich

Der Vermittler überdenkt, was er weiß: Die Geschäftsführerin, eine äußerst konservative Frau, kauft modernste Software, die verläßlichste auf dem Markt. Daß die Computer auf dem neuesten Stand der Technik sind, erwähnte er ihr gegenüber nicht, da er weiß, daß sie keine Risiken eingeht. Er kam ihrer konservativen Haltung entgegen und betonte die Dinge, die, wie er überzeugt war, sie nicht oft genug hören konnte: »Unser Unternehmen hat den besten Ruf in der Gegend; wir sind hier seit Jahren tätig. Die Software, die Sie in dem anderen Restaurant gesehen haben, ist seit achtzehn Monaten in Betrieb und läuft völlig fehlerfrei.« Das alles stimmt, aber er weiß, daß er endlich zum

Punkt kommen muß. Er kann sich problemlos mit ihrer Position identifizieren und will ihr die Ängste nehmen, aber wie soll er das bewerkstelligen, wenn für ihn noch Profit übrigbleiben soll? Der Vertrag könnte durchaus andere in der Gegend ansässige Geschäftsleute anlocken, für ihn sind also wesentlich mehr als die 15 000 Dollar Provision drin. Er ist sich sicher, daß sie auf dem Markt kein besseres Paket erwerben kann; also muß er ihr Vertrauen stärken, bevor sie die Nerven verliert und den Vertrag platzen läßt. Er kennt ihren Hintergrund. Sie ist neu im Job und sofort mit einer großen und wichtigen Entscheidung konfrontiert worden. Er erinnert sich an seine eigene berufliche Feuertaufe – er hatte das Gefühl, das ganze Unternehmen sei von dem Abschluß abhängig, bei dem er nicht sicher war, ob er ihn durchsetzen konnte. Vielleicht geht es ihr ebenso. Er hat, typisch für NEUNER, Mitgefühl mit ihr und kann sich selbst aus ihrer Perspektive wahrnehmen – für sie ist er nur ein großer, unbekannter Fremder, der einen Vertrag auszuhandeln versucht.

Damit ist das Eis gebrochen. Er fühlt sich nicht mehr hin und her gerissen und weiß nun, wie er die Verhandlungen vorantreiben kann. Statt sich dem Sicherheitsbedürfnis der Geschäftsführerin zu widersetzen oder auf dem telefonischen Support zu beharren, geht er nun auf ihre Ängste ein. Bislang hat sie sich nicht über die Kosten beklagt; deshalb bietet er ihr das maximale Sicherheitspaket an – einige zusätzliche Computer verbunden mit dem Vor-Ort-Service. Dann wiederholt er das Angebot des sehr viel kostengünstigeren telefonischen Service. Vielleicht können sie sich irgendwo in der Mitte treffen.

Seltsamerweise freut sich die Sechser richtiggehend, als sie von den zusätzlichen Komponenten erfährt, auch wenn sie zugeben muß, daß die Kosten das Budget des Restaurants bei weitem übersteigen. Die Vorstellung, über Ersatzkomponenten zu verfügen, verleiht ihr ein Gefühl der Sicherheit – auch wenn es viel kostet. Die Geschäftsführerin entspannt sich, und der Verkaufsmanager fühlt sich ebenfalls besser. Er hat einen kreativen Kompromiß in die Wege geleitet, der seine Interessen nicht berührt.

Lösung

Am Anfang der Verhandlungen pocht die Sechser-Geschäftsführerin auf die Garantie maximaler Sicherheit, während der NEUNER-Manager beharrlich seine Litanei wiederholt. »Sie müssen eine Möglichkeit finden, die Sie zufriedenstellt und die Sie sich leisten können. Das vorliegende Angebot kommt dem sehr entgegen. Nichts im Leben ist hundertprozentig sicher. Aber wenn es dazu kommen sollte, werden wir natürlich mit unserer Hilfe für Sie dasein.«

Die skeptische Sechser stürzt sich auf das Wort *Hilfe*. Sie vertraut den Vorarbeiten ihres Bruders; die Computerfirma besitzt einen guten Ruf, dem sie vertrauen kann. Klar, die Rechner werden abstürzen, aber sie wird Hilfe erhalten. Die Firma wird zu ihrer Rettung kommen.

Der Verkaufsmanager sieht, daß sie sich mit dem Problem auseinandersetzt; er nimmt ihr nicht die Zweifel, spürt aber, daß es zu einem positiven Abschluß kommen wird, auch wenn sie noch schwankt: »Woher soll ich das wissen? Wie kann ich mich nur vergewissern? An wen soll ich mich wenden, wenn das System abstürzt?« Der NEUNER bestärkt sie mit beruhigenden Sätzen: »nachweisbar gute Leistungen«, »hervorragender Ruf«, »seit Jahren in diesem Geschäft tätig«.

Als der Geschäftsführerin schließlich die Luft ausgeht, präsentiert der NEUNER seinen Kompromiß. »Falls die technische Unterstützung am Telefon nicht klappen sollte, werde ich innerhalb einer Stunde einen Techniker zu Ihnen schicken.« Sein Vorschlag trifft genau ihre Ängste. Sie hört nur »Rettung innerhalb einer Stunde« und sieht jemanden vor sich, der sich des ausgefallenen Systems annimmt.

Für den Verkaufsmanager allerdings zählt, daß der Techniker nur dann eingreift, wenn sonst keine andere Möglichkeit mehr besteht. Ansonsten sei auf den telefonischen Service zurückzugreifen; ein gutes Geschäft für sein Unternehmen.

Die beschriebene Situation zeigt, daß NEUNER nicht umsonst als Vermittler bezeichnet werden. Sobald er sich bewußt ist, daß im Zentrum ihrer Sorgen die Angst um die Systemsicherheit steht, entwickelt er einen eleganten Kompromiß. Durch seine magischen Worte »wir werden mit unserer Hilfe für Sie dasein« schafft er eine Situation, in der sich beide als Gewinner fühlen können, ohne dabei seine eigene Position außer acht zu lassen.

Selbstbeobachtung

NEUNER, die in einem Konflikt gefangen sind, sollten sich ihre eigene Position deutlich vor Augen führen, bevor sie anderen ihr Mitgefühl entgegenbringen. Der Vermittler, der sich seiner Neigung zur Selbstvergessenheit bewußt war, erinnerte sich an das Anliegen seines Unternehmens und stellte sich der unangenehmen Situation einer möglicherweise enttäuschten Kundin. Statt die Verhandlungen abzubrechen, sich ablenken zu lassen oder einen frühzeitigen Kompromiß vorzuschlagen, erhielt er sein Mitgefühl für die Kundin aufrecht und paßte die eigenen Interessen in das Bild ein.

Nachwort

Wer sein eigenes Enneagramm-Profil erkennt, verspürt vielleicht eine gewisse Erleichterung. Ihnen wird klar, daß Sie mit Ihrer Sichtweise nicht allein sind, daß sie Sinn ergibt und von Millionen Menschen weltweit geteilt wird. Diese Erkenntnis war früher traditionell jenen vorbehalten, die als Schüler des Spirituellen ihre Aufmerksamkeit nach innen richteten und Hindernisse erkennen wollten, die ihren Meditationsfortschritten im Weg standen. Alle spirituellen Traditionen haben Bedeutendes über Mönche prüfender, lustvoller oder zweifelnder Gesinnung zu sagen, die meisten Menschen aber wissen kaum, wie radikal verschieden die Welt aussieht, wenn man sie mit den Augen eines anderen betrachtet.

Es gehört nicht viel Phantasie dazu, sich vorzustellen, Mönche prüfender Gesinnung aus ihrem historischen Kontext in ein Bürohochhaus zu verfrachten, wo sie, modern gekleidet, sich selbst, ihre Mitarbeiter und ihre Arbeit durch ihre auf Fehler gerichtete Aufmerksamkeit kontrollieren und überwachen. Und heutige Sechser, Mönche zweifelnder Gesinnung, nehmen die Welt genauso wahr wie ihre spirituellen Vorgänger. Sechser stellen automatisch Fragen, nicht weil sie es so wollen, sondern weil Zweifel den Eckpfeiler in ihrer emotionalen Überlebensstrategie darstellen.

Stellen Sie sich also vor: Der Sechser sitzt an seinem Schreibtisch unmittelbar neben einer dynamischen Dreier, die, traditionell gesehen, zur Selbsttäuschung neigt. Beide blicken auf, als ihr Neuner-Manager auf sie zukommt. Der freundliche Vorgesetzte, ein Mönch müßiger Gesinnung, fühlt sich wohl; er freut sich auf einen entspannten Morgen, der nicht von drängenden Entscheidungen gestört wird. Es haben sich keine Kunden angesagt, ein wichtiger Bericht, der morgen fertig sein muß, kommt gut voran, und im Büro herrscht entspannte Stimmung – genau die sympathische Atmosphäre, die er sich wünscht.

Als er sich nähert, fährt der zweifelnde Mönch seine Antennen aus und tastet das Gesicht und die Körpersprache des Vorgesetzten nach Signalen ab. »Warum jetzt? Der Bericht muß doch erst morgen fertig sein. Was habe ich bloß getan?« Die Dreier, von täuschender Gesinnung, aber sieht ihre Chance, den Vorgesetzten mit ihrer Effizienz und ihrem Engagement zu beeindrucken. Sie winkt ihn zu sich heran und überreicht ihm lächelnd den Gruppenbericht, den er erst am nächsten Tag erwartet. Seine überrascht und freundlich-anerkennend nach oben gezogenen Augenbrauen belohnen sie für die Leistung; die Schockwellen, die durch das ganze Büro gehen, bemerkt sie nicht. Wieder einmal hat sie ganz allein die Anerkennung eingeheimst.

Dieses Zusammenspiel verschiedener Persönlichkeitstypen wiederholt sich wahrscheinlich tagtäglich. Die Dreier wird auf ihr Image bedacht sein, der Sechser immer das Schlimmste befürchten, und der Neuner-Vorgesetzte wird weiterhin Problemen aus dem Weg gehen, indem er sich bequemerweise aus allem heraushält. Aber wenn dieses Trio das Enneagramm kennen würde, könnte das Resultat ganz anders aussehen. Wenn jeder durch die Brille der jeweilig anderen sehen und deren Intentionen wahrnehmen könnte, würde sich seine Sicht auf die Arbeitsumgebung ändern.

Der Sechser würde froh sein, daß die dynamische Dreier nicht die Absicht hat, auf ihn loszugehen. Selbst ihr nicht unbedingt als freundlich zu bezeichnendes Täuschungsmanöver ließe sich aus einem anderen Blickwinkel plausibel erklären. Schließlich unterzeichnete jeder, der daran mitgearbeitet hatte, den Bericht; die Anerkennung verteilt sich daher auf alle. Zählt es wirklich, daß sie es war, die den Bericht dem Vorgesetzten überreichte? Er hatte hart gearbeitet. Der Vorgesetzte war zufrieden. Hat nicht jeder dabei gewonnen?

Betrachtet man die Situation von ihrem Standpunkt aus, wird schnell klar, daß die Zustimmung des Vorgesetzten ihr ganzes Wahrnehmungsfeld ausfüllt. Sie wollte nicht die Gefühle ihrer Kollegen verletzen, ganz und gar nicht. Tatsächlich ist sie so auf den Vorgesetzten fixiert, daß Gefühle kaum Platz haben – weder die ihren noch die ihrer Kollegen. Bei näherer Betrachtung könnte der Sechser noch weiter gehen und überrascht feststellen, daß sie es auch auf seine Zustimmung abgesehen hat – nämlich immer dann, wenn er in ihren Gedanken gerade eine Rolle spielt.

Durch ihre Augen gesehen, würde der Sechser erkennen, wie passiv und reagierend er auf sie wirkt. Er stellt ihre Vorschläge in Frage, hat aber nichts Besseres vorzubringen. Die Dreier sieht sich selbst als aktiv und positiv gestimmt, während er sich immer angegriffen fühlt. Seine Zweifel verhindern, daß er seine Meinung sagt. Natürlich könnte er sich überlegen, wie er ihr ehrlich seine Zustimmung mitteilen könnte, aber wird sie darauf eingehen? Wird sie jemals lernen, auch andere an der Anerkennung teilhaben zu lassen? Soll er das Risiko auf sich nehmen? Diese Einsicht allein würde die Situation nicht ändern, solange das Haupthindernis seine Zweifel sind.

Entsprechend würde die dynamische Dreier, könnte sie sich in der Perspektive des Sechsers sehen, erkennen, daß ihre Effizienz als skrupelloses, unfreundliches Verhalten ausgelegt wird. Statt ihn aus ihrem Denken zu verbannen, könnte sie ihn zu ihrem Verbündeten machen, wenn sie öffentlich auf alle hinweist, die an dem Bericht mitgearbeitet haben. Wenn sie wüßte, daß Konkurrenz auf Sechser demotivierend wirkt, könnte sie ihn dazu ermutigen, den Bericht das nächste Mal dem Vorgesetzten persönlich zu überreichen. Aufgrund dieser durch das Enneagramm gewonnenen Erkenntnis würde sie wissen, daß die Zweifel verstummen, wenn Sechser Vertrauen in die Situation haben. Das größte Hindernis auf dem Weg zur effizienten Teamarbeit aber stellt ihr eigenes Bedürfnis dar, sich vor anderen auszuzeichnen.

Und der Vorgesetzte – historisch ein Mönch von müßiger Gesinnung – müßte von seinem Platz in dieser Triade aus selber aktiv werden – spätestens in dem Moment, in dem die Dynamikerin seine Aufmerksamkeit auf sich zieht und der Advokat des Teufels sich auf dem Rückzug befindet, was die Kluft zwischen ihnen nur noch weiter vergrößert. Gutes Management erfordert, daß jedem gleichermaßen für seine Leistungen Anerkennung zugesprochen wird. Doch das könnte natürlich zu Konflikten führen.

Würde er sich mit den Augen der Dreier betrachten, würde er einen Menschen sehen, der keine Wellen schlägt. Der Vorgesetzte könnte dem uneingeschränkt zustimmen – warum sich über Probleme Gedanken machen, die sich schließlich von selbst erledigen? Er würde vielleicht auch bemerken, daß er von seiner dynamischen Angestellten manipuliert wird; aber das alles schiebt er auf die lange Bank, geht dem Konflikt aus dem Weg und hofft, daß der Sechser von allein auf sich aufmerksam macht. Daß er ständig das Für und Wider abwägt, kommt beim Sechser allerdings nicht an. Er sieht nur einen leichtgläubig-naiven Vorgesetzten, der sich von der aggressiven Mitarbeiterin

geschmeichelt fühlt – was die Zweifel des Sechsers wiederum nur verstärkt.
Auch wenn er weiß, daß er in diesem Fall etwas unternehmen müßte, würde er wahrscheinlich aus Gewohnheit zögern. Als Neuner könnte er sich Routinearbeiten überlassen und Papierkram erledigen, statt sich des Problems anzunehmen. Durch Einsicht allein läßt sich keine Hürde nehmen, die tief in seinem Innern verankert ist – die Überzeugung nämlich, daß seine Handlungen sowieso nichts bewirken.
Wie an diesem Beispiel und im täglichen Berufsleben zu sehen ist, werden die Absichten der Kollegen und Mitarbeiter leicht mißverstanden; hat man jedoch eine klare Struktur vor Augen, ist die dem jeweiligen Handeln innewohnende Logik leicht zu erkennen. Statt sich übergangen oder manipuliert zu fühlen, könnte man die begrenzte, nur auf ihre Ziele fixierte Sichtweise der Dreier wahrnehmen – oder die durch Infragestellen geschaffene Sicherheit des Sechsers oder das Bedürfnis des Neuners, Enttäuschungen zu vermeiden, indem dem eigenen Handeln jegliche Wirkung abgesprochen wird.
Einsicht allein genügt jedoch nicht, um tiefsitzende Gewohnheiten, die eine Schutzfunktion erfüllen, zu verändern. Nachdem also gezeigt wurde, wie Gewohnheiten das Verhalten bestimmen, stellt sich die Frage, wie der Käfig, in dem man gefangen ist, aufgebrochen werden kann.
Die meisten Menschen würden ihre tägliche Arbeit nicht als spirituelle Übung ansehen; dennoch werden die jeweiligen Verhaltensmuster durch den Beruf und die Kollegen ständig neu aktiviert. Wer seinen Persönlichkeitstyp kennt, kann sich zunehmend bewußtmachen, wann die gewohnten Verhaltensmuster ausgelöst werden. Achter werden bemerken, wenn sie wieder

jemandem die Schuld zuschieben; Siebener, wenn sie von einer Vielzahl interessanter Vorhaben blockiert werden; Neuner kommen plötzlich zu der Erkenntnis, daß sie sich erneut allem entzogen haben; und Vierer stellen fest, daß sie wieder von schmerzlichen Wünschen überrollt werden.

Das alles ist ein ermutigender erster Schritt. Und vergessen Sie nicht: Sie sind immer zu zweit – Sie sind nicht nur innerhalb des Käfigs Ihrer Denkgewohnheiten gefangen, sondern können sich als Ihr eigener Beobachter auch selbst wahrnehmen. Wenn Sie bemerken, daß Sie wieder in Ihre herkömmlichen Denkgewohnheiten fallen, dann halten Sie inne; geben Sie Ihrer Gewohnheit einen Namen: »Schuldzuweisung«, »Planen«, »Vergessen« oder »Begehren«. Finden Sie Abstand zu sich, und beobachten Sie Ihre Gedanken, statt ihnen freien Lauf zu lassen.

In heutigen Zeiten gibt es keine Unterweisung mehr in der Kunst der Selbstbeobachtung. Das Enneagramm wurde ursprünglich zur Unterstützung der Selbstbeobachtung entwickelt, und seine Kraft liegt in dem Umstand, daß es auf die Instanz im Menschen verweist, die nicht besetzt ist: das beobachtende Selbst, das Zeuge seiner eigenen Gedanken ist.

Das beobachtende Selbst erkennt Denkgewohnheiten, noch bevor sich die jeweiligen Muster ganz ausbilden können. Wenn Sie Ihre Gewohnheit benennen, verstärken Sie die Distanz zwischen Ihnen als Beobachter und Ihren gewohnten Verhaltensweisen. Benennen ist also ein entscheidender Schritt. Abstand zu sich selbst gewinnen, Innehalten erlauben den Perspektivenwechsel; Sie können die Realität und das, was andere tun, überprüfen. Wichtiger ist jedoch, daß Sie durch Ihr Innehalten Ihre gewohnten Gedankengänge unterbrechen und verhindern, daß sie automatisch ablaufen.

Das alles hinterfragt die eigenen Vorurteile und verleiht dem einzelnen genügend Flexibilität, um andere Standpunkte zu erkennen. Das spirituelle Ziel allerdings liegt woanders. In den Traditionen, in denen unterschiedliche Persönlichkeitstypen Aspekte in der Entwicklung des Menschen zu höherem Bewußtsein darstellen, lautet das Ziel, den Käfig der Denkgewohnheiten ganz zu verlassen. Mit Hilfe Ihres inneren Beobachters, durch den Sie Ihren Typ erkennen, wird die Bühne für die Umwandlung der Laster in Tugenden bereitet. Nun wissen Sie, worauf Sie zu achten haben, und werden durch zweitrangige Muster weniger abgelenkt.

Laster sind das Produkt emotionaler Überlebensstrategien, deren Energie zur Ausbildung von Denkgewohnheiten führt; der Ausweg ist also, diese Laster zum Schweigen zu bringen. Ein ängstlicher Sechser sucht nach der Tugend des Mutes; Dreier, die im Kreislauf der Täuschung gefangen sind, verehren die Kraft der Ehrlichkeit, die Freiheit, nur sie selbst zu sein. Natürlich kann jeder unter bestimmten Umständen Angst empfinden oder andere täuschen; das emotionale Laster aber, die Leidenschaft, die Ihrem Typ Energie verleiht, bezeichnet in diesem Fall Ihre persönliche Grunddisposition.

In alten Zeiten galt die Kultivierung der Tugenden, das Leben in einem konstruktiven Dasein, als ethische Entscheidungsmöglichkeit. Die wirkungsvollste Entscheidung ist jene, durch die man Abstand zu sich gewinnt, innehält und Gedankenmuster benennt, statt alten Gewohnheiten freien Lauf zu lassen. Jedes feste Muster hat seine Grenzen, rätselhafterweise aber sucht jeder von uns, ob er es weiß oder nicht, nach der Tugend seines Typs, da diese Suche in seinen Gefühlen verankert ist.

In den vorausgegangenen Kapiteln wurde gezeigt, wie die verschiedenen Standpunkte, die aus einer Zeit stammen, in der Systeme wie das Enneagramm entwickelt wurden, auch auf heutige Menschen zutreffen. Wut ist nach wie vor das, was es schon immer war, und das Laster der Eifersucht hat sich im Lauf der Jahrhunderte kaum verändert. Jeder besitzt einen Persönlichkeitstyp, der in seiner durch Selbstbeobachtung zu erkennenden Überlebensstrategie verwurzelt ist. Die jahrhundertealte Erklärung, warum Menschen tun, was sie tun, fußt auf der simplen Tatsache, daß jeder versucht zu überleben.

Eine häufig zum Enneagramm gestellte Frage lautet: »Welcher Persönlichkeitstyp eignet sich besonders für eine bestimme Position?«, oder: »Wie läßt sich das ideale Team zusammenstellen?« Die Antwort ist: »Finden Sie reife Persönlichkeiten.« Menschen werden aufgrund ihrer Fähigkeiten, ihrer Kreativität, Erfahrung und Reife eingestellt, nicht wegen ihrer Wahrnehmungsperspektive. Und doch beeinflußt sie die Teamarbeit, den Führungsstil, Problemlösungen, Entscheidungen und alle anderen Interaktionen.

Es wurde gezeigt, wie die verschiedenen Typen miteinander kommunizieren, wie sie mit der Zeit umgehen, Verhandlungen führen und sich am besten motivieren und ausbilden lassen. Der größte Nutzen aber, der sich aus dem Verständnis anderer und ihrer Sichtweisen ergibt, liegt in der Fähigkeit, sich von sich selbst zu distanzieren, innezuhalten und die eigene Gewohnheit zu benennen, bevor man sich seinen automatischen Verhaltensweisen überläßt. Wer sich darin übt, kann sein denkendes und beobachtendes Selbst dazu nutzen, das gesamte Potential auszuleben, das einem produktiven und spirituellen Wesen zur Verfügung steht.